महात्मा गांधी–विचार-वीथिका

Gandhian Studies for Peace and Research Series

1. Gandhian Model of Development and World Peace / *R.P. Misra*
2. Conflict Resolution Through Non-Violence : Role of the Universities, Vol. 1 : Science and Ethics / *K.D. Gangrade* and *R.P. Misra*
3. Conflict Resolution Through Non-Violence : Role of the Universities, Vol. II : Developmentwithout Destruction / *K.D. Gangrade* and *R.P. Misra*
4. The Social Philosophy of Mahatma Gandhi / *K.S. Bharathi*
5. Gandhian Humanism / *Mohit Chakrabarty*
6. Gandhian Holistic Economics / *Shashi Prabha Sharma*
7. Ghandhian Spiritualism : A quest for the Essence of Excellence / *Mohit Chakrabarty*
8. Gandhian Perspective on Population and Development / *A.K. Sharma*
9. Thoughts of Gandhi and Vinoba : A Comparative Study / *K.S. Bharathi*
10. Economic Philosophy of Mahatma Gandhi / *Shanti Swarup Gupta*
11. The Political Thoughts of Mahatma Gandhi / *K.S. Bharathi*
12. Gandhi and 21st Century / *Janardan Pandey* (Ed.)
13. Gandhian Philosophy of the Spinning Wheel / *Mohit Chakrabarty*
14. Gandhian Satyagraha : An Analytical and Critical Approach / *Ajay Shanker Rai*
15. Gandhi and His Religion / *P.A. Raju*
16. महात्मा गाँधी – विचार-वीथिका / *एस. पी. अग्रवाल*

लेखक के बारे में

एस.पी. अग्रवाल (जन्म 1929), भारतीय सामाजिक विज्ञान अनुसंधान परिषद् में राष्ट्रीय सामाजिक विज्ञान प्रलेखन केन्द्र के निदेशक तथा भारतीय सामाजिक विज्ञान संस्थान संघ के सदस्य सचिव रहे। आप सामाजिक विज्ञान में एशिया तथा प्रशान्तीय सूचना नेटवर्क के उपाध्यक्ष भी थे। 1998 में उन्हें अन्तर्राष्ट्रीय विश्वविद्यालय फाउन्डेशन द्वारा शिक्षा में 'डाक्टर ऑफ फिलासफी' मानद डिग्री से सम्मानित किया गया। सम्प्रति आप अध्ययन में अनुसंधान पर इफला राउंड टेबिल के; सामाजिक विज्ञान, सूचना तथा प्रलेखन की अन्तर्राष्ट्रीय समिति के; भारतीय राष्ट्रीय पुरातत्व अध्ययन मण्डल के; भारत सरकार के कोयला मंत्रालय की हिन्दी सलाहकार समिति के सदस्य हैं। आप (नृवंश-वनस्पति विज्ञान समिति) *एथनोबोटनिस्ट* सोसायटी के फैलो भी हैं। श्री अग्रवाल का लालन-पालन तथा शिक्षा स्वतंत्रता आन्दोलन से परिवेष्टित वातावरण में हुआ, परिणामतः वे केवल बारह वर्ष की कच्ची वय में उसमें कूद पड़े। इससे उनमें सामाजिक और राजनीतिक समस्याओं की पैनी सूझबूझ और दायित्व-बोध का विकास हुआ और वे एक सफल सूचना वैज्ञानिक के रूप में उभरे। श्री अग्रवाल की रचनाओं का आयाम बहुत विस्तृत है जिसके अन्तर्गत शिक्षा, भारतीय राजतंत्र तथा पुस्तकालय व सूचना विज्ञान के विभिन्न पहलू विशेष रूप में हैं।

Gandhian Studies for Peace and Research Series - 16

महात्मा गांधी–विचार-वीथिका

(सहस्राब्दि के संत सिरमौर को श्रद्धांजलि स्वरूप)

सुरेन्द्र प्रसाद अग्रवाल
पूर्व निदेशक, राष्ट्रीय सामाजिक विज्ञान प्रलेखन केन्द्र, एवं
सदस्य सचिव, भारतीय सामाजिक विज्ञान संस्थान संघ,
नई दिल्ली

सहयोग
श्री ब्रजलाल उनियाल
पूर्व सम्पादक 'खेती', कांग्रेस शती स्मृति अंक
तथा सह सम्पादक 'श्रीहरि कथा'
नई दिल्ली

कॉन्सेप्ट पब्लिशिंग कंपनी, नई दिल्ली-110059

ISBN 81-7022-872-7

संस्करण : **2001**

प्रकाशक एवं मुद्रक :
अशोक कुमार मित्तल
कॉन्सेप्ट पब्लिशिंग कंपनी
A/15-16, कमर्शियल ब्लाक, मोहन गार्डन
नई दिल्ली-110 059

©: 5648039, 5649024
फैक्स : -091-11-5648053
ई-मेल : publishing@conceptpub.com

ISBN 81-7022-872-7

First Published 2001

Published and Printed by
Ashok Kumar Mittal
Concept Publishing Company
A/15-16, Commercial Block, Mohan Garden
New Delhi-110059 (India)

Phones : 5648039, 5649024
Fax : 091-11-5648053
Email : publishing@conceptpub.com

Mahatma Gandhi - Vichar Vithika

आमुख

भीड़ में एक और चेहरा—पर क्यों!

मैंने ऐसे सुख-सुविधा-संपन्न परिवार में जन्म लिया जो प्रायः सुविधाओं की विपुलता के कारण संतान को फिसलन भरी डगर पर धकेल देता है। यौवन में प्रवेश की उस अवधि में जब ज्ञान-प्राप्ति की तीव्र लालसा और साथ ही सुख-भोग की कामना तीव्र होती है मैंने भी पढ़ाई-लिखाई तो की लेकिन साथ ही ऐसे समाज में रम गया जहाँ महंगी से महंगी शराब और सिगार का अजस्र प्रवाह था। तभी संस्कारवश मैं "भारत छोड़ो आन्दोलन" में कूद पड़ा और लम्बी अवधि तक भूमिगत भी रहा। इस दौरान गांधी जी के महान् आदर्शों तथा गांधी साहित्य के अध्ययन ने मेरी कुटेवों और बुराइयों के घास-फूस को चिंगारी दिखा दी।

लाइब्रेरी (पुस्तकालय) विज्ञान में विशेष योग्यता से उत्तीर्ण होने के कारण मुझे अलीगढ़ विश्वविद्यालय में अवैतनिक अध्यापक का पद मिला और इस आधार पर शिक्षा मंत्रालय, भारत सरकार में मेरी नियुक्ति हो गयी। इस दौरान भारत सरकार को गांधी जी के साहित्य की ग्रन्थ-सूची (बिबलियोग्राफी) तैयार करने वाले किसी दक्ष व्यक्ति की तलाश हुई। नेशनल लाइब्रेरी, कलकत्ता को काम सौंपा गया था पर पूरी तरह सन्तुष्ट न होने के कारण अन्त में तत्कालीन प्रधानमंत्री श्रीमती इन्दिरा गांधी द्वारा न जाने क्यों कर चुने जाने पर शिक्षा मंत्रालय से भारतीय सामाजिक विज्ञान परिषद् में स्थानान्तरित कर मुझे यह कार्यभार सौंपा गया। मैं इस काम में जुट गया, जिस के फलस्वरूप मुझे और अधिक गांधी साहित्य के अध्ययन का मौका मिला। गांधीजी के जीवन दर्शन और साहित्य का मुझ पर ऐसा प्रभाव पड़ा जिसने मेरे जीवन की दिशा ही बदल दी।

भारत सरकार के निदेशक जैसे दायित्वपूर्ण पदों पर रहने के बावजूद मेरी जीवन पद्धति नौकरशाही के सांचे में न ढल पाई, अपितु मैं गांधीजी के सिद्धांतों के प्रति पूर्णतः समर्पित हो गया। इस दौरान मैं यदा कदा गांधीजी से प्रेरित होकर कुछ लिखता रहा जो या तो पत्र-पत्रिकाओं में प्रकाशित हुआ अथवा आकाशवाणी द्वारा प्रसारित। इन रचनाओं में से प्राप्य कुछ का ही यह संकलन है।

राष्ट्रकवि मैथिलीशरण गुप्त ने *साकेत* के आरंभ में कहा था— 'राम तुम्हारा चरित स्वयं ही काव्य है, कवि कोई बन जाए, सहज सम्भाव्य है'। उक्त पुस्तक के विषय में कुछ भी लिखते समय सहसा इस प्रकार की भावना मस्तिष्क में कौंध जाती है। जिस युग पुरुष ने अपने प्रत्येक क्षण की आहुति मानव-कल्याण के यज्ञ में लगाई हो, जिसके जीवन की घटनाएँ तो दूर, जिसका प्रत्येक क्षण और सूक्ति मानवमात्र के लिए सन्देश है, उन महामानव

गांधी के कुछ विचार इस पुस्तक में दिए गए हैं। अतः जो कोई इन्हें संकलित करने बैठेगा वह स्वतः लेखक बन जाएगा, ऐसी मेरी मान्यता है।

ऐसी सैंकड़ों किताबें आपको मिलेंगी जिन्हें आप पढ़ना शुरू करने के बाद छोड़ना नहीं चाहते, पर ऐसी कितनी किताबें हैं जिन्हें आप पढ़ते-पढ़ते उनमें निहित सत्य को आत्मसात् करना चाहते हैं, जिनसे आप प्रेरणा लेना चाहते हैं, जिन्हें आप अपने सहचर और गुरु के रूप में स्वीकारना चाहते हैं? हमारा ख्याल है कि गांधीजी के विचारों का संकलन ऐसा ही है। बातों की भी उम्र होती है। कुछ बातें पैदा होते ही मर जाती हैं और कुछ बातें अपनी विलक्षणता के कारण अमर हो जाती हैं। गांधीजी की अधिकांश बातें अमर हैं क्योंकि उनमें शाश्वत सत्य और मानव गरिमा के स्वर हैं।

प्रकाशनों की इस अन्धाधुंध रेल-पेल में क्या किसी नए चेहरे के शामिल होने का कोई औचित्य है? – सम्भवतः इसका जवाब "ना" में होगा; पर गांधी का दर्शन अपवाद है जो आज के इस युग में भी प्रासांगिक है।

डॉ. राधाकृष्णा ने आर्थर कायस्लर की पुस्तक *द योगी एंड दी कमिसार* का हवाला देते हुए लिखा है कि संसार को न तो संत बचा सकता है, न क्रांतिकारी बल्कि दोनों का समन्वय—जो गांधीजी में मिलता है जो सन्त भी हैं और क्रांतिकारी भी।

आज पश्चिम ही नहीं बल्कि पूरा संसार ध्वंसोन्मुख सभ्यता व संस्कृति के कल्याण के लिए गांधीजी के अहिंसा व सत्य का आश्रय लेना चाहता है। संभवतः इस दिशा में यह 'ऊंट के मुंह में जीरे' जैसा प्रयास बौना है पर है अनिवार्य।

प्रस्तुत पुस्तक में गांधीजी के विराट् जीवन दर्शन के बहुत थोड़े से पहलू लिए गए हैं जिनमें प्रसगांनुसार कुछ पुनरावृति है, और उन्हें भी अपेक्षित विस्तार नहीं मिल पाया फिर भी यह प्रकाशन 'सूरज को दीपक दिखाने' जैसा है। यदि पाठक इस संकलन से तनिक भी प्रेरणा पा सकें और यदि उस कोटिप्रभ सूर्य की क्षीण किरण भी उन तक पहुँच पाए और वे इस से तनिक भी लाभान्वित हो सकें तो मैं समझूंगा मेरे छोटे-से प्रयास को पुरस्कार मिल गया।

आभार

प्रस्तुत पुस्तक की सामग्री के चयन-प्रणयन में आवश्यकतानुसार विभिन्न स्रोतों से तथ्य, घटनाएँ आदि उद्धृत की गई हैं। भारत सरकार के प्रकाशन विभाग की *कुरुक्षेत्र* (पत्रिका), *सम्पूर्ण गांधी वाङ्मय, हिन्दुस्तान टाइम्स* (अंग्रेजी दैनिक), गांधीजी पर सस्ता साहित्य मण्डल की पुस्तकों आदि से सामग्री संचित की है और उद्धरण लिए हैं। उनके लिए और इस प्रक्रिया में स्वर्गीय गंगाशरण शास्त्री से जो सक्रिय सहयोग मिला, उसके लिए मैं उन सबका हृदय से कृतज्ञता-ज्ञापन करता हूँ।

सुरेन्द्र अग्रवाल

अनुक्रम

बैन, प्रेम लपेटे अटपटे

प्रवेश

1

क्या नब्बे करोड़ शून्यों का योग एक से भी कम है?

अजीब हालत है हमारे मुल्क की। हम सभी आचरण कर रहे हैं रावण का और दुहाई दे रहे हैं राम की। क्या हमारे व्यवसायी, क्या बाबू, क्या डाक्टर, गरज कि सभी लोग एक स्वर से कह रहे हैं, राष्ट्र रसातल को जा रहा है और मजेदार बात यह है कि जो जितना पतित है उसका स्वर उतना ही ऊँचा, उतना ही कठोर। चीजों के दाम आसमान छू रहे हैं, भ्रष्टाचार का बोलबाला है, लोग एक-दूसरे पर भरपूर कीचड़ उछाल रहे हैं, बहू-बेटियों की इज्जत बचानी भारी हो रही है—कौन उत्तरदायी है इन सबका—आप, मैं और हमारा सारा समाज।

जिस गांधी ने, युगद्रष्टा महामानव ने अपना रोम-रोम समाज को शुद्ध व पवित्र बनाने में होम कर दिया था, हमने उस महामानव के नाम को किताबों व व्याख्यानों के खूबसूरत लफ्जों में कैद कर दिया है, ऐसा न हो कि उनका जीवन-पारस हमारे जीवन के लोहे को छू जाएँ, ऐसा न हो कि हमारे व्यक्तिगत स्वार्थों को आँच आ जाए, ऐसा न हो कि हमारी सुख-सम्पदा-गद्दी छिन जाए।

आइए, फिर जरा भविष्य के बारे में सोच लें। हम जो बीज बो रहे हैं, हमारे बेटे-पोते वह जहरीली फसल काटेंगे कि पूरा भारत महाविनाश की विभीषिका से "त्राहि माम्" कर उठेगा। देश लूट-खसोट व अराजकता के सामने घुटने टेक देगा। अब भी समय है, चेत जाएँ हम!

जब कोई आदमी मलेरिया से पीड़ित होता है तो कई रजाइयाँ भी उसके जाड़े को नहीं रोक सकतीं, कारण जाड़ा शरीर के भीतर से आता है। पर ऐवरेस्ट पर आरूढ़ व्यक्ति कपड़े पहने सर्दी का मुकाबला करता है, कारण जाड़ा बाहर से आता है। हमारे अन्दर यह भ्रष्टाचार का जाड़ा घुस गया है। गांधीजी की नैतिकता की गोलियाँ इसका इलाज हैं।

केवल दो ही बातें उनकी पकड़ लें—सत्य और अहिंसा। क्या हम ऐसा कर सकेंगे? लगता है इसके लिए पूरे तन्त्र को, विद्यालयों को, समाज को झकझोरना होगा। व्यवसायी सच बोलेंगे तो वे तिजोरियों को फिर उतना न भर सकेंगे। रिश्वतखोरों की जेबें सिकुड़ जायेंगी। रात-दिन एक-दूसरे पर कीचड़ उछालने के बजाए आत्मान्वेषण का दौर चलेगा।

एक बार गांधीजी की एक सभा में शोर हो रहा था एक कोने में। तभी गांधीजी बोले—"यदि आप चाहते हैं कि दूसरे शोर न करें तो उनसे यह मत कहिए शोर न करो। खुद

शोर न कीजिए।" वाह रे दार्शनिक गांधी ! यदि समाज चाहता है कि दूसरे बुराई न करें तो खुद बुराई न करें, खुद बुराई छोड़ दें। यह कहना बंद कर दें—'तुम बुरे हो'। पर हम देख क्या रहे हैं? गांधी जी के आदर्शों की हम सब चुन-चुन कर हत्या कर रहे हैं। पर याद रखिए, आदर्शों की हत्या का अर्थ केवल मानवता की हत्या होगी।

उनके आश्रम में जो प्रतिज्ञाएँ की जाती थीं, वे हैं—अहिंसा, सत्य, अस्तेय, ब्रह्मचर्य, अपरिग्रह, श्रम, संयम, निर्भयता, सर्वधर्मसाम्य, स्वदेशी, अस्पृश्यता। इन सब सूत्रों को एक सूत्र में पिरो कर एक नाम बनेगा 'गांधी जीवन दर्शन'। काश ! हम अब उनके आचरण के अनुकरण की शपथ लें पर वह शपथ केवल 'पल्ले झाड़ कथा' न हो।

हमें भ्रम हो गया है कि हम नब्बे करोड़ शून्य बन गए हैं, इन्हें जोड़ कर केवल क्या एक 'गांधी', हम बना सकेंगे? भगवान् करें, हमारा यह भ्रम काफूर हो। आशा जीवन का दीप है।

महात्मा गांधी की विचारधारा
और
सामयिकता

2
मानव प्रेम

इस वसुन्धरा का मानव, अपने महात्माओं के सम्बन्ध में बहुत कम जानता है और उससे भी कम जानता है महात्माओं की महानता के सम्बन्ध में। 'वसुधैव कुटुम्बकम्' की धरणी, भारत की परम्परा में मानव प्रेम एक मूलभूत कड़ी है। भारत पुत्र महात्मा गांधी, महात्मा कैसे बने और उनकी आत्मा की महत्ता के पीछे कौन-सा रहस्य छिपा हुआ था, इसका विश्लेषण करने पर पता चलता है कि मानव प्रेम ही उनके जीवन का मूल मंत्र था। उनके धर्म में ऊँच-नीच का भेद नहीं था। सभी ईश्वर के बेटे थे। बापू की यह एक मान्यता थी–

जो जग सो जगदीश
ईश नहीं जग से न्यारा
करिए सबसे प्रेम
प्रेम भगवत को प्यारा

गांधी जी ने कहा था–

"हम सब उसी मिट्टी से बने है, हम सब विशाल मानव परिवार के सदस्य हैं। मैं उनमें कोई भेद करने को तैयार नहीं हूँ। हम लोगों में समान गुण-अवगुण हैं। विश्व के लोग बिल्कुल ऐसे अलग-थलग नहीं कटे हैं कि हम लोग एक दूसरे के पास नहीं जा सकते। चाहे वे हजार कमरों में रहते हों, लेकिन वे एक दूसरे से जुड़े हैं।"

हरिजन में, सन् 1937 में, उन्होंने लिखा था–

"यदि विश्व में जो कुछ है, वह सब ईश्वर से व्याप्त् है अर्थात् ब्राह्मण और भंगी, पंडित और मेहतर, सब में भगवान विद्यमान है, तो न कोई ऊँचा है और न कोई नीचा, सभी समान हैं। समान इसलिए कि सब उसी स्रष्टा की संतान हैं।"

उन्होंने यहाँ तक लिखा है–

"अछूत हमारे ही रक्त मांस से बने हुए हैं। वे जिन्दा रहें और आत्म-सम्मान के साथ जीवन बिता सकें, इसके लिए मैं अपने प्राणों की आहुति देने को तैयार

हूँ।"

इसी प्रकार, बापू सभी धर्मों में एकरूपता देखते थे। उनका धर्म तो अहिंसा का धर्म था, जोकि प्रेम का पाठ पढ़ाता है।

यंग इण्डिया, 5 मई, 1920 के अंक में, बापू ने लिखा था–

"वैज्ञानिक हमें बताते हैं कि हमारी यह पृथ्वी जिन परमाणुओं से बनी है, उनमें एक-दूसरे को साथ बाँध रखने की शक्ति न हो तो वह चूर-चूर हो जाए और हमारा अस्तित्व मिट जाए; यह शक्ति जिस तरह जड़ पदार्थ में है, उसी तरह सारे चेतन प्राणियों में भी होनी चाहिए। चेतन प्राणियों को एक–दूसरे से बाँधे रखने वाली, उन्हें जोड़ने और एक करने वाली इस शक्ति का नाम है–प्रेम। उसे हम पिता-पुत्र में, भाई-बहन में और मित्र-मित्र में देखते हैं। परन्तु हमें प्राणी मात्र में उसका उपयोग करना सीखना है। जहाँ प्रेम है वहाँ जीवन है।"

आगे 2 मार्च, 1922 को उन्होंने फिर लिखा था–

"पारस्परिक प्रेम के आधार पर प्रकृति कायम है। स्वप्रेम मनुष्य को एक दूसरे मनुष्यों से प्रेम करने और उनके हित का ध्यान रखने के लिए प्रेरित करता है। सबसे बड़ा नैतिक नियम यह है कि हम मानव जाति की भलाई के लिए निरन्तर काम करते रहें।"

गांधीजी के लिए, सेवा और प्रेम, एक दूसरे के पूरक थे। बापू ने 20 सितम्बर, 1928 के *यंग इण्डिया* में लिखा–

"सेवा तब तक सम्भव नहीं, जब तक उसका मूल प्रेम न हो। सच्चा प्रेम महासागर की तरह असीम होता है और अपने भीतर उठता और बढ़ता हुआ, बाहर फैल जाता है तथा सब सीमाओं और सरहदों को पार करके सारे जगत पर छा जाता है।"

हरिजन में, 29 जून, 1935 के अंक में, बापू ने लिखा था :

"जो मानव अपने मानव बन्धुओं से प्रेम करता है, उनकी सेवा करता है, उसके हृदय में ईश्वर स्वयं अपना निवास स्थान बनाना चाहता है। अबू-बेन-आदम ऐसा ही आदमी था। उसने अपने मानव बन्धुओं की सेवा की और इसीलिए उसका नाम खुदा के प्यारे बन्दों की सूची में सबसे ऊपर था।"

इस सन्दर्भ में संत कबीर की यह वाणी अनायास ही याद आती है–

जा घट प्रेम न संचरै,
सो घट जान मसान।
जैसे खाल लुहार की,
श्वास लेतु बिनु प्रान।।

मनुष्य को अपनी भौतिक तथा सांस्कृतिक परिस्थितियों को, इस तरह व्यवस्थित करना चाहिए कि उनकी वजह से उसकी मानवता की सेवा में, जिसमें उसकी सारी शक्ति लगनी चाहिए, बाधा न पड़े।

महात्मा गांधी ने जन-जीवन में प्रवेश करते समय मानव प्रेम के बुनियादी मूल्यों को गहराई से समझा था। उन्होंने देखा कि देश में बहुत अधिक कुरीतियाँ विद्यमान हैं। छुआ-छूत का रोग हुआ है, साम्प्रदायिकता सभी ओर छाई है। इन्हीं रोगों को गांधीजी ने पहचाना और मानव प्रेम के लिए परस्पर सद्भाव और अहिंसा के सिद्धान्त पर सबसे अधिक बल दिया।

साम्प्रदायिक सद्भाव के सम्बन्ध में, *मंगल प्रभात* में सन् 1945 में, उन्होंने लिखा था–

> "हम दूसरों के धर्मों का वैसा ही आदर करें जैसा हम अपने धर्म का करते हैं। कोई भी सत्यशोधक, जो प्रेम के कानून का अनुसरण करता है, तुरन्त यह स्वीकार कर लेगा। यदि हमें सत्य का सम्पूर्ण दर्शन हो जाता तो हम निरे शोधक न रहकर ईश्वर के साथ तादात्म्य स्थापित कर लेते हैं, क्योंकि सत्य ईश्वर है।"

उन्होंने आगे फिर लिखा है–

> "जब मनुष्य-कल्पित सभी धर्म अपूर्ण हैं तो उनके बीच तुलनात्मक गुण-दोषों का प्रश्न ही नहीं उठता। सभी धर्मों में सत्य का दर्शन होता है। परन्तु सब अपूर्ण हैं और सबमें भूलें हो सकती हैं। दूसरे धर्मों का आदर करने में उनके दोषों के प्रति खूब जागरूक रहना चाहिए, बल्कि उन दोषों को दूर करने का प्रयत्न करना चाहिए। सब धर्मों के प्रति सद्भाव रखते हुए हम दूसरे धर्मों की, लेने जैसी हर वस्तु को अपने धर्म में लेने में न केवल संकोच करेंगे, बल्कि उसे लेना अपना फर्ज समझेंगे।"

गांधीजी कहा करते थे–

> "मैं न केवल भारत के बल्कि संसार के समस्त लोगों से प्रेम करता हूँ। जो विभिन्न धर्मों को मानते हैं, मैं चाहता हूँ कि वे एक-दूसरे के सम्पर्क में आएं और उससे अधिक अच्छे बनें और यदि ऐसा होता है तो दुनिया आज से बहुत अच्छी होगी।"

संस्कृत सूक्ति **अयं शाश्वतो धर्म एको धरायां न संभाव्यते धर्मतत्त्वेषु भेदः** (पूरी पृथ्वी पर एक ही शाश्वत धर्म है—धर्म के तत्वों में भेद की संभावना ही नहीं है।)—का बिम्ब जगह-जगह गांधीजी के लेखन में मिलता है।

हिन्द स्वराज्य में, सन् 1946 में, बापू ने लिखा–

> "समस्त धर्म, एक ही बिन्दु पर आकर मिलने वाले विभिन्न मार्ग हैं। यदि हम सब

एक ही लक्ष्य पर पहुँचते हैं तो इससे क्या अन्तर पड़ता कि हमारे मार्ग भिन्न-भिन्न हैं?"

मानवता-प्रेमी बापू के लिए, धर्म का उद्देश्य, मानव को मानव से अलग करना नहीं बल्कि उन्हें साथ लाना था।

गांधीजी की शक्ति, धार्मिक और नैतिक शक्ति थी और उन्होंने मनुष्य की अन्तरात्मा को जाग्रत किया। उन्होंने धर्म, राष्ट्र अथवा जातियों के बीच कोई भेद नहीं किया। वे महान मानव-प्रेमी थे। वे समस्त मानव की तात्विक एकता में विश्वास करते थे।

एक शायर के जज्बात की बानगी –

गांधी तू आज हिन्द की एक शान बन गया,
सारी मनुष्य जाति का अभियान बन गया
तू सत्य अहिंसा दया निस्वार्थ प्रेम से
है आज मृत्युलोक में भगवान् बन गया।
तेरा प्रभाव, सादगी, हस्ती को देखकर
दुश्मन भी बेजुबान हो हैरान बन गया
तेरी नसीहतों में वो जादू का असर है
जिसको लगी हवा वो इंसान बन गया।।

गांधीजी का साबरमती आश्रम और वर्धा आश्रम सब प्रकार से मानव प्रेम की प्रयोगशाला थे। वे छोटे से छोटा कार्य अपने हाथों द्वारा ही करते थे। इन कार्यों में गर्व का अनुभव करते थे और सभी के साथ एक स्थान पर बैठकर ये काम करते थे। गांधीजी ने आश्रम की नियमावली में स्पष्ट लिखा कि 'हम लोगों ने वर्ण भेद और जाति भेद के रूप में अलगाव का दोष स्वीकार कर लिया है और मनुष्य मनुष्य के बीच द्वेष के बीज बो दिए हैं। यह मानवता का द्रोह है।' इसे दूर करने के लिए *स्पर्श भावना* नामक और एक व्रत आश्रम के नियमों में समाविष्ट कर लिया गया। ऐसी थी इस महान इन्सान की इन्सानियत!

सत्य ही कहा है संत स्वभाव ने कि—

दिल में उल्फत नहीं तो कुछ भी नहीं
गुल में महक नहीं तो कुछ भी नहीं
आदमी में हजार जौहर हों लेकिन
इन्सानियत नहीं तो कुछ भी नहीं

गांधीजी की मान्यता थी कि मनुष्य जिस हद तक दूसरे मनुष्यों की भलाई करता है, ठीक उसी हद तक वह बड़ा बन जाता है।

सन् 1904 की बात है। दक्षिण अफ्रीका के जोहनिसबर्ग शहर की कुली बस्ती में अचानक प्लेग फैल गया। आसपास वहाँ कोई अस्पताल नहीं था। गांधीजी ने अपने प्राणों

को खतरे में डाल मदनजीत व कुछ अन्य साथियों को साथ लिया और एक बन्द घर को अस्पताल जैसा बना दिया। गांधीजी को देखकर और लोग भी रोगियों की सेवा को आए। बापू के मानव प्रेम ने मृत्यु के भय पर विजय पाई। राजकोट में भी अनेक वर्ष पहले प्लेग के फैल जाने पर बापू ऐसा ही सहायता कार्य कर चुके थे।

मानव प्रेम के पुजारी बापू को रोगियों की सेवा में आनन्द आता था। उन्हें रोगियों से कोई दूर नहीं रख सकता था। वास्तव में बापू के प्रेम में ऐसी शक्ति थी जो रोगियों को भी प्रसन्नचित रखती थी। साबरमती आश्रम में दमे की पुरानी बीमारी से ग्रस्त व्यक्ति के चेहरे पर भी शान्ति रहती थी और लम्बे अरसे से धीमे बुखार से पीड़ित एक महिला के चेहरे पर भी। बापू को कुष्ठ रोगियों से भी प्रेम था। दक्षिण अफ्रीका में नेटाल भारतीय कांग्रेस के लिए धन एकत्र करना छोड़, एक जंगल में कोढ़ियों की सेवा में लग जाना बापू को जितना सहज था, उतना ही सहज था सेवाग्राम में कुष्ठ रोग से ग्रसित एक राजनैतिक कार्यकर्त्ता को एक कुटी में अपने पास रखना। अपाहिज और अशान्त लोगों के प्रति तो स्यात् बापू का यह सहज स्नेह उबल पड़ता था।

जैसा कविवर 'बच्चन' जी ने कहा है—

बापू की छाती की हर सांस तपस्या थी।
आती जाती हल करती एक समस्या थी।।

ऐसा था गांधीजी का मानव प्रेम। वास्तव में बापू प्रेम के अवतार थे और गरीबों के सच्चे सेवक! आज उनके दिखाए मार्ग पर चलकर ही हम पारस्परिक सद्भाव का वातावरण बना सकते हैं।

इस द्रष्टा, ऋषि और मूलतः इन्सान गांधी के अन्तःकरण में इन्सानियत के प्रति सद्भाव आज भी यह कहने को विवश करता है—

खुदा तो मिलता है लेकिन
इन्सान नहीं मिलता
ये वो चीज है
जो देखी नहीं जाती।

3

मानवता

गुरुदेव रवीन्द्र नाथ टैगोर ने 13 फरवरी, 1938 में *सण्डे स्टेट्समैन* में महात्मा गांधी पर '*दि मैन*' शीर्षक लेख में लिखा था कि 'निश्चय ही वे एक राजनीतिज्ञ, संगठनकर्त्ता, जननेता, नैतिक सुधारक के रूप में महान हैं, किन्तु एक मनुष्य के रूप में वे इन सबसे बड़े हैं, क्योंकि इनमें से कोई भी पहलू या कार्य क्षेत्र उनकी मानवता को सीमित नहीं कर पाता। बल्कि वे सब उनसे अनुप्रेरित और पोषित हैं। हालांकि वे आदर्शवादी हैं और समस्त आचरणों पर अपने कुछ निश्चित बँधे बँधाये नियमों के आधार पर ही विचार करते हैं, पर वे वास्तव में मनुष्य के प्रेमी है, केवल विचारों के नहीं।' बापू ने स्वयं पूरा जोर देकर कहा है कि 'मैं भारत तथा समग्र मानवता का विनम्र सेवक हूँ। इन्हीं की सेवा में प्राणों का विसर्जन करना चाहता हूँ।'

गांधीजी का विचार था कि सभी झगड़ों और संघर्षों, कष्टों और दुखों का बुनियादी कारण यह है कि मनुष्य ने आज अपनी मानवता खो दी हैं। अतः समाज सुधार की नई सामाजिक व्यवस्था का निर्माण तब तक अधूरा रहेगा जब तक कि मनुष्य का पुनर्निमाण नहीं होता।' बापू का यह भी विचार था कि, 'समाज के पुनर्निर्माण का सबसे महत्वपूर्ण साधन, मानव का नैतिक अनुशासन है और नैतिकता के सिद्धान्तों की अवहेलना करने वाला मानव पूर्ण अर्थ में मानव नहीं कहा जा सकता।' *हरिजन* में 29 जून, 1935 के अंक में बापू ने लिखा था कि,

> "जो मानव अपने मानव बन्धुओं से प्रेम करता है, उनकी सेवा करता है, उसके हृदय में ईश्वर स्वयं अपना निवास स्थान बनाना चाहता है। अबू-बेन-आदम ऐसा ही मानव था। उसने अपने मानव बन्धुओं की सेवा की और इसीलिए उसका नाम खुदा के प्यारे बन्दों की सूची में सबसे ऊपर था।"

बापू का आश्रम मानवता की प्रयोगशाला था। वे छोटे से छोटा काम खुद करते थे और इन कामों में गर्व का अनुभव करते थे। ऐसी थी इस महामानव की मानवता! मानवतावादी बापू के लिए धर्म का, कर्म का एकमात्र उद्देश्य मानव को मानव के पास लाना था, अलग करना नहीं। *हिन्द स्वराज्य* में 1946 में बापू ने लिखा था कि—

> "समस्त धर्म एक ही बिन्दु पर आकर मिलने वाले विभिन्न मार्ग हैं। यदि हम सब

एक ही लक्ष्य पर पहुँचते हैं तो इससे क्या अन्तर पड़ता है कि हमारे कार्य भिन्न-भिन्न हैं।"

गांधीजी ने लिखा है कि जान रस्किन की पुस्तक *अण्टू दिस लास्ट* ने मुझे बहुत गहराई तक छुआ और इसमें उन्हें तीन जीवन-सूत्र मिले :

(1) सबकी भलाई में ही हमारी भलाई है। (आज की दुनिया ज्यादा से ज्यादा लोगों की भलाई में भलाई मानती है। इसलिए थोड़े लोगों को दुःख देने में उसे आपत्ति नहीं। यह रास्ता ही गलत है। जो सब से पीछे, सब से नीचे, सर्वहारा वर्ग है, उसी को ध्यान में रख कर भलाई के कार्यक्रम बनाने चाहिएं। तभी सभी लोगों का उदय हो सकता है। अन्त्योदय ही सर्वोदय है।)

(2) वकील, नाई, मल ढोने वाले — सब के काम की कीमत एक-सी है।

(3) मजदूर और किसान का सादा जीवन ही सच्चा जीवन है।

हरिजन के 21 फरवरी, 1934 के अंक में बापू ने फिर लिखा कि–

"तात्कालिक जरूरतें यह नहीं है कि एक धर्म हो, बल्कि यह है कि विभिन्न धर्मों को मानने वालों में आपस में आदर और सहनशीलता हो। हम बेजान समानता नहीं चाहते पर विविधता में एकता चाहते हैं। परम्पराओं, संस्कारों, जलवायु और दूसरी परिस्थितियों को मिटाने का प्रयत्न किया जायेगा तो वह असफल ही नहीं होगा बल्कि अधर्म भी होगा। धर्मों की आत्मा एक है, परन्तु अनेकों रूपों से प्रकट हुई है। ये रूप अनन्त काल तक रहेंगे। मानवतावादी इस बाहरी आवरण की परवाह न करके विभिन्न आवरणों के भीतर रहने वाली एक ही आत्मा के दर्शन करेंगे।"

मानवता के प्रति बापू के विचार हिन्दी *नवजीवन* के 6 अगस्त, 1925 के अंक में उजागर होते हैं। उन्होंने लिखा था कि–

'मैं यह मानता हूँ कि दुनिया में किसी प्राणी से मैं द्वेष कर ही नहीं सकता। बरसों के प्रार्थनामय संयम और साधना के फलस्वरूप मैंने कोई चालीस साल से किसी के प्रति द्वेष करना छोड़ दिया है। मैं जानता हूँ कि यह बहुत बड़ा दावा है। फिर भी मैं पूरी नम्रता के साथ यह दावा करता हूँ। परन्तु बुराई से, फिर वह कहीं भी हो, मैं द्वेष कर सकता हूँ और अवश्य करता हूँ।" ऐसी थी मानवता और मानवी कर्मों की व्याख्या बापू के जीदन में !

आश्रम जीवन के प्रयोग गांधीजी दक्षिण अफ्रीका से ही करते आ रहे थे। वहाँ भी उनके परिवार के अतिरिक्त और भी बहुत से व्यक्ति आश्रम में रहते थे। उनमें कुछ ऐसे लड़के भी थे, जो जरूरत से ज्यादा आवारा और शरारती थे। गांधीजी के अपने बेटों को उन्हीं के साथ रहना पड़ता था। किसी के साथ किसी प्रकार का कोई भेदभाव नहीं किया जाता था।

लेकिन कैलनचैक को भले और बुरे लड़कों का इस प्रकार एक साथ रहना बिल्कुल अच्छा नहीं लगता था। एक दिन साहस करके उन्होंने गांधी से कहा, 'मुझे यह सब अच्छा नहीं लगता। आपके बेटे इन लड़कों के साथ रहेंगे तो परिणाम अच्छा नहीं रहेगा। इन आवारा लड़कों की सोहबत से वे भी बिगड़ जाएंगे।'

गांधी जी ने उत्तर दिया—

"अपने बेटों और इन लड़कों में मैं भेदभाव कैसे कर सकता हूँ? सभी की जिम्मेदारी मुझ पर है। मेरे बुलाने पर ही तो वे यहाँ आएं हैं। यदि मैं इन्हें रुपये दे दूँ तो ये आज ही जोहनिसबर्ग जाकर पहले की तरह रहने लगेंगे। आश्चर्य नहीं कि इनके माता-पिता यह समझते हों कि इन लड़कों ने यहाँ आकर मुझ पर मेहरबानी की है। आप और मैं इस बात को अच्छी तरह जानते हैं कि यहाँ लड़कों को असुविधा होती है। मेरे लड़के और वे सब एक साथ ही रहेंगे। मेरे लड़कों को यह अनुभव क्यों हो कि वे औरों से ऊँचे दर्जे के हैं। इनके दिमाग में ऐसे विचार डालना उनको उलटे रास्ते पर ले जाना है। वे भले-बुरे की परीक्षा करना सीखेंगे। इस स्थिति में रहने से उनका जीवन बनेगा ही, बिगड़ेगा नहीं।"

इतने वर्षों के अनुभव के बाद लगता है कि आज की दुनिया गांधीजी के मानवतावादी रास्ते पर चलने से कतराती हैं। पर वास्तव में, मानव यदि जीवित रहना चाहता है तो उसके पास गांधीजी की विचारधारा को अपनाने के अलावा कोई विचार नहीं है। यह गांधीवाद का सवाल नहीं, मानवता के भविष्य का सवाल है। किसी महापुरुष की महानता उसकी जय-जयकार से नहीं मापी जा सकती। उसकी महानता की माप उसकी मानवता और आचरण की छाप है जो वह अपने युग पर छोड़ जाता है। गांधीजी ने अपनी आत्मकथा के अन्त में सत्य के साक्षात्कार और मानवतावाद को समन्चय करते हुए टिप्पणी की है कि ऐसे व्यापक सत्यनारायण के दर्शन के लिए मानव के प्रति आत्मवत प्रेम की बड़ी जरूरत है। और मानवता की परिभाषा भी तो यही है।

बापू ने बार-बार दुहराया कि—

"मैं भारत का एक विनम्र सेवक हूँ और भारत की सेवा के द्वारा सम्पूर्ण मानवता की सेवा कर रहा हूँ। लगभग पचास साल तक सार्वजनिक जीवन व्यतीत करने के बाद आज मैं यह कह सकता हूँ कि मेरा विश्वास इस सिद्धान्त में बढ़ा है जो कि अपने राष्ट्र की सेवा से भिन्न नहीं है। यह एक अच्छा सिद्धान्त है। इसे स्वीकार करने से ही विश्व की स्थिति सुधर सकती है और हमारी इस पृथ्वी पर स्थित राष्ट्रों के पारस्परिक ईर्ष्या-द्वेष समाप्त हो सकते हैं।"

ईश्वर ने मेरे भाग्य को भारत के लोगों के साथ जोड़ दिया है, अतः यदि मैं उनकी सेवा नहीं करता तो मैं अपने निर्माता से दगाबाजी करूँगा। यदि मैं

उनकी सेवा करना नहीं सीखता तो मानवता की सेवा मुझसे कभी नहीं बन पड़ेगी। जब तक मैं अपने राष्ट्र की सेवा करने में दूसरे देशों को हानि नहीं पहुँचाता, तब तक मैं कोई गलती नहीं कर सकता।"

बापू ने यह भी कहा है कि–

"मेरा उद्देश्य केवल भारतीयों में ही भ्रातृत्व की भावना पैदा करना नहीं है। मेरा उद्देश्य केवल भारत की स्वतन्त्रता नहीं है यद्यपि मेरा लगभग सारा जीवन तथा समय निःसन्देह उसी में लगा है। लेकिन भारत की स्वतन्त्रता के जरिये मैं विश्व-बंधुत्व को प्राप्त करने की आशा करता हूँ। मेरी देश भक्ति संकुचित नहीं है। वह अपने अन्दर सबको शामिल करती है और मैं उस देश भक्ति को अस्वीकार करता हूँ जो दूसरे राष्ट्रों के कष्टों तथा शोषण के जरिये पनपना चाहती है। उस देशभक्ति का मेरे लिए कोई महत्व नहीं है जिसका सम्पूर्ण मानवता की अधिकतम भलाई के साथ हमेशा, बिना किसी अपवाद के हर मामले में, मेल नहीं बैठता। यही नहीं, बल्कि मेरा धर्म तथा मेरे धर्म की अद्भुत देश भक्ति सभी जीवों के लिए है।"

इसी सम्बन्ध में बापू का कथन था कि–

"मैं अपने देश की स्वतन्त्रता इसलिए चाहता हूँ, जिससे दूसरे देश मेरे स्वतन्त्र देश से कुछ सीख सकें, जिससे मेरे देश के साधनों का मानवता की भलाई के लिए उपयोग किया जा सके। जैसे राष्ट्रीयता का सिद्धान्त आज हमें यह सिखाता है कि व्यक्ति को कुटुम्ब के लिए, कुटुम्ब को गाँव के लिए, गाँव को जिले के लिए, जिले को प्रान्त के लिए, प्रान्त को देश के लिए बलि देनी पड़ती है, वैसे ही किसी देश को इसलिए स्वतन्त्र होना चाहिए कि वह आवश्यकता पड़ने पर संसार की भलाई के लिए अपनी बलि दे सके।"

गांधी जी और मानवता का अलग-अलग कोई आधार ही नहीं लगता। बापू का यह कथन कितना मार्मिक है कि–

"हम सब उसी मिट्टी से बने हैं, हम सब विशाल मानव परिवार के सदस्य हैं। मैं उनमें कोई भेद करने को तैयार नहीं हूँ। मैं भारतीयों के दूसरों से अच्छा होने का दावा नहीं करता। हम लोगों में समान गुण-अवगुण है। विश्व के लोग बिल्कुल ऐसे अलग-थलग नहीं कटे है कि हम लोग एक दूसरे के पास नहीं जा सकते। चाहे वे हजार कमरों में रहते हों, लेकिन वे सब एक-दूसरे से जुड़े हैं। मैं यह नहीं कहूँगा "कि भारत सबसे ऊँचा बना रहे चाहे सारा संसार नष्ट हो जाए। यह मेरा सन्देश नहीं है। भारत पूरी तरह फले-फूले पर संसार के दूसरे राष्ट्रों की भी भलाई हो। मैं भारत को तथा उसकी स्वतन्त्रता को तभी अक्षुण्ण रख सकता हूँ

जब मेरे दिल में सम्पूर्ण मानव जाति के प्रति सौहार्द होगा, न कि केवल उन लोगों के लिए जो पृथ्वी के इस छोटे से हिस्से में निवास करते हैं जिसे भारत के नाम से पुकारा जाता है। भारत दूसरे छोटे देशों के मुकाबले काफी बड़ा है लेकिन इस लम्बे चौड़े विश्व में अथवा ब्रह्माण्ड में वह क्या हैं?"

माँ सीता की खोज में लंका जाते श्री रामदूत हनुमान का 'मोहि कहाँ विश्राम?' मानवतावादी का सिद्धान्त वाक्य होता है। और बापू ने भी इसे ही अपना उद्देश्य बना लिया था। बापू ने अपनी आत्मकथा में लिखा है कि मैंने मानवता की सेवा के धर्म को अपना लिया था क्योंकि मेरी समझ में ईश्वर साक्षात्कार का यही एक उपाय था।

यंग इण्डिया के 2 मार्च, 1922 के अंक में भी बापू ने लिखा था कि–

'स्वप्रेम मानव को एक दूसरे मानव से प्रेम करने और उनके हित का ध्यान रखने के लिए प्रेरित करता है। सबसे बड़ा नैतिक नियम यह है कि हम मानवता की भलाई के लिये निरन्तर काम करते रहें।'

बापू के मानवतावादी झुकाव को लेकर ही ए.वी. रमण ने लिखा कि 'बापू ने अपने महान मानवीय गुणों से और मानव कल्याण के लिए अपनी अपूर्व निष्ठा से अपने समकालीनों की दृष्टि में अपूर्व स्थान बना लिया था।'

इसी प्रकार विश्वप्रख्यात उपन्यास लेखिका पर्लबक ने बापू को मानवता के प्राण कहते हुए लिखा कि 'यह बात नहीं कि हम उन चश्मे वाले, पतले दुबले, गांधी को भावुकता में आकर कोई देवता समझ बैठे थे, बल्कि हमारा विश्वास था और हम आशा करते थे कि गांधीजी ने मानव जीवन के मौलिक सत्य को प्राप्त कर लिया है।'

हरिजन अक्तूबर, 1938 में बापू ने जोर देकर लिखा है कि–

"मानव स्वभाव उसी दिन अपने आपको पहचानेगा जिस दिन उसे इस बात की प्रतीति होगी कि मानवता का अर्थ पशुता अथवा क्रूरता का सम्पूर्ण विनाश हैं।"

मानवता का गौरव गांधीजी ने थोड़े से शब्दों में, गागर में सागर भर कर दे दिया जब यरवदा मन्दिर में बापू ने कहा कि 'त्याग मानवता को पशुता से भिन्न बनाती है।'

गांधीजी और टालस्टाय के बारे में काका कालेलकर ने एक बार लिखा था कि गांधी और टालस्टाय दोनों ने मिलकर इतिहास विधाता का युग कार्य शुरू किया। अब सत्य खण्डा वसुन्धरा के मानव अपनी शक्ति और मुक्ति के अनुसार मत करेंगे कि इस युग के मानव जीवन में कितनी फीसदी टालस्टाय की और कितनी फीसदी गांधीजी को दाखिल करना है। आज की मानवता दोनों को पूर्णतया स्वीकार शायद ही करेगी। लेकिन मानवता अपनी यात्रा के लिए इनको अपना ध्रुवतारा बनाएगी ऐसे लक्षण साफ दीख पड़ते हैं। यह आज का सत्य है। और यह गांधीजी और मानवता का दर्शक है।

4
सर्वोदय

आज के इस प्रगतिशील युग में सामाजिक परिवर्तन अनेक रूपों में हो रहे हैं। विज्ञान ने तो अभूतपूर्व कार्य कर दिखाए हैं। जिन बातों को पहले लोग कपोल कल्पित समझते थे वे ही बातें आज प्रत्यक्ष रूप से दिखाई देती हैं। विज्ञान की इस उन्नति की चरम परिणीत अणुशक्ति के रूप में विकसित हुई है। अणुशक्ति के दो रूप हैं : (1) सृजनात्मक, और (2) विनाशात्मक। इन दोनों के परिणाम सर्वविदित हैं। भारतीय विचारक अणुशक्ति के सृजनात्मक रूप का समर्थन करते हैं, जबकि कई देश विनाश के लिए अणु अस्त्रों की होड़ में पड़े हुए हैं। विनाश से सृजन का महत्व अधिक है। किन्तु वह महत्व तब और अधिक महत्वपूर्ण हो जाता है जब अणुशक्ति के सृजन का उपयोग शान्ति के विकास और प्रगति के लिए किया जाए।

हम इस प्रगति युग से पहले की बात करें और देखें कि मनुष्य जाति का पूर्व इतिहास कैसा रहा है। आज का व्यक्ति, जो वैज्ञानिक आविष्कारों के कारण सुख-सुविधा की दुनिया में रहता है, क्या यह कल्पना कर सकता है कि उसके आदिपुरुष किस प्रकार अपना जीवन-यापन करते थे। आदियुग में खाने के लिए मांस और फल, फूल आदि ही थे। अन्न की उत्पत्ति तो बहुत समय के बाद हुई। रहने के लिए पर्णकुटी और पहनने के लिए बलकल। न आवागमन के साधन थे, न पढ़ने-लिखने का रिवाज़। इस प्रकार की रहन-सहन की बात सुनकर आधुनिक व्यक्ति आश्चर्यचकित हो जाता है।

समय बदला और मनुष्य जाति ने अपने जीवन स्तर को ऊपर उठाने के लिए नई-नई पद्धतियों का आविष्कार किया। वह पद्धति एक क्रान्ति थी, जिसके द्वारा मानव ने जीवन के परिवर्तन प्रारंभ किए।

धीरे-धीरे सामाजिक जीवन परम्पराबद्ध होने लगा। भाषा और संस्कृति का उदय हुआ। मानव ने मानव को पहचाना। जीवन-निर्वाह के नये-नये साधन जुटाए जाने लगे और इस प्रकार हम देखते हैं कि मनुष्य जाति ईश्वरीय सृष्टि का एक अनुपम उदाहरण बन गया। यह सब हुआ मनुष्य की अदम्य शक्ति क्रान्ति के द्वारा। किन्तु इस क्रान्ति में विरोध भी था क्योंकि उसमें हिंसा का प्रभाव था।

जैसे-जैसे समाज के विकास के साथ शिक्षा का भी विकास हुआ, वैसे ही विचारकों ने सोचना आरंभ किया कि सामाजिक प्रगति के लिए हिंसक क्रांति की अपेक्षा अहिंसक

क्रान्ति की आवश्यकता है। यह प्रक्रिया उन्नीसवीं शताब्दी से ही शुरू हो गई थी किन्तु इसका विशुद्ध रूप आधुनिक भारत के जनक महात्मा गांधी के विचारों के रूप में परिलक्षित हुआ। गांधी जी सामाजिक क्रान्ति को शुद्ध अहिंसक रूप देने के पक्ष में थे। अहिंसा के साथ वे सत्य को भी सामाजिक क्रान्ति में सम्मिलित करते थे।

इधर क्रान्ति के कई अन्य रूप भी हमारे सामने आए हैं। उनमें साम्यवाद और समाजवादी क्रान्तियाँ प्रमुख हैं। साम्यवाद की क्रान्ति हिंसा मूलक है किन्तु समाजवाद की क्रान्ति में हिंसा के लिए स्थान नहीं है।

यदि साम्यवाद में से हिंसा को निकाल दें तो यह समाज में राजनैतिक और आर्थिक असमानता को दूर करने और समानता स्थापित करने की एक अच्छी पद्धति है। यह ऐसा संगठन है जिसमें उत्पादन का अधिकार किसी एक दो व्यक्ति के हाथ में न रह कर जनता के हाथ में रहता है। साम्यवाद समानता के सिद्धान्त को मानता है। हमारे प्राचीन साहित्य में भी समानता का विवेचन मिलता है, किन्तु साम्यवाद में हिंसा दूध-पानी की तरह मिली हुई है।

समाजवादी क्रान्ति का मुख्य लक्ष्य पूंजीवाद के विरुद्ध प्रतिक्रिया है। समाजवाद में मूल भावना सहयोग और सहकारिता की है। समाजवाद व्यक्तिवाद का विरोधी है।

गांधीजी समाज में जिस क्रान्ति को लाने के पक्षधार थे वह है 'सर्वोदय-क्रान्ति'। सर्वोदय का साधारण अर्थ है सबका उदय अर्थात् सबकी सब प्रकार की उन्नति। समाजवादी विचारधारा में अमीर-गरीब में, मालिक-मजदूर में, ज़मींदार-किसान में, शासक और शोषित में कोई भेद न हो। सर्वोदय की भावना बहुत पुरानी है, हमारे ऋषियों ने बहुत पहले **सर्वेभवन्तु सुखिनः** अर्थात् सब सुखी हों—इस सिद्धान्त का प्रतिपादन किया था। पर सर्वोदय की आधुनिक विचारधारा महात्मा गांधी की देन है। सर्वोदय की विचारधारा गांधीजी ने रस्किन की '*अन्टु दिस लास्ट*' नामक छोटी-सी किन्तु महान पुस्तक से लीं। महात्मा जी ने इस पुस्तक का गुजराती में 'सर्वोदय' नाम से सारांश रूप में अनुवाद किया।

महात्मा गांधी ने अपनी आत्मकथा में कहा है कि 'मेरा विश्वास है कि जो चीज़ मेरे अन्तरतम में बसी हुई थी उसका स्पष्ट प्रतिबिम्ब मैंने रस्किन की इस पुस्तक में देखा और इस कारण उसने मुझ पर अपना साम्राज्य जमा लिया और अपने विचारों के अनुसार मुझसे आचरण करवाया। सर्वोदय के सिद्धान्त को मैंने इस प्रकार समझा है :

1. सब के भले में अपना भला है।

2. वकील और नाई दोनों के काम की कीमत एक सी होनी चाहिए क्योंकि आजीविका का हक दोनों को एक सा है।

3. मजदूर और किसान का सादा जीवन ही सच्चा जीवन है।

इस सम्बन्ध में गांधीजी ने लिखा है कि –

> "पहली बात तो मैं जानता था। दूसरी का मुझे आभास हुआ करता था। परन्तु तीसरी बात तो मेरे विचार में आयी ही न थी। पहली बात में दोनों बातें समाविष्ट हैं, यह बात मुझे 'सर्वोदय' से सूर्यप्रकाश की तरह स्पष्ट दिखाई देने लगी। सुबह होते ही मैं उसके अनुसार अपने जीवन को बनाने में लग गया।"

और यह बापू की सामाजिक क्रान्ति का प्रारूप बन गया।

गांधीजी आजीवन सर्वोदय की दृष्टि से विचार तथा कार्य करते रहे। गांधी सेवा संघ *सर्वोदय* पत्रिका के द्वारा 'सर्वोदय' का प्रचार-प्रसार करता रहा है।

सर्वोदय समाजवाद में समानता का अभाव नहीं है। दोनों ही समानता के पक्षपाती हैं। दोनों की समानता के सम्बन्ध में गांधी जी ने कहा है– 'समानता तो दोनों में काफी है। 'सवैभूमि गोपाल की' बन जाए यह तो मैं भी मानता हूँ।' किन्तु गांधीजी समाजवाद और सर्वोदय में कुछ भेद अवश्य मानते थे। महात्मा गांधी का कथन है कि समाजवादी लोग कहते हैं कि समाजवाद का प्रारम्भ सब एक साथ करें। मैं कहता हूँ कि अपने व्यक्तिगत आचरण में हमें इसका प्रारंभ तुरन्त कर देना चाहिए। यदि इसमें श्रद्धा है तो कम से कम हम निजी जायदाद तो समाज को अर्पण कर दें। एक भी कौड़ी जब तक कोई रखेगा, तब तक वह समाजवादी नहीं है।

गांधीजी ने एक बार लुई फिशर के 'आपका समाजवाद क्या है?' इस प्रश्न के उत्तर में कहा था– 'मेरे समाजवाद का अर्थ है 'सर्वोदय'।

सर्वोदय की भावना ही गांधीजी की सामाजिक क्रान्ति है। इस क्रान्ति में वैसे तो बहुत-सी उपयोगी बातें हैं किन्तु कुछ ऐसे सिद्धान्त हैं, जिन्हें गांधीजी बहुत पसन्द करते थे, और उनके ठीक तरह पालन से ही समाज को सुगठित और खुशहाल देखना चाहते थे। इनमें साम्प्रदायिक एकता, अस्पृश्यता निवारण, नशाबन्दी, खादी और दूसरे ग्रामोद्योग आरोग्य और स्वास्थ्यता, नई तालीम तथा आर्थिक समानता–ये बातें विशेष महत्व की है।

इस प्रकार सर्वोदय भावना और उससे सम्बन्ध रखनेवालों के उपर्युक्त सिद्धान्तों के द्वारा ही गांधीजी ने सामाजिक क्रान्ति की थी।

5
राष्ट्र प्रेम

मातृभूमि के बारे में बापू के विचार थे कि–

"हमारी जन्मदात्री-पार्थिव माता हमारी श्रद्धा और पूजा की अधिकारिणी होती है। हमारी मातृभूमि और अनश्वर माता जिसके आंचल में हम बढ़ रहे हैं और जिसके आंचल में ही हम मरेंगे, वह हम सबकी भक्ति और श्रद्धा की कितनी बड़ी अधिकारिणी है। जो इस देश में पैदा हुए हैं, और इसे मातृभूमि मानते हैं चाहे वे हिन्दू हों, मुसलमान, पारसी, ईसाई, जैन अथवा सिक्ख हों वे सब उसके बच्चे हैं और इसीलिए भाई-भाई हैं, खूनी रिश्ते से भी बड़े भाई हैं।"

और यह बापू के राष्ट्र प्रेम की आराधना ही है।

काका कालेलकर ने बापू के विषय में अपने क्रान्तिकारी जीवन के आरम्भ के संस्मरण में लिखा है कि 'गांधीजी से सवाल जवाब करने के बाद मैंने जीवत राम कृपलानी को तार में लिखा था कि एक अजीब प्राणी यहाँ आया है, और उसके पास कुछ-कुछ देने लायक है। और हमने महसूस किया है कि हिन्दुस्तान का इतिहास ही नहीं, हिन्दुस्तान की संस्कृति, हिन्दुस्तान का धर्म और हिन्दुस्तान की आत्मा को यह व्यक्ति अच्छी तरह पहचाना हुआ है।' काका साहब ने आगे लिखा है कि बम्बई पॉलीटिकल कान्फ्रेंस में गांधीजी से काफी बातचीत करने के बाद बाहर आते ही लोकमान्य तिलक ने भी कहा कि यह गांधी सच्चा देश भक्त है। इसके काम में हमें कभी रुकावट नहीं डालनी चाहिए। इसके हाथों बहुत काम होने वाले हैं।

आधुनिक संसार के निर्माण में राष्ट्र प्रेम का बड़ा महत्व रहा है। इसके कारण बहुत बड़े-बड़े साम्राज्यों का पतन हुआ तथा विदेशी शासन से मुक्त होने के लिए बहुत से संघर्ष हुए। राष्ट्र प्रेम की इस भावना ने एक ऐसी आक्रमणकारी देश भक्ति को भी उभारा जिसने देश को मनुष्यता से बढ़कर माना और जिसने दूसरे राष्ट्रों की कमजोरी का फायदा उठाकर उन पर कब्जा जमाने की भावना पैदा की।

इस प्रकार राष्ट्र प्रेम के प्रश्न पर सदा ही विभिन्न प्रतिक्रियाएँ होती रही हैं।

पण्डित राम प्रसाद बिस्मिल ने लिखा है –

यदि देशहित मरना पड़े
मुझे सहस्रों बार भी।
तो भी मैं न उस कष्ट को
निज ध्यान में लाऊँ कभी।।

जहाँ राष्ट्र प्रेमी क्रान्तिकारी बिस्मिल ने देशहित को इतना उच्च स्थान दिया है वहाँ एक विचारधारा यह भी है कि राष्ट्र प्रेम भारतीय 'वसुधैव कुटुम्बकम्' की भावना से मेल नहीं खाता। स्वयं गुरुदेव रवीन्द्रनाथ टैगोर ने राष्ट्रीयता पर अपनी पुस्तक में राष्ट्र प्रेम की अवहेलना 'सारी जनता के संगठित स्वार्थों और स्वार्थी उद्देश्यों की पूर्ति के लिए राजनैतिक और व्यवसायिक संगठन तथा शोषण की एक संगठित शक्ति है' के रूप में की है।

पर 'वसुधैव कुटुम्बकम्' यानी सारा विश्व मेरा परिवार है, इस महावचन क़ा क्या महत्व है? इस विषय की चर्चा करते हुए बापू ने कहा है कि–

"सार्वजनिक जीवन के लगभग 50 वर्ष के अनुभव के बाद आज मैं यह कह सकता हूँ कि अपने देश की सेवा दुनिया की सेवा से असंगत नहीं है। इस सिद्धान्त में मेरा विश्वास बढ़ा ही है। यह एक उत्तम सिद्धान्त है।"

बापू का राष्ट्र प्रेम भारत की आजादी की लड़ाई के समय भी ब्रिटेन के लिए किसी प्रकार की घृणा की बुनियाद पर खड़ा नहीं था। बापू का कहना था कि 'मेरी दृष्टि में राष्ट्र प्रेम और मानव-प्रेम में कोई भेद नहीं है। दोनों एक ही हैं।'

देश प्रेम के सम्बन्ध में बापू के विचार हैं कि–

"मेरी दृष्टि में देश प्रेम का वही स्थान है जो मानव-प्रेम का है। मैं देश प्रेमी हूँ। मेरा देश प्रेम सबसे अलग और तटस्थ रहने वाला नहीं है। मैं भारत की सेवा करने के लिए इंग्लैंड या जर्मनी को नुकसान नहीं पहुँचाऊँगा। मेरी योजना में साम्राज्यावाद के लिए कोई स्थान नहीं है। देश प्रेम का कानून मानव-प्रेम के कानून से रिक्त नहीं है। और अगर कोई देश-प्रेमी केवल बातों में ही मानव प्रेम जाहिर करता है, तो उसके हृदय में उतनी कमी है। व्यक्तिगत और राजनीतिक कानून में कोई विरोध नहीं है।"

इस सम्बन्ध में बापू ने हमेशा यही कहा था कि–

"राष्ट्र प्रेम बुरी चीज नहीं है। बुरी चीज है संकीर्णता, स्वार्थ और अलगाव, जो आधुनिक राष्ट्रों का सबसे बड़ा कलंक है। हर राष्ट्र, दूसरे राष्ट्र को नुकसान पहुँचा कर अपना फायदा करना चाहता है, दूसरे की बरबादी करके अपनी उन्नति करना चाहता है। भारतीय राष्ट्रीयता ने भिन्न मार्ग अपनाया है। भारत सम्पूर्ण मानवता की भलाई तथा सेवा के लिए अपने को संगठित करना चाहता

है तथा आत्मोन्नति चाहता है।"

वे सदा कहते रहे हैं कि–

"किसी भी व्यक्ति के लिए देश प्रेमी हुए बिना विश्व प्रेमी होना असंभव है। अन्तर्राष्ट्रीयता तभी सम्भव है जब विभिन्न देशों के लोग अपने को संगठित कर लें और पूरी एकता के साथ काम करने के योग्य हो जाएँ।"

गांधीजी ने भारत के लिए जिस राष्ट्र प्रेम की परिकल्पना की उसके बारे में वे कहते हैं कि–

"हमारे राष्ट्र प्रेम से दूसरे राष्ट्रों को खतरा नहीं हो सकता, क्योंकि जिस तरह हम किसी को अपना शोषण नहीं करने देते उसी तरह हम भी किसी का शोषण नहीं करेंगे। स्वराज के जरिये हम पूरे विश्व की सेवा करेंगे।

मुझे भारत की ऐसी स्वतंत्रता नहीं चाहिए जिसमें इंग्लैंड का अथवा अंग्रेजों का विनाश हो। मैं अपने देश की स्वतंत्रता इसलिए चाहता हूँ जिससे दूसरे देश मेरे स्वतंत्र देश से कुछ सीख सकें, जिससे मेरे देश के साधनों का मानवता की भलाई के लिए उपयोग किया जा सके।

अतः राष्ट्र प्रेम का मेरा आदर्श यह है कि मेरा देश प्राणोत्सर्ग कर सके जिससे मानव-जाति जीवित रह सके। उसमें जाति-द्वेष के लिए स्थान नहीं है। हमारी राष्ट्रीयता ऐसी ही होनी चाहिए।"

गांधीजी ने आज़ादी के तत्काल बाद वाले हिंसाकाण्ड से दुःखी होकर कहा था–

"मैं मृत्यु से कभी नहीं डरता। मेरा जीवन तो भगवान के हाथ में है, वह जब तक उसका उपयोग चाहेगा, करेगा। धार्मिक सहिष्णुता और हिन्दू-मुस्लिम एकता से मेरे जीवन की इच्छा बढ़ेगी। मुझे यदि अपने बीच देखना चाहते हो, तो मेरी यही शर्त है कि भारत की सभी जातियाँ एक-दूसरे से मिलकर शांति से रहें–शस्त्र प्रदर्शन, बल-प्रयोग से नहीं वरन् प्रेम से रहें ताकि यह संबंध हमें विश्व से बांध सके।... हमारा प्रेम दिल की चीज़ है, हमारा रास्ता तलवार का नहीं है।... प्रेम की सच्ची परीक्षा तो यही है कि हम मर कर दूसरों के अप्रेम का उत्तर दें।"

बापू का निश्चित विचार था कि–

"राष्ट्रों में एकता इसलिए रहती है कि राष्ट्रों के अंगभूत लोग परस्पर आदर-भाव रखते हैं। किसी दिन अपने राष्ट्रीय न्याय को हमें सारे विश्व तक व्याप्त करना पड़ेगा, जिस प्रकार हमने अपने कौटुम्बिक न्याय को राष्ट्रों के — एक विशाल कुटुम्ब के — निर्माण के लिए व्याप्त किया है।

मानव जाति एक है, क्योंकि सारे मानव समान रूप से नैतिक कानून के अधीन हैं। ईश्वर की दृष्टि में सारे मानव समान हैं। बेशक, उनमें जाति के, दरजे के

और ऐसे ही दूसरे भेद हैं, परन्तु मनुष्य का दर्जा जितना अधिक ऊँचा है उतनी ही बड़ी उसकी जिम्मेदारी है।

मेरे जीवन का ध्येय केवल भारतीयों का ही भ्रातृभाव सिद्ध करना नहीं है। भारत की स्वतन्त्रता भी मेरे जीवन का ध्येय मार्ग नहीं है, यद्यपि आज निस्सन्देह इसी कार्य में मेरा सारा समय और सारा जीवन बीता जा रहा है। लेकिन भारत की स्वतन्त्रता सिद्ध करके उसके द्वारा मैं मानव-मात्र के भ्रातृभाव का ध्येय सिद्ध करने और उसका प्रचार करने की आशा रखता हूँ। मेरी देश-भक्ति सबसे अलग-थलग रहने वाली वस्तु नहीं है। वह सर्वव्यापी है। मुझे उस देश-भक्ति का त्याग करना चाहिए, जो दूसरे राष्ट्रों को आफत में डालकर, उन्हें लूटकर बड़प्पन पाना चाहती है।

मेरी दृष्टि में किसी व्यक्ति के लिए राष्ट्रीय बने बिना अंतर्राष्ट्रीय बनना असंभव है। अंतर्राष्ट्रीयता उसी अवस्था में संभव है जब राष्ट्रीयता एक वास्तविक वस्तु हो जाए अर्थात् जब भिन्न-भिन्न देशों के लोग सुसंगठित हो जाए और एक आदमी की तरह काम कर सकें।

17 जुलाई, 1924 में *यंग इंडिया* के अंक में बापू ने लिखा कि–

"विश्व के राज्यों का ध्येय एक दूसरे से बिल्कुल सम्बन्ध न रखने वाली स्वतंत्रता सिद्ध करना नहीं है। उनका ध्येय तो स्वेच्छा से स्वीकार किया हुआ परम्परावलम्बन है।"

इसी प्रकार *हिन्दी नवजीवन* 16 दिसम्बर, 1924 में बापू ने कहा कि–

"दुनिया के विचारशील लोग आज ऐसे पूर्ण स्वतंत्र राज्यों को नहीं चाहते जो एक-दूसरे से लड़ते हों, बल्कि ऐसे राज्यों के संघ को चाहते हैं जो एक दूसरे के मित्र और परस्पर आश्रित हों। भले ही इस उद्देश्य की सिद्धि का दिन बहुत दूर हो। हमारे देश के लिए मैं बड़े-बड़े दावे नहीं करना चाहता। और मेरी समझ में तो यह बात भी नहीं आती कि पूरी आजादी के बजाय इस विश्व कुटुम्ब का सहयोगी अंग बनने के लिए अपनी तैयारी बताना कौन ऐसी भारी असंभव बात है।"

यहाँ गांधीजी पर महान् दार्शनिक तथा भारत के तत्कालीन राष्ट्रपति डॉ. राधाकृष्णन के विचारों का उल्लेख प्रासांगिक है–

"राष्ट्रों के इतिहासों में कुछ पृष्ठ ऐसे होते हैं जिन्हें बाद की पीढ़ियाँ बड़े गौरव और सम्मान से उलटती हैं। हमारा युग एक ऐसा युग है जिसे हमारे राष्ट्र के पुनर्निर्माण-काल के रूप में याद किया जाएगा जब हमारा देश विदेशी सत्ता की गुलामी से छुटकारा पाकर आज़ाद हुआ। यह महान् परिवर्तन लोगों की दृढ़ इच्छा शक्ति और दृढ़ संकल्प के फलस्वरूप संभव हुआ। हमारे देश का यह

पुनरुत्थान उस संघर्ष के बिना हुआ जो अपने पीछे घृणा, कटुता और नैतिकता के ह्रास के भद्दे धब्बे छोड़ जाता है। इस सफलता के लिए हम मुख्यतः महात्मा गांधी के ऋणी हैं जिन्होंने देश में नयी शक्ति का संचार किया, इसमें इच्छा शक्ति जागृत की और नैतिकता के नवोन्मेष से युक्त राजनैतिक चिन्तन की प्रेरणा दी।

. . . हमें इतना पता है कि हमारे राष्ट्र की भाग्य रेखाएँ उस महान् आत्मा के जीवन और कार्य से अवश्य प्रभावित हैं। वे उस कोटि के मानव श्रेष्ठ हैं जो मानव-जाति को पुनः प्रतिष्ठित करते हैं। उनका जीवन स्वतंत्रता को समर्पित था। उन्हें विश्वास में निष्ठा थी। कर्तव्य की गरिमा में अटूट श्रद्धा थी। वे मानवीय आदर्शों की पूर्ति के लिए सहर्ष त्याग को तत्पर थे। वे भावी असंख्य पीढ़ियों को समुन्नत जीवन की प्रेरणा देते रहेंगे।"

बापू ने इस संदर्भ में *हरिजन* 15 सितम्बर, 1946 में लिखा है कि–

"यूक्लिड ने कहा है कि रेखा वही हो सकती है, जिसमें चौड़ाई न हो। लेकिन ऐसी रेखा न तो आज तक कोई बना पाया है, न बना पाएगा। फिर भी ऐसी रेखा को ख्याल में रखने से ही प्रगति हो सकती है और जो बात यहाँ सच है वहीं हर एक आदर्श के बारे में सच है।"

'एक ओर हम राष्ट्र प्रेम और "वसुधैव कुटुम्बकम्" की, विश्व राष्ट्र संघ की हिमायत करते हैं, दूसरी ओर हमारी प्रवृत्तियाँ इस प्रकार चलती है कि मानों हमारे दिलों में यह डर बैठ गया है कि अगर सारा विश्व एक हो गया तो फिर हमारे राष्ट्र प्रेम की, हमारे अखण्ड हिन्दुस्तान की क्या हालत होगी और इस सबके पीछे एक ही छाया है कि हमारा व्यक्तित्व क्या रहेगा? अन्यथा इन दोनों प्रवृत्तियों में विरोध नहीं।

मनुष्य अपनी राजनीति, अपना धर्म और अपना दर्शन बदल सकते हैं पर ये अपने पुरखों को नहीं बदल सकते। और राष्ट्र प्रेम ऐसी आध्यात्मिक भावना है जो हमें हमारे पूर्वजों से मिलती है। सच्चा राष्ट्र प्रेम, धर्म की अनुभूति की चीज है। संकीर्ण तथा गलत राष्ट्रप्रेम 'वसुधैव कुटुम्बकम्' के रास्ते में रोड़ा हो सकता है पर जागृत और वास्तविक देश प्रेम विश्व-भावना के लिए अनिवार्य है।'

यंग इंडिया 21 मार्च, 1929 में बापू ने लिखा है कि–

"मनुष्य अपने परिवार की सहायता ले सकता है तो अपने पड़ोसियों की सहायता वह क्यों नहीं ले सकता? यदि वह ऐसा नहीं कर सकता, तो फिर 'वसुधैव कुटुम्बकम्' जैसे महान् वचन का क्या महत्व है?"

1 फरवरी, 1942 के *हरिजन* में गांधीजी ने कहा है–

> **तेन त्यक्तेन भुञ्जीथाः** मन्त्र में असाधारण ज्ञान भरा है। वर्तमान जीवन-पद्धति के स्थान पर, जिसमें हर एक आदमी पड़ौसी की परवाह किए बिना केवल अपने ही लिए जीता है, सबका कल्याण करने वाली नई जीवन-पद्धति का विकास करना हो, तो उसका सबसे निश्चित मार्ग यही है।'

बापू ने भारत के बंटवारे के बारे में लिखते हुए कहा था कि–

> "मैंने आज की आग को बुझाने के प्रयत्न में '*करेंगे या मरेंगे*' की प्रतिज्ञा ली है। जिस प्रकार मैं अपने राष्ट्र से प्रेम करता हूँ उसी प्रकार मैं सारी मानव जाति से प्रेम करता हूँ, क्योंकि भगवान हर मानव हृदय में बसता है और मैं मानव जाति की सेवा के जरिये ही जीवन का उच्चतम ध्येय-मोक्ष-सिद्ध करना चाहता हूँ।"

बापू के राष्ट्र प्रेम की विचारधारा के सम्बन्ध में अनायास '*कामायनी*' की यह पंक्तियाँ आज याद आती हैं–

औरों को हंसते देखो मनु,
हंसो और सुख पाओ।
अपने सुख को विस्तृत कर लो,
सबको सुखी बनाओ।।

राष्ट्रकवि सोहनलाल द्विवेदी की ये पंक्तियाँ भी बापू के विषय में समीचीन हैं–

चल पड़े जिधर दो डग मग में
चल पड़े कोटि पग उसी ओर
पड़ गई जिधर भी एक दृष्टि
गड़ गए कोटिट्टग उसी ओर।

हे कोटि चरण! हे कोटि बाहु!
हे कोटि रूप, हे कोटि नाम
तुम एक मूर्ति प्रतिरूप कोटि
हे कोटि मूर्ति! तुम को प्रणाम।

6
राष्ट्रीय एकता

बहुचर्चित बापू के विचारों के बारे में जितने मुँह उतनी बात की कहावत चरितार्थ होती है। अस्तु; गांधीजी ने अपने समय के ज्वलन्त प्रश्नों के विषय में जो कुछ कहा, बहुत से लोगों ने भिन्न-भिन्न रूपों में उनकी व्याख्या की है और उनमें हरेक ने ही बापू के वक्तव्यों की व्याख्या अपने दृष्टिकोणों से की है परन्तु सभी लोग इस बात पर सहमत रहे हैं कि गांधी जी की मान्यता थी कि राष्ट्र के राष्ट्रीय सांस्कृतिक ध्येयों का केन्द्र बिन्दु राष्ट्रीय एकता है। यह धारणा मुख्यतः साम्प्रदायिक सामंजस्य, समाज के कमजोर वर्गों के उत्थान और प्रान्तीय भावनाओं से निर्लिप्तता पर आधारित थी।

गांधीजी ने भारत के विभाजन के एक माह बाद अपने एक मित्र को लिखा था कि–

> "साम्प्रदायिक एकता मेरे अस्तित्व का प्रमुख अंग है। यह बात तो तब भी मुझ पर लागू होती थी जब खद्दर और गाँव के सभी उद्योगों के बारे में मैंने सोचा भी नहीं था। उस समय मैं साम्प्रदायिक एकता से अभिभूत हो गया, मैं तब केवल बारह साल का ही था और अंग्रेजी की शुरुआत ही मैंने की थी। मैंने तभी यह अनुभव कर लिया था कि सभी हिन्दू, मुसलमान और फारसी एक ही धरती के बेटे हैं और इसलिए भाई-चारे के प्रति उन्हें कृत संकल्प होना ही चाहिए।"

यह बात है तब की जब कांग्रेस का वजूद नाममात्र का था। इस सिलसिले में बापू ने सदा दोहराया कि –

> "भारत में विभिन्न धर्मों के लोग निवास करते हैं इसलिए वह एक राष्ट्र नहीं हो सकता, यह तर्क गलत है। विदेशियों के समावेश से यह जरूरी नहीं कि राष्ट्र नष्ट हो जाए, वे तो उसमें घुलमिल जाते हैं। कोई देश एक राष्ट्र तभी हो सकता है जब उसमें ऐसी स्थिति विद्यमान हो। उस देश में आत्मसात करने की शक्ति होनी चाहिए। भारत सदा से ऐसा ही देश रहा है। वास्तव में, जितने व्यक्ति है, उतने ही उनके धर्म होते हैं। परन्तु जिनमें राष्ट्रीयता की भावना होती है वे एक दूसरे के धर्म में हस्तक्षेप नहीं करते। यदि हिन्दुओं की यह धारणा है कि भारत में केवल हिन्दुओं को ही रहना चाहिए तो वे स्वप्नलोक में हैं। हिन्दू, मुसलमान, पारसी तथा ईसाई जिन्होंने भारत को अपना देश बना लिया है, वे सब इस एक ही देश के वासी हैं और उन्हें यदि और किसी कारण से नहीं तो कम से कम

अपने ही हित के लिए मिल जुल कर रहना पड़ेगा। दुनिया के किसी भी भाग में वहाँ के रहने वाले सभी लोगों का एक ही धर्म हो, ऐसी बात नहीं है और भारत में भी ऐसा नहीं रहा है।

"हिन्दू और मुसलमान दोनों भारत की सन्तान हैं। हमारी देह धारिणी माता जो हमें जन्म देती है, हमारे आदर तथा पूजा की अधिकारिणी होती है। इस तरह की पूजा आत्मा को पवित्र बनाती है। तो फिर हमारी माता, मातृभूमि जिसकी गोद में हमने जन्म लिया है, और जिसकी गोद में ही हम प्राण त्यागेंगे, हम सब लोगों की भक्ति तथा श्रद्धा की कितनी और भी अधिक अधिकारिणी है। वे सब लोग जो इस देश में जन्में हैं और आज जो इसे अपनी मातृभूमि मानते हैं, वे चाहें हिन्दू हों या मुसलमान या पारसी या ईसाई, जैन या सिख वे सब समान रूप से उसकी सन्तान हैं और इसलिए वे भाई.भाई हैं और खून से भी ज्यादा मजबूत बन्धन से एक दूसरे से बंधे हुए हैं।"

लेकिन बापू को 1946 के अन्त में साम्प्रदायिकता के प्रश्न पर एक प्रकार की हार माननी पड़ी और उनके जीवन का अवसान 30 जनवरी 1948, और वह भी एक भारतीय की ग़ोली से और उसका कारण था पाकिस्तान तथा मुसलमानों के लिए सहानुभूति। अपनी हत्या के केवल दो सप्ताह पहले उन्होंने साम्प्रदायिक एकता के अपने सपने का हवाला देते हुए कहा था कि 'मैं अपनी जीवन सन्ध्या में एक बार बालक की भांति कूद पड़ूँगा जब मैं यह महसूस करूँगा कि मेरे जीवन में ही मेरा सपना साकार हो गया है।' स्वतंत्रता आन्दोलन के नेतृत्व के दौरान साम्प्रदायिक उपद्रवों ने भारत में उथल-पुथल मचा दी और उसकी परिणति हुई मुस्लिम लीग द्वारा पाकिस्तान की मांग में। स्वतन्त्रता की पूर्व सन्ध्या में देश भर में साम्प्रदायिक दंगों का सिलसिला शुरू हो गया और देश का विभाजन हो गया, देश के दोनों भागों से बहुत बड़ी संख्या में शरणार्थियों का आवागमन हुआ जिसके फलस्वरूप उपमहाद्वीप में लाखों लोगों को भयंकर आपदाओं का सामना करना पड़ा।

गांधीजी ने इस साम्प्रदायिक समस्या को सुलझाने के लिए अपने लौह संकल्प का परिचय दिया और अन्त में वे इसी महान ध्येय के पावन यज्ञ में हुतात्मा हुए। सत्य और व्यावहारिक तथा स्पष्ट विचारों के प्रति समर्पित गांधीजी ने कहा था कि 'विभिन्न धर्मों में असमानता का विश्वास असहिष्णुता तथा मतान्धता को जन्म देता है और साम्प्रदायिक हिंसा के लिए खाद का काम देता है। उनके अनुसार सभी धर्मों में समानता है। और यह मानव मात्र की समानता के प्रति एक अनिवार्य निष्ठा भाव है। उन्होंने जोर देते हुए कहा कि 'प्रकृतितः हम समान है। जाति और चमड़ी के, मन और मस्तिष्क के, जलवायु और राष्ट्र के अन्तर स्थानीय है। इसी प्रकार मुख्यतः सभी धर्म समान है।'

गांधीजी ने कहा कि 'सत्य, जो कि ईश्वर के बराबर है, सब जगह एक जैसा ही है और सही जगह धार्मिक जिज्ञासा का उद्देश्य भी सत्य है। . . . इस प्रकार अगर कोई आदमी अच्छा हिन्दू है तो वह अच्छा मुसलमान, ईसाई या सिख भी है। उन्होंने कहा कि 'कोई भी धर्म अपने इर्द-गिर्द वासियों को सिर्फ इसलिए कि वे साथी दूसरे धर्म के है, मारने की शिक्षा नहीं देता। वास्तविक धार्मिक जीवन सर्वोच्च शिक्षाओं के पालन करने से ही व्यतीत किया जा सकता है और सर्वोच्च शिक्षा हरेक धर्म का सार है।'

समस्याओं को ठीक परिप्रेक्ष्य में देखने का यही था सच्चा गांधीवादी दृष्टिकोण। नवम्बर, 1919 में, गांधीजी को दिल्ली में हिन्दू और मुसलमानों के संयुक्त सम्मेलन में भाग लेने के लिए आमन्त्रित किया गया जहाँ कि खिलाफत आन्दोलन पर चर्चा की जानी थी। निमन्त्रण में लिखा गया था 'न केवल खिलाफत प्रश्न पर बल्कि गौरक्षा पर भी चर्चा होगी।' गांधीजी का अपना एक निराला तरीका था। उन्होंने कहा कि 'दोनों प्रश्नों को मिलाया न जाए और न उन्हें सौदेबाजी के रूप में समझा जाए, हरेक प्रश्न पर गुणावगुणों के अनुसार ही विचार किया जायेगा।' उनकी मान्यता थी कि 'यदि खिलाफत प्रश्न का आधार उचित और न्यायसंगत है, तो हिन्दू निश्चय ही मुसलमानों का साथ देंगे। उसमें गौरक्षा के प्रश्न को उठाना उपर्युक्त नहीं होगा . . . और न ही मुसलमानों के सामने शर्तें रखना. . ." ऐसे अवसरों पर दोनों ही दलों को भले पड़ोसियों की तरह व्यवहार करना चाहिए, एक दूसरे को समझना चाहिए और परस्पर सहायता करनी चाहिए . . .

गांधीजी का यह दृढ़ विश्वास था कि साम्प्रदायिकता की ही तरह भारतीय समाज से अस्पृश्यता का उन्मूलन किया जाना चाहिए, ताकि स्थायी आधार पर राष्ट्रीय एकता स्थापित की जा सके। राष्ट्र के जीवन के पुनर्निर्माण की दिशा में सामाजिक सुधार में उनका योगदान महत्वपूर्ण है। यह कहा जा सकता है कि उनका सम्पूर्ण रचनात्मक कार्यक्रम सामाजिक कार्यक्रम के प्रति समर्पित था। यह रचनात्मक कार्यक्रम हमारी स्वाधीनता संग्राम का अभिन्न अंग था। उनका विश्वास था कि मुख्यतः राष्ट्रीय धर्म की अवहेलना का परिणाम हम भुगत रहे हैं। उन्होंने रचनात्मक कार्यक्रम हमारे राष्ट्रीय चरित्र को सुधारने के लिए तैयार किया था। उनका मन्तव्य था कि सच्चा भारत राष्ट्रीय एकता का प्रतीक स्वतन्त्र भारत होगा।

उनके कार्यक्रम का सबसे पहला और महत्वपूर्ण अंग था—अस्पृश्यता निवारण। यह सुधार केवल हिन्दू समाज के लिए ही नहीं था। दूसरे सम्प्रदाय भी इस बुराई से पूर्णतः मुक्त नहीं है। अस्पृश्यता एक नृशंस तथा अमानवीय संस्कार है। यह मानव की गरिमा पर प्रहार है और लोकतन्त्र तथा राष्ट्रीय एकता की भावना के विरुद्ध है। गांधीजी ने अस्पृश्य लोगों से यह नहीं कहा कि वे अपने मानव अधिकारों के लिए किए जाने वाले संघर्ष में गांधी जी का साथ दें। उन्होंने कहा कि अभी वे लोग ऐसा करने में अक्षम हैं। उन्होंने सवर्ण

लोगों से कहा कि अस्पृश्यता निवारण के लिए चाहे जो बलिदान करना पड़े, उन्हें करना चाहिए। इस प्रकार सवर्ण लोग, सदियों से किए गए अत्याचार के प्रति भले ही देर में सही, न्याय कर सकेंगे। जो राष्ट्रीय एकता के लिए मूल आधार है। और इसी प्रकार आज जब असम और पंजाब की परेशानी दिल और दिमाग को झकझोर रही है, याद आती है बापू की यह बात कि–

> "(भाषावार) राज्यों के पड़ाव से भारत की एकता नहीं टूटनी चाहिए। स्वायत्तता का अर्थ विघटन नहीं होता और न होना चाहिए, और न इसका यह अर्थ है कि इसके बाद राज्य एक दूसरे का तथा केन्द्र का बिना ख्याल किए जैसा चाहे वैसा करें। यदि हर राज्य अपने को अलग सार्वभौम समझने लगेगा तो भारत की स्वतन्त्रता का कोई अर्थ नहीं रह जाएगा और साथ ही विभिन्न प्रान्तीय इकाइयों की स्वतन्त्रता भी समाप्त हो जायेगी. . .।

दूसरे देशों के लोग हमें गुजराती, मराठी, तमिल आदि के रूप में नहीं बल्कि केवल भारतीयों के रूप में जानते हैं।

इसलिए हमें समस्त विघटनकारी प्रवृत्तियों को दृढ़तापूर्वक दबाना चाहिए और अपने को भारतीय समझना चाहिए तथा उसी के अनुरूप आचरण करना चाहिए।

> जाति तथा प्रान्तीयता की दोहरी दीवार को तोड़ना चाहिए। यदि भारत एक ओर अखण्ड है तो निश्चय ही इसमें ऐसे कृत्रिम विभाजन नहीं होने चाहिए जिससे अनेक छोटे-छोटे समूह बन जाएं जो न तो एक दूसरे के साथ खान-पान का सम्बन्ध रखें और न आपस में शादी विवाह करें। इस अलगाव के पीछे कोई धार्मिक भावना नहीं है। इस दलील से काम नहीं चलेगा कि परिवर्तन की शुरुआत एक व्यक्ति नहीं कर सकता और उसे तब तक प्रतीक्षा करनी होगी जब तक कि पूरा समाज तैयार नहीं हो जाता। कोई भी सुधार तब तक नहीं हुआ है, जब तक कि कुछ निर्भीक व्यक्तियों ने अमानुषिक रीति.रिवाजों को नहीं तोड़ा है।"

राष्ट्रीय एकता की बात को आगे बढ़ाते हुए बापू ने कहा था–

> "एकता क्या चीज है और उसे किस तरह बढ़ाया जा सकता है। इसका उत्तर सीधा साधा है। एकता के लिए आवश्यक यह है कि हम सब लोगों का उद्देश्य एक हो, लक्ष्य एक हो तथा हमारी तकलीफें भी एक समान हों। एकता को प्राप्त करने का सबसे अच्छा तरीका यह है कि एक लक्ष्य की प्राप्ति के लिए दूसरे के साथ सहयोग किया जाए, दूसरों के दुःखों में हिस्सा बटाया जाये और परस्पर सहिष्णुता बरती जाए।
>
> भारत अब स्वतन्त्र है और अब वास्तविकता मेरे सामने बिल्कुल स्पष्ट है। अब चूंकि परतन्त्रता का बोझ हट गया है अतः समस्त अच्छी शक्तियों को एक ऐसे

देश का निर्माण करने के महान प्रयास में लगाना है जो मनुष्यों के झगड़ों के, चाहे वे दो राज्यों के बीच हो अथवा एक ही देश की जनता के दो वर्गों के बीच हों, निपटारे के लिए हिंसा के तरीकों को नहीं अपनाता है।'

एक शायर के शब्दों में –

हज़ारों साल में ऐसा मसीहा एक आया था।
कि जिस ने आदमी को आदमी बनना सिखाया था।।

गांधीजी का ख्याल था कि जब तक भारतवासी राष्ट्रीय हित की दिशा में सोचना शुरू नहीं करेंगे तब तक राष्ट्रीय एकता एक स्वप्नमात्र रहेगा। गांधीजी की योजना में, प्रान्तीयता या क्षेत्रीयता के लिए कोई स्थान नहीं था क्योंकि इनसे राष्ट्रीय मूल्यों को आघात पहुँचता है और राष्ट्रीय एकता में बाधा पहुँचती है। बाद में राष्ट्रीय एकता एक लोकप्रिय नारा बन गया। यद्यपि भारत अनेक प्रशासनिक इकाइयों में बंटा हुआ है, उन्हें अलग-अलग क्षेत्र समझना भूल होगी। भारत के संविधान में ये उद्देश्य ध्वनित होते हैं और इनमें गांधीजी की यह विचारधारा प्रतिध्वनित होती है कि यदि भारत का अस्त होता है तो हममें से कोई भी जीवित नहीं रह सकेगा।

7
हरिजन

महात्मा गांधी इस युग के एक बड़े अलौकिक पुरुष हुए हैं। उनके कार्यकलाप अनेक दिशाओं में फैले हुए थे। राजनीति में जहाँ वे अग्रणी थे, वहाँ सामाजिक सुधारों के प्रति भी न केवल उनका उत्साह सराहनीय था अपितु उनके समाज सुधार के भारतव्यापी आन्दोलन ने इस दिशा में क्रान्ति मचा दी। उनका विचार था कि किसी भी समाज में व्याप्त अनेक बुराइयों से सारे विश्व का अहित होता है। इन बुराइयों में छुआछूत को गांधीजी बहुत बड़ी बुराई मानते थे।

वैसे तो राष्ट्रीय जीवन के पग-पग पर बापू अपनी याद दिलाते हैं। बापू जयन्ती, गणतंत्र दिवस और तीस जनवरी उनका निर्वाण दिवस, सब कुछ मिलकर मन को झकझोर देते हैं। आज बापू होते तो क्या कहते, क्या करते, यह ऊहापोह व्यर्थ-सी लगती है। पर बापू के हिसाब से देखें तो शायद, हरिजन की समस्या, आज के संदर्भ में, पहली समस्या है जिसे हल करना जरूरी है। हरिजनों की समस्या, छुआछूत-निवारण, सामाजिक विकास की मंजिल की ओर चलने का एक ऐसा काम है जिसे शब्दों की सीमा में नहीं बाँधा जा सकता। राष्ट्रीय जीवन में प्रवेश पा रहे एक कैन्सर के रूप में लगे इस रोग से बापू की चिकित्सा के ढंग से ही पार पाया जा सकता है।

गांधीजी के 'छुआछूत-निवारण आन्दोलन' से पहले कुछ लोगों को 'अछूत', 'शूद्र', आदि निन्दापरक शब्दों से सम्बोधित किया जाता था। गांधीजी ने सबसे पहले तो 'अछूत' शब्द के स्थान पर 'हरिजन' शब्द का प्रयोग किया। 'हरिजन' शब्द का प्रयोग महात्मा कबीर ने सबसे पहले किया है। वे 'हरिजन' को 'हरि' से भी बड़ा मानते थे। बापू ने भी अछूत कहे जाने वाले व्यक्ति को, जिसे समाज ने सबसे छोटा मान रखा था 'हरिजन' नाम दिया। हरिजन शब्द की व्याख्या करते हुए बापू ने लिखा है–

> 'हरिजन' का अर्थ है 'हरि का जन'। संसार के सभी धर्म ईश्वर को अनाथ का नाथ, असहाय का सहायक तथा निर्बल का रक्षक बताते हैं। शेष विश्व की बात तो छोड़ दीजिए, अकेले भारत में ही कई करोड़ भारतीय हिन्दुओं से अधिक अनाथ, असहाय तथा निर्बल और कौन हो सकता है जिन्हें 'अछूत' माना जाता है? अतः यदि किसी को सचमुच 'हरि का जन' कहा जा सकता है तो निश्चय ही

नोट : लेख में दिए गए आंकड़े लेखन की तिथि से संबंधित हैं।

> असहाय, अनाथ तथा धिक्कारे गए लोग वे ही हैं। इसलिए मैंने *नवजीवन* के पृष्ठों में अछूत के लिए हमेशा 'हरिजन' शब्द का इस्तेमाल किया है। नाम बदल लेने मात्र से किसी की सामाजिक स्थिति तो नहीं बदल जाती, पर कम से कम किसी के लिए ऐसे शब्द का इस्तेमाल नहीं किया जाना चाहिए जो स्वयं अपमानसूचक हो। जब सवर्ण हिन्दू अपने आन्तरिक विश्वास के कारण अपनी मर्जी से छुआछूत से छुटकारा पा सकेंगे, तब हम सब लोग हरिजन कहलायेंगे क्योंकि मेरी तुच्छ राय में जब सवर्ण हिन्दू ईश्वर की कृपा के पात्र हो जाएंगे और तब वे सचमुच 'प्रभु के जन' कहे जा सकेंगे।

गांधीजी के इस नामकरण के बाद अछूतों के लिए 'हरिजन' शब्द ही प्रयुक्त होने लगा।

हरिजनों के उद्धार के लिए तथा छुआछूत-निवारण के कार्य के लिए गांधीजी ने अन्य कार्यों की अपेक्षा अधिक महत्व दिया। वे अछूतोद्धार को स्वराज्य का अंग मानते थे। सन् 1930 से 1940 तक वे अछूतोद्धार के कार्य में लगे रहें और इसके लिए उन्होंने सात बार अनशन किया।

गांधीजी मानव समाज को अलग-अलग जातियों और धर्मों में बँटे होने पर भी एक इकाई की तरह ही मानते थे। उनका विश्वास था कि संसार के सभी मानव बराबर हैं, सबको उन्नति करने का अधिकार है। अगर अपनी भलाई के साथ दूसरों की भलाई का भी ख्याल रखा जाएं तो इस समाज को हम आदर्श समाज कह सकते हैं।

गांधीजी एक ऐसा समाज चाहते थे जिसमें अनेकता होते हुए भी सब लोग प्रेम, त्याग और परमार्थ की भावना से मिल-जुलकर रह सकें। बापू ऊँच-नीच, छोटे-बड़े के भेदभाव को बनावटी मानते थे। हरिजनों के उद्धार और उनके समानाधिकार के बापू हामी थे। साथ ही बापू धर्म को कर्तव्य से जोड़ते थे। बापू का कहना था कि समाज के प्रत्येक वर्ग के प्रति अपना कर्तव्य पूरा करने से ही हम अपने धर्म का सच्ची तरह पालन कर सकते हैं।

गांधीजी जब विदेशी सरकार से आजादी की लड़ाई लड़ रहे थे तब हिन्दू समाज को उन्होंने एक मूल-मंत्र दिया था। वह था 'हरिजनों को गले लगाओ।' हरिजनों की दशा सुधारने के लिए उन्होंने जीवन-भर कार्य किया और इसके लिए बड़े-बड़े कष्ट भी सहे। उनका कहना था कि छुआछूत भारत के लिए एक कलंक है और इस कलंक को हटाए बिना हमारा सामाजिक उत्थान नहीं हो सकता। उन्होंने एक बार कहा था कि—

> "आजकल हिन्दू धर्म में जो छुआछूत देखने में आती है, वह उसका एक अमिट कलंक है। मैं यह मानने से इंकार करता हूँ कि वह हमारे समाज में अत्यन्त प्राचीन काल से चली आ रही है। मेरा ख्याल है कि छुआछूत की घृणित भावना हम लोगों में तब आई होगी जब हम अपने पतन की चरम सीमा पर रहे होंगे और

> तब से यह बुराई हमारे साथ लग गई और आज भी लगी हुई है। मैं मानता हूँ कि यह एक भयंकर अभिशाप है और यह अभिशाप जब तक हमारे साथ रहेगा तब तक मुझे लगता है कि इस पावन भूमि में हमें जब जो भी तकलीफ सहनी पड़े वह हमारे इस अपराध का, जिसे हम आज भी कर रहे हैं, उचित दण्ड होगा।

हरिजनों को उन्होंने गले से लगाया। तुलसीदास जी ने एक बहुत बड़ा सत्य इस चौपाई में उद्घाटित किया है "पर उपदेस कुशल बहुतेरे, जे आचरहिं ते नर न घनेरे" —लेकिन गांधीजी उन अत्यन्त बिरले लोगों में थे जो दूसरों को उपदेश देने से पहले स्वयं अमल करते थे। अक्सर वे हरिजन बस्ती में ही जाकर ठहरते थे और उनका खान-पान भी उन्हीं के साथ होता था। वे तो यहाँ तक कहते थे कि हरिजन का पेशा भी कोई गन्दा पेशा नहीं है। जिस प्रकार आदमी और कोई कार्य करता है उसी प्रकार हरिजन अपना कार्य करता है, इसे गन्दा कैसे माना जा सकता है। *मंगल-प्रभात* में उन्होंने एक बार लिखा था–

> "जिस समाज में भंगी का काम अलग पेशा माना गया है वहाँ कोई बड़ा दोष पैठ गया है, ऐसा मुझे बरसों से लगता रहा है। इस जरूरी और तन्दुरूस्ती बढ़ाने वाले काम के सबसे नीच काम पहले-पहल किसने माना, इसका इतिहास हमारे पास नहीं है। जिसने भी माना उसने हम पर उपकार तो नहीं किया। हम सब भंगी हैं, यह भावना हमारे मन में बचपन से ही जम जानी चाहिए और उसका सबसे आसान तरीका यह है कि जो समझ गये हैं वे इसका आरम्भ पाखाना-सफाई से करें। जो समझ बूझकर ज्ञानपूर्वक यह करेगा, वह उसी क्षण से धर्म को निराले ढंग से और सही तरीके से समझने लगेगा।"

गांधीजी जात-पात को ही इस देश का दुर्भाग्य मानते थे। गांधीजी के आश्रम में आचार्य विनोबा भावे जैसे विद्वान् ब्राह्मण और कुमारामंगलम जैसे प्रबुद्ध व्यक्ति पाखाना साफ करने का काम करते रहे। गांधीजी ने तो स्वयं यह काम किया ही। उनका विचार था कि जिस समाज में जात-पात रहेगी वह प्रगति नहीं कर सकता है। आदमी आदमी के ऊँच-नीच के भेद को नहीं मानना है। उनके विचार में कोई भी मनुष्य अपने आपको दूसरे से ऊँचा मानता है तो ईश्वर और मनुष्य दोनों के सामने पाप करता है।

गोरी सरकार ने दलितों को हिन्दुओं से पृथक् करने की एक चाल चली। सरकार का कहना था कि हरिजनों को विधान सभा में पृथक् प्रतिनिधित्व दिया जाएगा। इस चाल को गांधी जी ने हरिजनों के लिए घातक समझा और आमरण अनशन करके इसका विरोध किया किन्तु हरिजनों को हिन्दुओं से पृथक् नहीं होने दिया। पंडित मदनमोहन मालवीय जैसे कट्टर सनातन धर्मी तथा कर्मकांडी हिन्दू को भी गांधी जी के मन्तव्य के सामने झुकना पड़ा। उन्होंने हरिजनों के मन्दिर-प्रवेश का पुरजोर समर्थन किया। गांधीजी

की प्रेरणा से अखिल भारतीय सनातन धर्म सभा का 25 जनवरी, 1933 को जो सम्मेलन हुआ उसकी अध्यक्षता पण्डित मालवीय जी ने की। उसमें 100 से भी अधिक विद्वानों ने भाग लिया। इसमें यह प्रस्ताव पारित किया गया कि हरिजनों का भी मंदिर-प्रवेश में वही अधिकार है जो शेष हिंदुओं का।

गांधीजी हरिजन उद्धार को मानवता का उद्धार मानते थे। इसीलिए उन्होंने 1933 में 'हरिजन सेवक संघ' की स्थापना की। इस संघ ने देश के हरिजनों की दशा सुधारने का बहुत प्रयत्न किया। इसी प्रकार हरिजनों की समस्याओं को जनता तथा सरकार के सम्मुख रखने तथा हरिजनोद्धार के प्रयत्नों का प्रचार करने के लिए उन्होंने *हरिजन* नाम से एक समाचार-पत्र निकाला जो अंग्रेजी, हिन्दी तथा गुजराती भाषाओं में प्रकाशित होता था। इसके साथ-साथ हरिजनों की दशा सुधारने के लिए उन्होंने करोड़ों रुपया एकत्र किया जो हरिजनों के उद्धार के कार्यों तथा शिक्षा आदि के प्रबन्ध में व्यय हुआ।

हरिजन-सेवा को गांधीजी धार्मिक कर्तव्य मानते थे। वे चाहते थे कि इस सेवा में छल-कपट की कोई गुंजाइश न हो। इसे पूर्ण रूप से सत्यमय तथा अहिंसक होना चाहिए। यह सेवा केवल त्याग और तपस्या द्वारा ही की जा सकती है। उन्होंने कहा है कि जब तक हम आत्मशुद्धि नहीं करेंगे हरिजनों के विश्वासपात्र नहीं बन सकेंगे क्योंकि हरिजन भाई हमारे काम को संदेह की दृष्टि से देखते हैं। हम अब तक उनके कन्धों पर सवार रहे हैं, यदि हमें उनके साथ न्याय करना है तो हमें उनके ऊपर से अपना भार उतार लेना चाहिए और उन्हें वैसा ही समझना चाहिए जैसा हम अन्य हिन्दुओं को समझते हैं।

गांधीजी का विचार था कि हरिजनों का आर्थिक तथा शैक्षणिक उत्थान निःसन्देह सवर्ण हिन्दुओं के प्रायश्चित की एक कसौटी है। लेकिन, गांधीजी ने आगे कहा है कि—

> "यह उत्थान.कार्य तब तक पूरा नहीं होगा, जब तक कि उनके लिए मन्दिर नहीं खोल दिए जाएंगे। मन्दिरों का खोल दिया जाना हरिजनों की धार्मिक समानता को स्वीकार करना होगा। यह इस बात का निश्चित संकेत होगा कि अब वे हिन्दू धर्म से बहिष्कृत नहीं रहे जैसे कि वे आज हैं। और जब हरिजनों के लिए मन्दिर खोल दिए जाएंगे तब स्कूल, कुएँ तथा इसी तरह की बहुत-सी सुविधाओं के द्वार उनके लिए अपने आप खुल जाएंगे।"

हरिजनोद्धार के लिए गांधी जी का विचार था कि –

> "अब हरिजनोद्धार को किसी अनिश्चित काल के लिए नहीं टाला जा सकता। स्वतन्त्रता की भांति उसे भी तुरन्त और अभी पूरा करना होगा। क्योंकि यदि समाज का सबसे उपयोगी वर्ग ही अपने आवश्यक अधिकारों से वंचित रह जाता है तो स्वयं स्वतंत्रता का ही स्वाद फीका पड़ जाएगा।"

दलितों की वास्तविक क्या इच्छाएँ हैं? इस प्रश्न पर गांधीजी ने अपना मत इस प्रकार

प्रकट किया है—

> "स्वाभिमान तथा समानतापूर्वक आदमी की तरह रहने की भूख (इच्छा), मनुष्य होने के नाते न्यायोचित व्यवहार की भूख, भय से मुक्ति, सफाई, मितव्यय, परिश्रम तथा शिक्षा ये उनकी मूलभूत इच्छाएँ हैं। इसके लिए हमें लगन, आत्म.त्याग, धीरज तथा बुद्धिमता से काम करने की जरूरत है।"

छुआछूत-निवारण के लिए गांधीजी ने 21 दिन का जो उपवास किया था वह उन्होंने अन्तरात्मा की प्रेरणा से किया था। इस सम्बन्ध में उन्होंने लिखा है कि—

> "मेरा विश्वास है कि यदि छुआछूत को सचमुच जड़.मूल से निकाल दिया जाए तो इससे हिन्दू धर्म का न केवल एक भीषण कलंक ही मिट जाएगा वरन् इसका विश्वव्यापी असर होगा। छुआछूत के विरुद्ध मेरा संघर्ष मानवता में जो कुछ अपवित्र है, उसके विरुद्ध संघर्ष है।"

इस विषय में उनका संस्मरण अत्यन्त भावुकता प्रधान है। इस सम्बन्ध में गांधी जी ने लिखा—

> "मुझे अपने जीवन के एक अनुभव का अच्छी तरह स्मरण है। वह मेरे छुआछूत. निवारण के लिए 21 दिन के उपवास से सम्बन्धित है। उपवास की पूर्वरात्रि को जब मैं सोने गया तब मुझे इस बात का लेशमात्र भी ख्याल न था कि मुझे अगले दिन सवेरे ही उपवास की घोषणा करनी पड़ेगी। रात को करीब 12 बजे किसी चीज ने मुझे जगा दिया और किसी आवाज़ ने — मैं नहीं कह सकता कि यह अन्दर की थी या बाहर की — धीमे से कहा, 'तुमको उपवास करना चाहिए।' मैंने पूछा, 'कितने दिन तक?' उस आवाज़ ने कहा, 'इक्कीस दिन का'। 'वह कब से शुरू हो?' मैंने पूछा। उसने कहा— 'तुम कल से शुरू कर दो।' मैं उपवास का निर्णय करने के बाद चुपचाप सो गया। सवेरे की प्रार्थना के समय तक मैंने अपने साथियों को कुछ नहीं बतलाया। उसके बाद मैंने उनके हाथ में एक कागज़ का टुकड़ा रख दिया जिसमें मैंने अपने उपवास की घोषणा की थी और उनसे कहा था कि इस विषय में कोई मुझसे बहस न करें क्योंकि मेरा निर्णय अटल है। डाक्टरों का ख्याल था कि मैं इस उपवास के बाद जीवित न रह सकूंगा लेकिन मेरे अन्दर कोई चीज कह रही थी कि मैं जीवित रहूँगा और मुझे आगे बढ़ना चाहिए। इस तरह का अनुभव मुझे अपने जीवन में इससे पहले कभी नहीं हुआ था और न उसके बाद कभी हुआ।"

हिन्दू धर्म में बरती जाने वाली छुआछूत के बारे में बापू का विचार था कि—

> "आज हिन्दू धर्म में जिस तरह छुआछूत बरती जाती है, वह मेरे विचार से ईश्वर तथा मनुष्य के प्रति पाप हैं और इसीलिए वह विषैले नासूर की तरह धीरे.धीरे

हिन्दू धर्म का मर्मस्थल खा रही है। मेरे विचार से यदि पूरे हिन्दू शास्त्र को लिया जाए तो उसमें छुआछूत को कहीं भी मान्यता नहीं है।"

छुआछूत को गांधीजी हिन्दू धर्म के लिए जीवन-मरण का सवाल मानते थे। उन्होंने एक जगह लिखा है–

"मेरी दृष्टि में छुआछूत हिन्दू धर्म के लिए जीवन-मरण का सवाल है। जैसा कि मैंने बार.बार कहा है, यदि छुआछूत बनी रहती है तो न केवल हिन्दू धर्म वरन् पूरा भारत नष्ट हो जाएगा। यदि हिन्दुओं के हृदय से छुआछूत की भावना जड़ मूल से निकाल दी जाती है, तो हिन्दू धर्म विश्व को एक निश्चित सन्देश दे सकता है। यदि छुआछूत हिन्दू धर्म का अभिन्न अंग है तो हिन्दू धर्म मृतप्राय है। लेकिन छुआछूत एक घृणित असत्य है।"

गांधीजी ने 1933 के नवम्बर मास से हरिजन आन्दोलन के लिए देश भर का दौरा किया। उन्होंने दस महीने के हर दिन को इसी यज्ञ की आहुति में झोंक दिया। 1930 में उन्होंने इस काम के लिए लगभग 8 लाख रुपये एकत्र किया। 25 जून को उन पर बम फेंका गया पर वे बाल बाल बच गए। इस बम से सात और लोग घायल हुए। 14 दिन बाद ही एक उग्र समाज सुधारक ने हरिजन आन्दोलन विरोधी पंडित लालनाथ का सिर फोड़ दिया। इस पर गांधीजी ने 7 दिन का उपवास किया।

गांधीजी के लिए दिसम्बर का महीना कसौटी सिद्ध हुआ। श्री केलप्पन ने गुरुवयूर मन्दिर के ट्रस्टियों को तीन महीने का नोटिस दिया था जो 1 जनवरी, 1934 को समाप्त होता। गांधीजी और केलप्पन दोनों ने आमरण उपवास का निश्चय किया था। तय हुआ कि गुरुवयूर मन्दिर के उपासकों की राय ली जाए। डॉ. सुब्बारायन ने तत्कालीन मद्रास प्रान्त (चेन्नई) के मन्दिरों में अछूतों के प्रवेश संबंधित बिल भी पेश कर दिया।

गुरुवयूर के मतों में 77 प्रतिशत मत मंदिर-प्रवेश के हक में थे। कुल 20, 163 मत लिए गए। मंदिर-प्रवेश के पक्ष में 77 प्रतिशत मत थे, 13 प्रतिशत विरोध में थे और 10 प्रतिशत तटस्थ थे। इन मतों की विलक्षणता थी कि 8000 से भी अधिक महिलाओं ने मंदिर-प्रवेश के पक्ष में मत दिए।

छुआछूत के विरुद्ध आन्दोलन चलाने के बारे में गांधी जी ने लिखा–

"मेरा उद्देश्य यह नहीं है कि प्रत्येक हिन्दू अछूतों को केवल छूने लग जाएँ बल्कि यह कि हर एक सवर्ण हिन्दू छुआछूत को अपने हृदय से निकाल दे और पूर्ण रूप से उसका हृदय-परिवर्तन हो जाए।"

सार्वजनिक जीवन में अपनापन और एकता कायम रहे और वह टूट न जाए इसलिए गांधीजी ने हरिजनों के उद्धार के आग्रह को राजनीतिक क्षेत्र में दाखिल किया। मनुष्य मनुष्य के बीच बंधुता कायम रहे, इसलिए व्यक्तिगत और सामाजिक, धार्मिक और

राजनैतिक क्षेत्रों में बापू ने छूआछूत मिटाने का व्याकरण चलाया।

प्रजातंत्र के बारे में उन्होंने कहा था कि प्रजातंत्र का अर्थ यदि यह समझते हैं कि नीचे-से-नीचे और ऊँचे-से-ऊँचे आदमी को आगे बढ़ने का समाज में अवसर मिलना चाहिए लेकिन जिस समाज में एक वर्ग को कुछ सुविधा ही प्राप्त नहीं है और सदियों से जिसे दुतकारा जा रहा है उसके रहते सच्चा प्रजातंत्र कैसे आ सकता है! हमें यदि सच्चे लोकतंत्र की स्थापना करनी है तो सभी वर्गों के भाइयों को गले से लगाना होगा।

गांधीजी का यह कथन है कि 'मेरा धर्म बंदी-गृह का धर्म नहीं। ईश्वर के रचे नन्हें-से नन्हें जीव के लिए उसमें जगह है। लेकिन जाति, धर्म या वर्ण का दंभ उसे छू नहीं सकता।'

गांधीजी ने छुआछूत को समाप्त करने के लिए श्रीमती सरोजिनी नायडू को एक पत्र में लिखा था, 'अस्पृश्यों के लिए अपने प्राणों की बलि चढ़ा देने का मेरा विचार कोई नया नहीं हैं' उन्होंने तभी कस्तूरबा से कहा, 'करोड़ों में किसी किसी को ही मांगी हुई मौत मिलती है।' उन्होंने यहाँ तक कहा, 'यह नहीं हो सकता कि मैं जीवित रहूँ और अस्पृश्यता-निवारण के लिए काम न करूँ . . . मैं अनशन कर रहा हूँ, अनशन मेरा नहीं राम का है. . . यदि निष्फल हुआ तो निन्दा उसकी होगी, मेरी नहीं, सफल हुआ तो उसे स्तुति नहीं चाहिए।'

क्या कोई माई का लाल यह बता सकता है कि हरिजनों के लिए गांधीजी से बढ़ कर किसी एक व्यक्ति से भी नहीं किसी एक संस्था तक ने, इतना काम किया है!

8

छुआछूत–ईश्वर के प्रति पाप

बापू जैसे महापुरुष संसार में युगों के बाद जन्म लेते हैं। जवाहरलाल नेहरू कहा करते थे कि नई पीढ़ी के लिए, जो बापू के सम्पर्क में नहीं आई, बापू का जीवन एक रहस्यमयी गाथा है। गरीबों और शोषितों के प्रति बापू के दिल में दर्द था और उसी से उनकी जीवन-गाथा जुड़ी थी। जहाँ कहीं इन लोगों के साथ अन्याय होता, बापू सदा उसके खिलाफ लड़ते रहे।

आज़ादी की लड़ाई के साथ-साथ बापू रचनात्मक कार्यों में भी लगे रहते थे। खादी, शराब-बन्दी, बुनियादी शिक्षा और ग्रामराज के साथ साम्प्रदायिक एकता, छुआछूत हटाना जैसे कार्यक्रमों द्वारा वे देश को ऐसे स्वराज के लिए तैयार करना चाहते थे जिसमें उनके सपनों का भारत बसा था। छुआछूत को बापू एक अभिशाप मानते थे। अहमदाबाद में हुई दलित जाति कान्फ्रेंस में दिए गए भाषण में बापू ने कहा था कि–

> "छुआछूत को मैं हिन्दू धर्म का सबसे बड़ा कलंक मानता हूँ। इस विचार को प्रतीति मुझे दक्षिण अफ्रीका के सत्याग्रह के कड़वे अनुभवों द्वारा हुई थी। यह विचार पहले-पहल जब मेरे मन में उठा, तब मैं मुश्किल से 12 वर्ष का रहा हूँगा।"

उस समय राजकोट में गांधीजी के पिता के घर में ऊका नाम का एक मेहतर सफाई करता था। अगर बालक गांधी कभी उसको छू लेते तो उनकी मां उनसे नहाने को कहती थी। गांधी वैसे तो बड़े नम्र और आज्ञाकारी बालक थे, लेकिन मां की यह बात उनको अच्छी नहीं लगती थी। बारह वर्ष के बालक गांधी अपनी मां से तर्क करने लगते थे, 'ऊका तो गन्दगी और कूड़ा साफ करके हमारी सेवा करता है, फिर उसके छूने से मैं गन्दा कैसे हो सकता हूँ।' और वे राम और गुह की दलील देते थे जिसका कोई उत्तर मां को नहीं सूझता था।

इस बारे में हुई दलित जाति कान्फ्रेंस में ही दिए गए एक भाषण में बापू ने बताया था–

> "हमारे परिवार में रामायण का नियमित पाठ होता था। मैं अपने मन में सोचा करता था कि रामायण में यह किस्सा है कि एक ऐसा आदमी, जिसे आज हम 'अछूत' मानते हैं, राम को अपनी नाव में बिठाकर गंगा पार ले गया था। वही

रामायण किसी मनुष्य को इस आधार पर 'अछूत' मानने के विचार का कैसे समर्थन कर सकती है कि वह भ्रष्ट या पतित है? हम भगवान को 'पतित पावन' और ऐसे ही अन्य नामों से पुकारते हैं। यह बताता है कि हिन्दू धर्म में पैदा हुए किसी भी मनुष्य को पतित या 'अछूत' मानना पाप है, शैतानियत है। इसीलिए मैं यह कहते कभी नहीं थका कि किसी मनुष्य को अछूत मानना महापाप है। मैं यह दावा तो नहीं करता कि 12 वर्ष की आयु में यह चीज़ मुझे एक विश्वास के रूप में स्पष्ट हो गई थी, लेकिन इतना जरूर कहूँगा कि उस समय भी मैं छुआछूत को पाप मानता था। यह किस्सा मैं वैष्णवों और सनातनी हिन्दुओं की जानकारी के लिए कहता हूँ।"

बापू ने इस बारे में हिन्दी *नवजीवन* के 7 अक्टूबर, 1921 के अंक में भी ज़ोर देकर लिखा कि –

"मैं कभी अपने मन को छुआछूत के अनुकूल नहीं बना पाया हूँ। मैंने सदा इसे हिन्दू धर्म का एक कलंक माना है। यह सत्य है कि यह प्रथा परम्परा से हमारे यहाँ चली आई है, लेकिन इसी तरह अन्य अनेक बुरी प्रथाएं भी आज तक चली आई हैं।"

उन्होंने आगे लिखा कि–

"जो धर्म गोपूजा की स्थापना करता है, वह मानव प्राणियों के अमानुषिक और निर्दय बहिष्कार का न तो कभी समर्थन कर सकता है, न उसे किसी दशा में उचित मान सकता है। इन दबे और कुचले हुए वर्गों का त्याग करने के बजाय मैं अपने शरीर के टुकड़े-टुकड़े कर दिए जाने पर भी ज्यादा सन्तोष मानूँगा। अगर हिन्दू लोग छुआछूत के कलंक को कायम रखकर अपने धर्म को निन्दनीय बनने देंगे, तो वे न तो कभी स्वतन्त्रता के योग्य ठहरेंगे और न उसे कभी प्राप्त कर सकेंगे। और चूंकि मैं हिन्दू धर्म को अपने प्राणों से भी अधिक प्यार करता हूँ, इसलिए छुआछूत का कलंक मेरे लिए एक असह्य भार हो गया है।"

इसी बात को दोहराते हुए बापू ने *यंग इण्डिया* के 23 अप्रैल, 1925 के अंक में लिखा कि 'यदि हम छुआछूत के इस अभिशाप से चिपटे रहें, तो हम सारी दुनिया की हंसी के पात्र बनेंगे और जो धर्म उसका पोषण करता है, उसकी सारी दुनिया निन्दा करेंगी।'

यहाँ हम एक ऐसी मर्मस्पर्शी घटना का उल्लेख करना चाहते हैं जो गांधीजी के जीवन में भारत वापस आने से बहुत पहले घटी थी। उनके जोहनिसबर्ग के आश्रम में गांधीजी और कस्तूरबा दोनों मल-मूत्र के बरतन उठाया करते थे। एक बार एक ईसाई मेहमान आया जिस के मां बाप हरिजन थे। बा उनके बरतन न उठा सकीं। गांधीजी ने बा को घुड़ककर कहा, 'बरतन उठाओ'। बा ने आनाकानी की। गांधीजी ने क्रोध में बा का

हाथ पकड़ा, घसीट कर दरवाज़े तक ले गए। 'जाओ' कह कर उन्हें घर से निकाल दिया। बा रो पड़ीं और बोलीं, 'आपको शर्म नहीं आती? मैं कहाँ जाऊँ? मैं आपकी पत्नी हूँ. . . कोई देख लेगा तो आपकी इज्जत मिट्टी में मिल जाएगी?'

बा के आर्तनाद ने बापू को हिला दिया और दोनों ने एक दूसरे को समझ लिया।

गांधी जैसा महान संत एक हरिजन के लिए देवी जैसी पत्नी तक का अपमान करने से नहीं चूका!

एक पत्र का उत्तर देते *हरिजन* के 15 अप्रैल, 1933 के अंक में बापू ने लिखा–

> "मैं पत्र लेखक की इस बात से पूरी तरह सहमत हूँ कि छुआछूत को निर्मूल करने के लिए सख्त कदम उठाए जाने चाहिए। सनातनी हिन्दू ईमानदारी से यह मानते हैं कि जिस रूप में वे आज छुआछूत का पालन करते हैं उसका आदेश शास्त्रों में हैं और अगर वह मिटा दी गई तो उन पर और हिन्दू धर्म पर महान संकट आ पड़ेगा। इस विश्वास को दूर करना है। पर, यह साफ है कि अगर उन्हें हरिजनों को मंदिरों में प्रवेश करने देने के लिए मजबूर किया गया तो वे अपना यह विश्वास कभी नहीं बदलेंगे। आज जरूरत हरिजनों को मंदिरों में प्रवेश दिलाने की उतनी नहीं है जितनी सनातनियों को यह विश्वास कराने की है कि हरिजनों को मंदिरों में प्रवेश करने से रोकना गलत है। यह परिवर्तन उनके हृदय को अपील करके यानि उनके भीतर भावनाओं को जगा करके ही किया जा सकता है।"

बापू की मान्यता थी कि पंचम या अस्पृश्य के मंदिर में प्रवेश करने से नहीं बल्कि उसके मंदिर-प्रवेश पर रोक लगाने से धर्म और मानवता का अपमान होता है। *यंग इण्डिया* के 19 नवम्बर, 1929 के अंक में बापू ने लिखा था कि –

> "1915 में दक्षिण अफ्रीका से लौटने पर मैंने जिस तरह से आन्दोलनों की कल्पना की थी, उसके आरम्भ में मेरा यह विचार था कि छुआछूत-निवारण के आन्दोलन के साथ हरिजनों के लिए अलग स्थान, मंदिर या स्कूल बनवाने का कोई मेल नहीं बैठता। लेकिन अनुभव ने मुझे सिखाया कि यह आन्दोलन कठोर तर्क के आधार पर आगे नहीं बढ़ सकता, और हम हिन्दुओं ने अपने एक तिहाई भाग को इतना ज्यादा दबा दिया है कि समझदार हिन्दू अगर एक आवाज़ से छुआछूत-निवारण की घोषणा कर दें, तो भी दबे हुए भाइयों की लंबे समय तक अनेक तरह से मदद करना जरुरी रहेगा। सैद्धान्तिक रुप से, वाणी द्वारा छुआछूत का अंत कर देने के बाद अगर कोई विशेष प्रयत्न इस दिशा में नहीं किया गया, तो उनमें से बहुत बड़ा जन समुदाय तुरन्त इसका लाभ नहीं उठा सकेगा और अज्ञानी जनता उन्हें सहन नहीं करेगी, खास तौर पर ऐसी हालत में जबकि वे

अपने व्यवहार और रहन.सहन में स्वभावतः गन्दे रहेंगे या दीर्घकाल के बाद मिलनेवाली आजादी के उपभोग में आगे बढ़कर हिस्सा लेंगे, जिसके लिए उन्हें माफ़ किया जाना चाहिए। इसलिए मेरा यह पक्का विश्वास है कि दोनों बातों को साथ.साथ चलना चाहिए—सामान्य मन्दिरों और स्कूलों में प्रवेश करने और सार्वजनिक कुओं का उपयोग करने की पूर्ण स्वतन्त्रता तथा खासतौर पर 'अछूतों' को सुविधा के लिए आदर्श मन्दिरों और आदर्श स्कूलों का निर्माण, जो दूसरों के लिए भी खुले रहेंगे। शर्त इतनी ही रहेगी कि उनमें 'अछूतों' को पहले स्थान दिया जाएं।"

इस सबके बावजूद बापू वर्णाश्रम के विरोधी नहीं थे। 23 अप्रैल, 1925 के *यंग इण्डिया* के अंक में बापू ने लिखा था कि 'वर्णाश्रम को मैं जन्म के आधार पर किया हुआ स्वस्थ आश्रम विभाजन जरूर मानता हूँ। जात-पात के मौजूदा विचार मूल वर्णाश्रम की विकृति मात्र है।' उन्होंने आगे हिन्दी *नवजीवन* के 12 नवम्बर, 1925 के अंक में फिर लिखा कि—

"वर्णाश्रम में मेरा विश्वास है, क्योंकि मेरा ख्याल है कि वह विभिन्न धन्धों के लोगों के कर्तव्य निश्चित करता है। ब्राह्मण वह है जो सभी चारों वर्णों का सेवक है—जहाँ तक कि शूद्रों और 'अछूतों' का भी। क्षत्रिय वही है जो समाज की रक्षा और प्रतिष्ठा के लिए अपने को अर्पण कर देता है। और जो वैश्य अपने ही लिए कमानेवाला और धन संग्रह करने वाला है, वह वैश्य नहीं चोर है। शूद्र इसलिए तीन अन्य वर्णों से नीचा नहीं है कि वह मेहनताना लेकर समाज के लिए मेहनत-मजदूरी करता है। हिन्दू धर्म में मेरी कल्पना के अनुसार पांचवाँ अर्थात् 'अछूतों' का वर्ण है ही नहीं। तथाकथित अछूत भी शूद्रों की तरह ही समाज के अधिकार प्राप्त सेवक हैं। वर्णाश्रम को मैं समाज का ऊँचे से ऊँचा हित करने के लिए सोची गई आदर्श व्यवस्था मानता हूँ। आज हम उसका जो रूप देखते हैं, वह व्यवस्था की विडम्बना मात्र हैं।"

छुआछूत-निवारण आंदोलन का व्यापक अर्थ समझाते हुए बापू ने 16 फरवरी, 1934 के *हरिजन* में लिखा था—

"छुआछूत रुपी राक्षसी का नाश करने की कोशिश में मेरी अपनी हार्दिक कामना केवल यही नहीं है कि हिन्दुओं में भ्रातृभाव स्थापित किया जाए, बल्कि मुख्यतः मेरी कामना है कि मानवमात्र में भ्रातृभाव स्थापित किया जाए—भले ही वह हिन्दू हो, मुसलमान हो, ईसाई हो, पारसी हो या यहूदी हो।"

फिर, *हरिजन सेवक* के 23 फरवरी, 1934 के अंक में बापू ने आगे लिखा कि—

"मुझे छुओ मत', की यह छूत केवल हरिजनों तक ही सीमित नहीं है। इसने किसी भी जाति और किसी भी धर्म को अछूता नहीं छोड़ा है। एक जाति दूसरी

जाति की दृष्टि में अछूत और एक धर्म दूसरे धर्म के लिए अछूत है। मैं तब तक सन्तुष्ट नहीं हूँगा, जब तक कि इस आंदोलन के परिणामस्वरूप भारत में बसने वाली भिन्न.भिन्न जातियों और संप्रदायों के बीच हम हार्दिक एकता स्थापित नहीं कर देते।"

एक मानव परिवार का स्वप्न साकार करने के लिए *हरिजन* के 10 फरवरी, 1946 के अंक में बापू ने जोर देकर कहा कि—

"छुआछूत का घाव इतना गहरा चला गया है कि उसका जहर हमारी रग.रग में घुस गया है। ब्राह्मण.अब्राह्मण के भेदभाव की और अलग.अलग प्रान्तों तथा अलग.अलग धर्मों के बीच भेदभाव की जड़ छुआछूत में ही है। जब छुआछूत जड़मूल नष्ट हो जाएगी, तब सारे भेदभाव अपने आप मिट जाएंगे और कोई अपने आपको दूसरों से ऊँचा नहीं समझेगा। इसका सीधा नतीजा यह होगा कि गरीबों और दलितों का शोषण बन्द हो जाएगा और चारों तरफ परस्पर प्रेम और सहयोग देखने में आएगा।"

आगे समझाते हुए बापू ने 7 अप्रैल, 1926 को *यंग इण्डिया* में लिखा कि—

"हिन्दू धर्म गंगा की तरह है, जो उद्‌गम स्थान पर तो शुद्ध और निर्मल है, किन्तु मार्ग में आगे बढ़ते हुए अपने साथ अनेक प्रकार की गंदगी ले लेती है। गंगा की तरह ही वह कुल मिलाकर लाभकारक है।"

इसी सिलसिले में उन्होंने सवाल उठाया कि एक वक्त हम चोरों के हाथ-पाँव काट दिया करते थे, इसलिए क्या उस बर्बर प्रथा को आज हम फिर चालू करेंगे?

इसी बात पर बापू का कहना था कि चूंकि एक समय हमने मानव समाज के एक वर्ग का बहिष्कार किया था, इसलिए क्या उनके वंशज पर हम आज भी अछूत की छाप लगाएंगे?

हरिजन के 5 जनवरी, 1934 के अंक में अपनी वेदना प्रकट करते हुए बापू ने लिखा था कि—

"स्वार्थवृत्ति से प्रेरित होकर अपने आपको ऊँचा मानना और दूसरे लोगों को नीचा मानना काफी बुरा है। परन्तु छुआछूत जैसी बुराई के साथ हमारे धर्म को जोड़ना न केवल अधिक बुरा ही है बल्कि दुगुना गलत है। इसलिए जब विद्वान पण्डित आगे आकर छुआछूत जैसी स्पष्ट बुराई के लिए शास्त्रों के प्रमाण की दुहाई देते हैं, तब मुझे बड़ी वेदना होती है। मैंने यह कहा है और आज उसे फिर दोहराता हूँ कि हम हिन्दू आज एक कड़ी कसौटी से गुजर रहे हैं। लेकिन इस परीक्षा.काल में अगर हम अपने पाप के लिए प्रायश्चित करें, अगर हम अपने आपको तैयार और शुद्ध बनाएं, तो इतिहास में हिन्दुओं का यह कार्य आत्मशुद्धि

का उदात्त कार्य माना जाएगा।"

हरिजनों के बारे में आम तौर से यही शिकायत रहती थी कि वे गंदे हैं, मैला उठाते हैं, खाद निकालने का काम करते हैं। गांधीजी ने इन प्रश्नों की चर्चा करते हुए पूछा–

"गंदे कौन हैं? जो गंदगी उठाते हैं वे, या जो गन्दगी करते हैं वे? क्या हरेक मां अपने बच्चों का मैला नहीं उठाती, वह भंगी का काम करती है क्या इसलिए उसे हम अछूत मानते हैं? जो डाक्टरी सीखते हैं वे क्या मुर्दों की चीर.फाड़ नहीं करते? मैला उठाने व खाल निकालने का–दोनों काम ऐसे हैं जो साफ-सुथरे और वैज्ञानिक ढंग से किए जा सकते हैं। पर क्या हिन्दू समाज ने हरिजनों के साफ-सुथरा रहने के लिए कभी कोई सुविधा दी है?"

गांधीजी ने 'भंगी-मुक्ति आन्दोलन' और 'हरिजन सेवक संघ' चलाकर देश को नयी दिशा दी। स्मरण रहे इस आंदोलन में गंदगी ढोने के वैज्ञानिक तरीके शुरू किए गए।

बापू ने आगे कहा कि–

"शुद्धि अछूतों को नहीं, बल्कि ऊँची कहलाने वाली जातियों की जरूरी है। कोई ऐब ऐसा नहीं है जो खासतौर पर अछूतों के ही अन्दर है। मैला कुचैलापन और आरोग्य रक्षा के नियमों को तोड़ने वाली आदतें भी महज उन्हीं के अन्दर नहीं है।"

कुछ लोगों के सवर्ण और अछूतों के आपसी सम्बन्ध को लेकर उठाए गए विरोध के बारे में बापू का कहना था कि–

"मैं भाईचारे की भावना बढ़ाने के लिए अथवा छुआछूत-निवारण के लिए रोटी-बेटी व्यवहार किसी तरह जरूरी नहीं मानता, न किसी के सहभोजन की हिमायत करने और उसके अनुसार आचरण करने को ही मैं पाप मानता हूँ। लेकिन मैं दूसरों की भावनाओं की उपेक्षा करके या उन्हें चोट पहुँचाकर इस प्रतिबन्ध को तोड़ने के प्रयत्न का विरोध करूँगा। उल्टे मैं इस विषय में उनकी हिचकिचाहट का आदर करूँगा।"

साथ ही छुआछूत की बुराई को दूर करने का बापू का अपना नजरिया था। छुआछूत मिटाने के लिए सरकारी कदम के बारे में बापू की मान्यता थी कि कोई भी सरकार ऐसा सुधार नहीं लाद सकती, जिसे जनता स्वीकार न करे।'

इस बारे में 23 सितम्बर, 1939 के *हरिजन सेवक* में गांधीजी ने आगे लिखा –

"छुआछूत कानून के बल से दूर नहीं होगी। वह तभी दूर होगी जब हिन्दुओं का बहुमत इस बात को अनुभव कर ले कि छुआछूत ईश्वर और मनुष्य के विरुद्ध एक अपराध है और उसके लिए लज्जित हो।"

बापू का कहना था कि छुआछूत दूर करने का काम ईंट चूने का मन्दिर बनाने से कहीं

ज्यादा बड़ा है। उसके लिए हिन्दुओं को अपने प्राणों की बाजी लगानी होगी, बहुत बड़ा त्याग करना होगा।

बापू मानते थे कि छुआछूत दूर करना भारी राजनीतिक परिणाम ला सकता है किन्तु वह राजनीतिक आंदोलन नहीं है। वह पूरी तरह केवल हिन्दू धर्म की शुद्धि का ही आंदोलन है।

इसलिए नागरकोइल के एक भाषण में बापू ने कहा कि–

> "मैं आपसे यह कह दूँ कि आपके लिए हाथ पर हाथ धरे बैठे रहकर यह विश्वास रखना ही काफी नहीं है कि छुआछूत पाप है। जो कोई गुनाह होते देखता रहता है, वह भी उसमें हिस्सेदार है और कानून उसे भी गुनाह करने में शामिल मानता है।"

साथ ही बापू यह भी मानते थे कि केवल सवर्णों के करने से ही काम कभी नहीं चलेगा। बेलगांव के भाषण में बापू ने कहा था–

> "मैं जब पूना गया था, तब एक भाई ने उठकर कहा था कि हिन्दू जाति यदि हमारे साथ न्याय न करेगी, तो हम मारकाट से काम लेंगे। यह सुन कर मुझे दुःख हुआ था। क्या इससे हिन्दू जाति का या आपका उद्धार हो सकता है? क्या इससे छुआछूत दूर हो सकती है? उपाय तो सिर्फ यही है कि धर्मान्ध हिन्दुओं को समझाएँ-बुझाएँ। पर आप इन सब बातों को पश्चिमी तरीकों से नहीं प्राप्त कर सकते। मैं चाहता हूँ कि आपके अन्दर यह आसुरी भाव न बैठे और आप सच्चे भागवत धर्म का पालन करें। ईश्वर हमें ऐसी सन्मति दे जिससे एक क्षण में छुआछूत का निवारण हो जाए।"

अछूतों के धर्म परिवर्तन की बात भी बापू ने की और *यंग इण्डिया* के 26 अक्टूबर, 1920 के अंक में उन्होंने लिखा कि–

> "अछूतों को एक उपाय सुझाया गया है कि वे हिन्दू धर्म को छोड़ दें और सारे के सारे इस्लाम या ईसाई धर्म स्वीकार कर लें। अगर सांसारिक उन्नति के लिए धर्म-परिवर्तन उचित माना जा सके तो मैं बिना संकोच उसकी सलाह दूँगा। परन्तु धर्म का सम्बन्ध मनुष्य के हृदय से है। किसी भी तरह की भौतिक असुविधा स्वधर्म के त्याग को उचित नहीं ठहरा सकती। यदि पंचमों या अछूतों के साथ किया जाने वाला अमानुषिक व्यवहार हिन्दू धर्म का अंश होता, तो उसका त्याग उन अछूतों और मेरे जैसे उन लोगों का भी प्रमुख कर्तव्य होता, जो धर्म को भी अन्धपूजा का विषय नहीं बनाते और उसके पवित्र नाम पर हर बुराई की उपेक्षा नहीं करते। किन्तु मेरा यह विश्वास है कि छुआछूत हिन्दू धर्म का अंग नहीं है, इसके विपरीत वह उस पर एक बड़ा कलंक है जिसे हर प्रयत्न द्वारा दूर किया

> जाना चाहिए। और काफी बड़ी संख्या में ऐसे हिन्दू सुधारक हैं, जो हिन्दू धर्म का यह कलंक मिटाने के प्रयत्न में सच्चे दिल से लग गए हैं। इसलिए मेरा मानना है कि धर्म.परिवर्तन इसका सच्चा इलाज नहीं है।"

उन्होंने 20 अप्रैल, 1940 के *हरिजन सेवक* में इस बात पर जोर दिया कि हरिजनों के इस्लाम, ईसाई या दूसरे किसी धर्म को स्वीकार कर लेने से छुआछूत कभी नहीं मिट सकती, क्योंकि तथाकथित सवर्ण हिन्दुओं का ही यह कर्तव्य है कि वे अपने को छुआछूत के पाप से मुक्त करें। असवर्णों या अछूतों के साथ न्याय करके ही–फिर वह न्याय कितना ही धीमा क्यों न हो–हिंदू अपने सिर से यह कलंक मिटा सकते हैं।

अछूतों के उद्धार के लिए कार्य करने वाले कार्यकर्ताओं को सलाह देते हुए बापू ने 18 मार्च, 1943 के *हरिजन* में लिखा कि प्रत्येक सेवक को यह बुनियादी सिद्धांत अपने हृदय में अंकित कर लेना चाहिए कि छुआछूत-निवारण जैसे महान धार्मिक आंदोलन में शुद्ध सत्य और ध्येय में अचल श्रद्धा ही काम दे सकती है। बहुतेरे हिन्दू यह मानते हैं कि छुआछूत हिन्दू धर्म का एक अभिन्न अंग है। लेकिन सुधारक छुआछूत को हिन्दू धर्म का सबसे बड़ा कलंक, महा असत्य मानते हैं। अगर यह ठीक है तो केवल सत्य और नम्रता से ही उस पर विजय पायी जा सकती है।

संगठन और व्यवस्था सम्बन्धी सुझाव देते हुए बापू ने *हरिजन सेवक* के 23 जून, 1946 के अंक में लिखा कि–

> "छुआछूत जैसी बुराई को, जो लोगों की रग.रग में घुस गई है और जिसने धर्म का बाना पहन रखा है, जबरन मिटाया नहीं जा सकता। जहाँ काम करनेवाले ज्यादा होशियार और प्रभावशाली होंगे वहाँ वह ज्यादा तेजीसे चलेगा। एक छोटे से हिस्से में भी खूब काम हो सके, तो दूसरे उनकी नकल करेंगे और सफलता जल्दी मिलेगी।"

आज के परिप्रेक्ष्य में बापू के ये विचार बड़े महत्वपूर्ण और व्यापक हैं और बड़े पैमाने पर अपनाने होंगे ताकि सारा देश और समाज प्रगति की राह पर आगे बढ़ सके, उसका कोई भाग पीछे न रह जाए।

9
किसान

प्रस्तुत लेख उस समय लिखा गया था, जब भारत में ज़मींदारी का पूरी तरह उन्मूलन नहीं हुआ था, अतः ज़मींदारों के प्रति आम किसान का और आम आदमी का चिन्तन स्वभावतः वैसा नहीं था जैसा कि आज है। गांधीजी तब भी 'ट्रस्टीशिप' के सिद्धान्त से प्रेरित होकर ज़मींदारों के प्रति वैमनस्य न रख कर, ट्रस्टी-भाव यानी मित्र-भाव रखते थे। अतः लेख में उस समय के अनुरूप ही विचार प्रकट किए गए हैं। पर गांधीजी के सम्पूर्ण दर्शन में 'सर्व हित चिन्तन' की अन्तःसलिला बहती है। इसी दृष्टि से पाठक इस लेख को पढ़ेंगे, हमारा ऐसा विश्वास है।

गांधीजी का विचार था कि किसान या काश्तकार का स्थान पहला है, चाहे वह भूमिहीन मजदूर हो, चाहे मेहनत-मज़दूरी करने वाला भू-स्वामी हो। खेती किसान पर ही निर्भर है, इसलिए न्याय की दृष्टि से ज़मीन का मालिक वही है या होना चाहिए, न कि गैर हाज़िर ज़मींदार। ज़मींदार उसे जबरन बेदख़ल नहीं कर सकता।

इसी प्रसंग में गांधीजी ने *हिन्दुस्तान स्टैण्डर्ड* के 28 अक्तूबर, 1944 अंक में लिखा था–

> "किसान कार्य से गहरा संबन्ध रखने वाला काम मज़दूरों का है। शहरों तक सीमित होने के कारण मज़दूरों का काम किसान.कार्य की अपेक्षा कार्यकर्ताओं को अधिक आकर्षित करता है।"

हरिजन के 2 नवम्बर, 1934 के अंक में गांधीजी ने लिखा था–

> "देहातों का पुनरुद्धार तभी संभव है जब उनका शोषण न किया जाए। बड़े पैमाने पर उद्योगीकरण का अपरिहार्य परिणाम देहातियों का निष्क्रिय अथवा सक्रिय शोषण होगा, क्योंकि उससे होड़ और बाज़ार तलाश करने की समस्याएँ बीच में खड़ी होंगी। इसलिए हमें इस बात पर सारी शक्ति केन्द्रित करनी होगी कि गाँव स्वावलम्बी बनें और माल मुख्यतः अपने उपयोग के लिए ही तैयार किया जाए। अगर ग्रामोद्योग का यह स्वप्न कायम रखा जाए, ग्रामीणों के ऐसे आधुनिक यंत्रों और औजारों को काम में लेने के बारे में मुझे कोई ऐतराज न होगा, जिन्हें वे बना सकते हैं और जिनका उपयोग करने की उनकी क्षमता हो। शर्त इतनी ही है कि वे दूसरों के शोषण का साधन न बनाए जाएं।"

यंग इंडिया के 5 दिसम्बर, 1929 और 26 नवम्बर, 1931 के अंकों में ज़मींदारों के बारे में गांधीजी ने लिखा है—

"एक आदर्श ज़मींदार वह है जो रैयत के बहुत.से भार को तुरन्त घटा दे। वह किसानों के अधिक सम्पर्क में आकर उनकी जरूरत जान लेगा और जो निराशा आज उनकी जीवन.शक्ति को नष्ट कर रही है, उसके स्थान पर उनमें आशा का संचार करेगा। उसे किसानों के सफाई और तन्दुरूस्ती संबंधी नियमों के अज्ञान से संतोष नहीं होगा। वह इस गरज से कि किसानों के जीवन की आवश्यकताएं पूरी हों, अपने आपको दरिद्र बना लेगा। वह अपनी देखभाल में रहने वाले किसानों की आर्थिक स्थिति का अध्ययन करेगा और ऐसी पाठशाला कायम करेगा, जिनमें किसानों के बच्चों के साथ.साथ वह अपने बच्चों को भी शिक्षा दिलाएगा। वह गाँव के कुओं और तालाबों की सफाई कराएगा। वह स्वयं आवश्यक श्रम करके किसानों को अपनी सड़कें बुहारना और ट्टटी साफ करना सिखाएगा। वह अपने बाग-बगीचे किसानों के इस्तेमाल के लिए निःसंकोच होकर खोल देगा। वह जिन आवश्यक मकानों को अपने सुख के लिए रखता है, उनमें से ज्यादातर का उपयोग अस्पताल और पाठशाला आदि के लिए करेगा।

ज़मींदार एक प्रणाली अथवा प्रथा मात्र है। उसके विरुद्ध आंदोलन छेड़ना जरुरी नहीं है। जब तक जमींदार किसानों के साथ अच्छा बर्ताव करते है, तब तक जमींदारों से हमारा कोई झगड़ा नहीं।"

अमृत बाजार पत्रिका में 2 अगस्त, 1934 को बापू ने जमींदारों को सम्बोधित करते हुए लिखा था—

'मैं आपको विश्वास दिलाता हूँ कि उचित कारण के बिना संपत्तिधारी वर्गों की खानगी जायदाद छीनने में मैं शरीक नहीं होऊँगा। मेरा उद्देश्य तो आपके हृदय में प्रवेश करके आपके विचार इस तरह बदल देना है कि आप अपनी समस्त व्यक्तिगत संपत्ति अपने किसानों के संरक्षक बनकर अपने पास रखें और मुख्यतः उन्हीं की भलाई के कामों में उसका उपयोग करें। मुझे इसमें जरा भी शक नहीं है कि अगर हमारे करोड़ों लोगों का बिल्कुल प्रामाणिक और असंदिग्ध मत लिया जाए, तो वे पूंजीपति वर्गों की तमाम संपत्ति छीन लेने के पक्ष में राय नहीं देंगे। मैं पूंजी और श्रम, जमींदार और किसान के सहयोग और मेल के लिए काम कर रहा हूँ।

'परन्तु मैं चेतावनी की एक बात जरूर कहूँगा। मैंने मिल मालिकों से हमेशा कहा है कि वे अकेले ही कारखानों के मालिक नहीं हैं, मजदूर भी उनकी बराबरी के मालिक हैं। उसी तरह मैं आपसे कहूँगा कि आपकी जमीनों के मालिक जितने आप हैं उतने ही

किसान भी, और आप अपनी आमदनी को ऐश-आराम या फिजूलखर्ची में नहीं उड़ा सकते, बल्कि उसे आपको रैयत की भलाई में खर्च करना चाहिए। आप एक बार अपनी रैयत को अपनेपन की भावना का अनुभव करा दें और यह महसूस करा दें कि एक ही परिवार के आदमियों के नाते उनके हित आपके हाथों में सुरक्षित हैं और उन्हें कभी हानि नहीं पहुँचेगी, तो आप विश्वास रखिए कि उनमें और आप में कोई झगड़ा नहीं हो सकता और न वर्ग-विग्रह ही होगा।

मैं आपसे कहता हूँ कि आपके तमाम डर और सन्देह आपके अन्तःकरण के कारण हैं। आपने जाने-अनजाने जिन अन्यायों को करने का अपराध किया हो उन्हें मिटा दीजिए। स्वयं किसानों की शान्ति और आज़ादी के साथ जीने से अधिक कोई महत्वाकांक्षा नहीं है, और उन्हें आपकी संपत्ति से कभी ईर्ष्या नहीं होगी, बशर्ते कि आप उसे उनके लिए इस्तेमाल करें।

किसान और जमींदार के संबंध के बारे में गांधीजी ने *यंग इंडिया* के 28 मई, 1931 के अंक में लिखा था—

> "किसानों को यह सिद्धान्त अस्वीकार कर देना चाहिए कि उनकी जमीन सर्वथा उन्हीं की है, जमींदारों की बिल्कुल नहीं। वे एक ऐसे सम्मिलित परिवार के सदस्य हैं या होने चाहिए, जिसका मुखिया जमींदार है, जो उनके अधिकारों की रक्षा करता है। कानून कुछ भी हो, जमींदारी का बचाव तभी संभव है, जब वह सम्मिलित परिवार की स्थिति को पहुँच जाए।"

किसान सम्बन्धी कार्यक्रम के बारे में गांधीजी ने *रचनात्मक कार्यबुक*, अंक 78 में लिखा है—

> "यह कार्यक्रम इतना पूरा नहीं है कि जिससे अब कुछ और जोड़ा जा सके। स्वराज्य की इमारत एक जबर्दस्त चीज़ है। उसके निर्माण में 80 करोड़ हाथों को काम करना पड़ेगा। इनमें से किसानों का सबसे बड़ा भाग है। दरअसल अधिकांश लोग किसान हैं (कदाचित् हमारी आबादी की तीन चौथाई से भी ऊपर) इसलिए किसान ही कांग्रेस हैं। ऐसी हालत पैदा करनी चाहिए। आज ऐसी बात नहीं है। जब उन्हें अपनी अहिंसक शक्ति का भान हो जाएगा, तब दुनिया की कोई ताकत उनका मुकाबला नहीं कर सकेगी। जो किसानों को संगठित करने के मेरे तरीके को जानना चाहें, वे चम्पारन के आन्दोलन का अध्ययन करके लाभ उठा सकते हैं। चम्पारन का आन्दोलन आरम्भ से अन्त तक बिल्कुल अहिंसक रहा था। उसका उपाय छह महीने में पूरी तरह सफल हो गया। चम्पारन के किसानों में बिना प्रत्यक्ष प्रयत्न के राजनैतिक जागृति आ गई। किसान संगठन की सफलता का रहस्य इस बात में है कि किसानों की

अपनी जो तकलीफें हैं, जिन्हें वे समझते और पूरी तरह महसूस करते हैं, उन्हें दूर करने के सिवाय दूसरे किसी भी राजनैतिक हेतु के लिए उनके संगठन का दुरुपयोग न किया जाए।

मेरी राय में मजदूरों की तरह किसानों के लिए भी कांग्रेस को अपनी देखरेख में एक विभाग खोलना चाहिए, जो उनकी विशेष समस्याओं को हल करने का काम करें।"

यंग इंडिया के 28 मई, 1931 के अंक में ही गांधीजी ने उत्तर प्रदेश के जमींदारों से कहा था—

"इधर किसानों में बड़ी जागृति आई है। स्वाभाविक है कि अपनी स्थिति से उनका असन्तोष अधिकाधिक बढ़ेगा और वे अपने अधिकार मांगेंगे।

मैं चाहता हूँ कि जमींदार किसानों की स्थिति को स्वीकार कर लें और अपने दृष्टिकोण के अनुसार परिवर्तन कर लें। वर्तमान संकट तो किसी तरह टल जाएगा। परन्तु इसके बाद सो जाना गलत होगा।

अच्छा हो, जमींदार समय को हाथ से न निकल जाने दें। अब वे केवल लगान वसूल करने वाले न रहें। उन्हें अपने काश्तकारों के संरक्षक और विश्वस्त मित्र बन जाना चाहिए। उन्हें किसानों को जमीन का स्थायी अधिकार दे देना चाहिए, उनकी भलाई में क्रियात्मक दिलचस्पी लेनी चाहिए। किसानों को भी यह सिद्धान्त अस्वीकार कर देना चाहिए कि उनकी जमीन बिल्कुल उनकी अपनी ही है और जमींदारों का उस पर कोई हक नहीं। किसान और जमींदार एक सम्मिलित परिवार के सदस्य हैं या उन्हें होना चाहिए— जैसे सम्मिलित परिवार के, जिसमें जमींदार मुखिया की तरह किसी भी तरह के आक्रमण के खिलाफ उनके हकों की रक्षा करता है। कानून कुछ भी हो, जमींदारी का समर्थन तभी हो सकता है, जब वह भरसक सम्मिलित परिवार की स्थिति प्राप्त करें।"

आजादी के बाद आधी सदी से अधिक बीतने पर भी किसानों के लिए किए जाने वाले कार्यों की चिन्ताएँ, हमारे सामने उभर कर आती हैं, क्योंकि हम अब भी देखते हैं कि किसानों की दुखद स्थिति बरकरार है। इस बारे में, महात्मा गांधी के विचार आज भी दुनिया में बड़े महत्त्वपूर्ण माने जाते हैं।

आजादी के बाद अनेक राज्यों ने विभिन्न कानूनों के द्वारा ज़मींदारी प्रथा का प्रत्यक्ष अथवा अप्रत्यक्ष रूप से उन्मूलन किया है और काफी हद तक पुराना विवाद उस रूप में नहीं है पर किसान की दशा अब भी बदतर है और गांधीजी के विचार काफी हद तक प्रांसगिक हैं।

जमींदार रहता कहीं है और केवल किसान के बल-बूते पर उपज का मालिक कहलाता है। परन्तु, अहिंसक प्रणाली में मज़दूरी करने वाला किसान, गैर-हाज़िर जमींदार को,

जबरन बेदखल नहीं कर सकता। उसे, इस तरह काम करना चाहिए कि जमींदार के लिए उसका शोषण करना नामुमकिन हो जाए। किसानों में घनिष्ठ सहयोग निहायत जरूरी है। इसके लिए, जहाँ संगठन न हों वहाँ किसानों के विशेष संगठन करने वाली संस्थाएं बनाई जाएं। किसान ज्यादातर निरक्षर हैं। परन्तु, प्रौढ़ों और पाठशाला जाने की उम्र वाले नौजवान लोगों को शिक्षा दी जानी चाहिए। यह बात, स्त्री पुरुष दोनों पर लागू होती है। जब वे, भूमिहीन मज़दूरी करने वाले किसान हों, तो उनकी मज़दूरी को ऐसे स्तर पर ले आना चाहिए, जिससे उनके लिए अच्छा जीवन निश्चित हो जाए। इसका अर्थ यह है कि उन्हें संतुलित भोजन, रहने के लिए मकान और कपड़ा, इस प्रकार मिले कि उनकी न्यूनतम जरूरतें पूरी हो जाएं।

किसानों के बारे में, बापू अक्सर एक कविता की बात कहा करते थे। उस कविता में कहा गया था कि 'किसान संसार का अन्न-पिता है। ईश्वर सृष्टि का पालनकर्ता है और किसान उसका दाहिना हाथ है।' बापू का विश्वास था कि जब किसानों को दरिद्रता और अज्ञान से मुक्ति मिलेगी, तभी भारत में वास्तविक स्वतंत्रता आएगी। गांधीजी ने अनेक बार कहा था कि–

> "देश की जनसंख्या के अधिकतर लोग किसान हैं। वही धरती को हरी भरी बनाए हुए हैं। जमीन के असली मालिक किसान हैं न कि शहर में रहने वाले जमींदार – सारी भूमि गोपाल की है। यदि हम किसान के परिश्रम का फल, उससे छीन लें, तो स्वराज्य का कोई अर्थ ही नहीं होगा। वकील, डाक्टर या धनी जमींदार देश को सच्ची आजादी नहीं दिला सकते, वह तो किसानों के द्वारा ही प्राप्त हो सकती है।"

चम्पारन आंदोलन का एक प्रसंग सहज सामने आ जाता है। चम्पारन के किसानों पर अत्याचार पराकाष्ठा पर पहुँच चुका था। बेचारे किसान घबरा उठे थे। उनकी यह दर्दभरी कहानी नेताओं तक पहुँचाने के लिए कुछ स्थानीय कार्यकर्ता लखनऊ पहुँचें। उस वर्ष कांग्रेस का अधिवेशन लखनऊ में हो रहा था। दूसरे दिन वे गांधीजी के डेरे में पहुँचे। बापू के मुख पर बड़ी शांति और गंभीरता थी। बड़ी देर तक बापू धैर्यपूर्वक उनकी कहानी सुनते रहे। फिर सहसा गंभीर होकर बापू ने दुःखी स्वर में कहा, 'तुम लोगों का दुःख तुम्हारे कथन से कहीं अधिक जान पड़ता है।' श्री रामदयाल प्रसाद शाह बोले, 'इस संबंध में कांग्रेस अधिवेशन में एक प्रस्ताव पास करा दीजिए।' बापू का उत्तर था 'उससे क्या होगा?' अहिंसात्मक ढंग से दुखों का सामना करने पर ही उनका अंत होता है।' बापू स्वयं चम्पारन गए। वहाँ की स्थिति की उन्होंने जाँच की। उसके बाद उन्होंने वहाँ जो किया आज तक किसानों की अहिंसक आजादी का वह इतिहास है।

गरीब किसान की आय बढ़ाने की ओर भी बापू ने काफी ध्यान दिया। ज्यादातर

किसान परिवार साल में चार महीने करीब करीब बेकार रहते हैं। और सिर्फ खेती की आमदनी से अपना खर्च नहीं चला पाते हैं। इसीलिए बापू ने इस बेकारी को दूर करने के लिए किसान परिवार की स्त्रियों से चर्खा चलाने और पुरुषों से करघे पर बुनाई करने को कहा। बापू अनपढ़, अधनंगे और आधा पेट खाने वाले किसान की आमदनी इतनी अवश्य चाहते थे जिससे उसे भरपेट खाना, पहनने को कपड़ा और रहने को घर मिल सके। बापू ने सदा ही किसानों के मन में अन्याय की खिलाफत करने की भावना जगाने की कोशिश की। किसान-मजदूरों के राज का समर्थन करते हुए बापू ने कहा था कि–

> "जब किसान समझ लेगा कि इस दुर्दशा का कारण भाग्य नहीं है तब वह उचित, अनुचित का विचार करेगा। स्वराज्य क्या है, इसका असली मतलब जान लेने पर उसे कोई बचा कर नहीं रख सकेगा।"

गांधीजी ने बनारस हिन्दू विश्वविद्यालय में भाषण देते हुए कहा था–

> "जब कहीं मैं कोई आलीशान इमारत खड़ी हुई देखता हूँ, तब ही मन में आता है, हाय ! यह सारा रुपया किसानों से ऐंठा गया है। जब तक हम अपने किसानों को लूटते रहेंगे या औरों को लूटने देंगे, तब तक स्वराज्य की हमारी तड़पन सच्ची नहीं कहीं जा सकती। देश का उद्धार किसान ही कर सकता है। वकील नहीं, डाक्टर नहीं, ज़मींदार भी नहीं।"

पर, साथ ही बापू अधिकारवादी किसान के भी खिलाफ थे, और वे जमीन के छोटे-छोटे टुकड़ों के बंटवारे के भी खिलाफ थे। बापू का कहना था कि जमीन के सौ टुकड़े करके छोटे-छोटे टुकड़ों में खेती करने की जगह सौ किसानों का मिलकर चक में खेती करना और आपस में पैदावार बाँट लेना ज्यादा लाभदायक है। प्रत्येक किसान अलग-अलग हल, बैल गाड़ी रखे, तो यह भी फिजूलखर्ची है।

आज किसान उद्धार का कार्य, एक वृत्ति के रूप में पनप रहा है। इस प्रसंग में, बापू के विचार, क्या एक आधारशिला नहीं हैं? गंभीरता से सोचने पर लगता है कि जैसे बापू ने किसानों के बारे में, यह सब पहले ही कह दिया है, लिख दिया है, जो आज बस एक नये आकार में हम सोचने के लिए विवश हैं।

10
ग्राम-विकास

महात्मा गांधी जिस समय विदेशी शासन से आजादी की लड़ाई लड़ रहे थे, तभी उन्होंने स्वतन्त्र भारत की एक कल्पना अपने मन में संजोई थी जिसको उन्होंने 'राम-राज्य' का नाम दिया था। उनके राम-राज्य में ग्राम-विकास पर सबसे अधिक बल दिया गया था। गांधीजी कहा करते थे कि भारत तो ग्रामों का देश हैं अतः यहाँ की प्रगति गाँव की प्रगति पर निर्भर करती है। *हरिजन* में उन्होंने 4 अप्रैल, 1935 के अंक में लिखा था—

> "मेरा विश्वास है और मैंने इस बात को असंख्य बार दुहराया है कि भारत अपने चन्द शहरों में नहीं बल्कि सात लाख गाँवों में बसा हुआ है। लेकिन हम भारतवासियों का ख्याल है कि भारत शहरों में ही है और गाँवों का निर्माण शहरों की जरूरतें पूरी करने के लिए ही हुआ है। हमने कभी यह सोचने की तकलीफ ही नहीं उठाई कि उन गरीबों को पेट भरने जितना अन्न और शरीर ढकने जितना कपड़ा मिलता है या नहीं और धूप तथा वर्षा से बचने के लिए उनके सिर पर छप्पर है या नहीं?"

ग्रामवासियों की आर्थिक तथा सामाजिक दशा को सुधारने के लिए बापू ने ग्रामराज्य बनाने की बात कही थी, क्योंकि ग्रामराज्य की स्थापना से ही ग्रामों का चहुँमुखी विकास सम्भव हो पाएगा। उनके विचार में ग्रामराज्य का मतलब वह समाज रचना नहीं है जो आजकल के दयनीय गाँवों में पाई जाती है बल्कि ग्रामराज्य का अर्थ तो ऐसी समाज रचना है जो छोटी-छोटी शासकीय इकाइयों पर आधारित हों, जो अपना शासन स्वयं चलाएं। उनका विचार था कि 'ग्रामराज्य' केवल ग्रामों तक ही सीमित नहीं है, वह एक नयी समाज रचना है जो वर्तमान गाँव, शहर और देश का सारा नक्शा बदल देता है। इसके आने पर ही गाँव का शोषण बन्द हो सकेगा और तभी सच्चा प्रजातन्त्र स्थापित हो सकेगा इस सच्चे प्रजातन्त्र की स्थापना ग्रामवासी कर सकते हैं और वे तभी कर सकते हैं जब कि वे सब आदर्श ग्रामवासी बनें और वे आदर्श ग्रामवासी ही गाँव की दशा में सुधार कर सकते हैं। 7 मार्च, 1936 को गांधी जी ने इस सम्बन्ध में लिखा था—

> "क्या भारत के गाँव हमेशा वैसे ही थे जैसे कि वे आज हैं, इस प्रश्न की छानबीन करने से कोई लाभ नहीं होगा। अगर वे भी इससे अच्छे नहीं थे तो इससे हमारी

पुरानी सभ्यता का, जिस पर हम इतना अभिमान करते हैं, एक बड़ा दोष प्रकट होता है। लेकिन यदि वे कभी अच्छे नहीं थे तो सदियों से चली आ रही नाश की क्रिया को, जो हम अपने आसपास आज भी देख रहे हैं वे कैसे सह सके? – हर एक देशप्रेमी के सामने आज जो काम है वह यह है कि इस नाश की प्रक्रिया को कैसे रोका जाए या दूसरे शब्दों में, भारत के गाँवों का पुनर्निर्माण कैसे किया जाए, ताकि किसी के लिए भी उनमें रहना उतना ही आसान हो जाय जितना आसान वह शहरों में माना जाता है। सचमुच हरेक देशभक्त के सामने आज यही काम है। सम्भव है ग्रामवासियों का पुनरुद्धार अशक्य हो, और यही सच हो कि ग्राम.सभ्यता के दिन, अब बीत गए हैं और सात लाख गाँवों की जगह अब केवल सात सौ सुव्यवस्थित शहर ही रहेंगे और उनमें 30 करोड़ आदमी नहीं, केवल तीन ही करोड़ आदमी रहेंगे। यदि भारत के भाग्य में यही हो तो भी यह स्थिति एक दिन में तो नहीं आएगी, आखिर गाँवों और ग्रामवासियों की इतनी बड़ी संख्या के मिटने में, और जो बच रहेंगे उनका शहरों और शहरवासियों में परिवर्तन करने में समय तो लगेगा ही।"

भारत गाँवों का देश है और गांधीजी ग्राम-विकास को आजादी की नींव मानते थे। *हरिजन सेवक* के 28 जुलाई, 1946 के अंक में गांधीजी ने अपनी इस धारणा के बारे में लिखा था–

"आजादी नीचे से शुरू होनी चाहिये। हरेक गाँव में जमहूरी सल्तनत या पंचायत का राज होगा। उसके पास पूरी सत्ता और ताकत होगी। इसका मतलब यह है कि हर एक गाँव को अपने पाँव पर खड़ा होना होगा–अपनी जरूरतें खुद पूरी कर लेनी होंगी, ताकि यह अपना सारा कारोबार खुद चला सकें। उसे तालीम देकर इस हद तक तैयार करना होगा कि वह बाहरी हमले के मुकाबले में अपनी रक्षा करते हुए मर मिटने के लायक बन जाए। इस तरह हमारी बुनियाद व्यक्ति पर होगी। इसका यह मतलब नहीं कि पड़ोसियों पर या दुनिया पर भरोसा न रखा जाए, या उनकी राजी-खुशी से दी हुई मदद न ली जाए। कल्पना यह है कि सब लोग आजाद होंगे और सब एक दूसरे पर अपना असर डाल सकेंगे। जिस समाज का हरेक आदमी यह जानता है कि उसे क्या चाहिए और इससे भी बढ़कर जिसमें यह माना जाता है कि बराबरी की मेहनत करके भी यदि दूसरों को भी कोई चीज नहीं मिलती है वह खुद भी किसी को नहीं लेनी चाहिए, वह समाज जरूर बहुत ऊँचे दरजे की सभ्यता वाला होना चाहिए।

ऐसा समाज अनगिनत गाँवों का बना होगा। इसका फैलाव एक के ऊपर एक के ढंग से नहीं, बल्कि लहरों की तरह एक के बाद एक की शक्ल में होगा।

जिन्दगी मीनार की शक्ल में नहीं होगी, जहाँ ऊपर की तंग चोटी को नीचे के चौड़े पाये पर खड़ा होना पड़ता है। यहाँ तो समुद्र की लहरों की तरह जिन्दगी एक के बाद एक घेरे की शक्ल में होगी और व्यक्ति उसका मध्यबिन्दु होगा। यह व्यक्ति हमेशा अपने गाँव के खातिर मिटने को तैयार रहेगा। गाँव अपने इर्द-गिर्द के गाँवों के लिए मिटने को तैयार होगा। इस तरह आखिर सारा समाज ऐसे लोगों का बन जाएगा, जो उद्धत बनकर कभी किसी पर हमला नहीं करते बल्कि हमेशा नम्र रहते हैं और अपने में समुद्र की इस शान को महसूस करते हैं, जिसके वे एक जरूरी अंग हैं। इस तस्वीर में उन मशीनों के लिए कोई जगह नहीं होगी, जो मनुष्य की मेहनत का स्थान लेकर कुछ लोगों के हाथ में सारी ताकत इकट्ठा कर देती है। सभ्य और संस्कृत लोगों की दुनिया में मेहनत का अपना अनोखा स्थान है। उसमें एसी मशीनों की गुंजाइश रहेगी, जो हर आदमी को उसके काम में मदद पहुँचाए।"

गाँवों को यह विकास छू न सका। गांधीजी ग्राम-विकास के सम्बन्ध में पूरे जोर से कहा करते थे कि 'ग्रामीणों का शहरों द्वारा शोषण किया जा रहा है और उनका धन शहरों को जा रहा है।'

गांधीजी कहते थे कि ग्राम-विकास के पीछे यह भावना है कि अपनी दैनिक आवश्यकताओं की पूर्ति गाँवों से करें, और जब हम यह देखें कि कुछ आवश्यकताओं की पूर्ति गाँवों द्वारा नहीं हो सकती तब हमें यह पता लगाना चाहिए कि क्या थोड़े से यत्न तथा संगठन द्वारा ग्रामीण जन ही लाभकारी ढंग से इन वस्तुओं की पूर्ति नहीं कर सकते। लाभ का अनुमान लगाते समय हमें ग्रामीणों के बारे में सोचना चाहिए न कि अपने बारे में। हो सकता है कि प्रारम्भ में हमें साधारण मूल्य से कुछ अधिक देना पड़े और बदले में कुछ कम अच्छी चीज मिले, पर यदि हम अपनी आवश्यकताओं की पूर्ति करने वालों का ख्याल करेंगे और इस बात पर जोर देंगे कि वह अपने काम को बेहतर ढंग से करें और इसके लिए उन्हें मदद देने का भी कष्ट उठाएंगे तो स्थिति अवश्य सुधर जाएगी।

ग्रामीणों को इतने ऊँचे दर्जे की कुशलता विकसित कर लेनी चाहिए कि उनके द्वारा तैयार चीजें बाहर बाजार में तुरन्त बिक जाएं। जब हमारे गाँव पूर्ण रूप से विकसित हो जाएँगे तब उनमें ऊँचे दर्जे की कुशलता तथा कलात्मक प्रतिभा वाले लोगों की कमी नहीं रहेगी। उनमें ग्रामीण कवि, ग्रामीण कलाकार, ग्रामीण शिल्पकार, भाषाविद तथा संशोधन करने वाले होंगे। संक्षेप में, जीवन की कोई भी ऐसी वांछनीय चीज न होगी जो गाँवों में न पाई जाएगी। आज (भारतीय) गाँव गोबर के ढेर हैं। कल वे नन्दन वन के समान हो जाएंगे जिनमें अत्यन्त मेधावी लोग निवास करेंगे, जिन्हें न तो कोई ठग सकता है, और न ही

उनका शोषण कर सकता है।

आज गांधीजी के स्वप्न को अगर साकार करना है तो भारत जैसे गरीब देश में ग्राम-विकास को प्रमुखता देनी होगी। भारत के सन्दर्भ में यह एक महत्वपूर्ण मुद्दा है इसलिए ग्राम-विकास का क्या उद्देश्य है इस बहस में न पड़कर हम सब को एकजुट हाकर ग्राम-विकास योजना में तुरन्त लग जाना होगा।

11
ग्राम-सेवा

गांधीजी एक महान विचारक तथा आदर्श व्यवहारी महापुरुष थे। जीवन जीने के सम्बन्ध में उनके आदर्श ऊँचे थे। सत्य और अहिंसा उनके अमोघ अस्त्र थे। इन्हीं अस्त्रों का प्रयोग करके उन्होंने ब्रिटिश सरकार जैसी महाशक्ति को पराजित कर दिया और अन्ततोगत्वा ब्रिटिश सरकार को भारत छोड़ना पड़ा। सत्य और अहिंसा रूपी अस्त्रों को गांधीजी दैवी हथियार मानते थे। इनके प्रयोग से गांधीजी को अभूतपूर्व सफलता मिली थी। इन अस्त्रों के सम्बन्ध में गांधीजी का मत था कि इनका प्रयोग वही व्यक्ति या देश कर सकता है, जिसमें आत्मबल हो। *स्पीचेज एण्ड राइटिंग्ज आफ महात्मा गांधी* में एक प्रसंग में लिखा है कि 'भारत अपने आत्मबल से सबको जीत सकता है। इतिहास इस सच्चाई के चाहे जितने प्रमाण दे सकता है कि पशुबल आत्मबल की तुलना में कुछ नहीं है।' आत्मबल सदा से भारत की एक बड़ी शक्ति रहा है। सत्य और अहिंसा ही गांधीजी के आत्मबल थे।

गांधीजी ने लोकमान्य तिलक के 'स्वराज्य हमारा जन्मसिद्ध अधिकार है' इस आदर्श को ही अपने जीवन का ध्येय माना था। स्वराज्य की कल्पना के बारे में उन्होंने *यंग इंडिया* के 26 मार्च, 1931 के अंक में लिखा था—

> "मेरे सपने का स्वराज्य तो गरीबों का स्वराज्य होगा। जीवन की जिन आवश्यकताओं का उपभोग राजा और अमीर लोग करते हैं, वही गरीबों को भी सुलभ होनी चाहिए। इसमें फर्क के लिए स्थान नहीं हो सकता। लेकिन इसका यह अर्थ नहीं कि हमारे पास उनके जैसे महल होने चाहिए। सुखी जीवन के लिए महलों की कोई आवश्यकता नहीं। हमें महलों में रख दिया जाए तो हम घबड़ा जाएँ। लेकिन गरीबों को जीवन की वे सामान्य सुविधाएं अवश्य मिलनी चाहिए जिनका उपभोग अमीर आदमी करता है। मुझे इस बात में बिल्कुल भी सन्देह नहीं है कि हमारा स्वराज्य तब तक पूर्ण नहीं होगा, जब तक वह ये सारी सुविधाएं देने की पूरी, व्यवस्था नहीं कर देगा।"

आगे चल कर *हरिजन* में 27 मई, 1939 के अंक में गांधीजी ने कहा है—

> "हमें अपना स्वराज्य सत्य और अहिंसा के शुद्ध साधनों द्वारा ही हासिल करना है, उन्हीं के द्वारा हमें उसका संचालन करना है, और उन्हीं के द्वारा हमें उसे कायम रखना है। सच्ची लोकसत्ता या जनता का स्वराज्य सत्य और अहिंसा के

साधनों के बिना नहीं आ सकता।"

गांधीजी ने लोकतंत्र के बारे में कहा था कि 'सच्चा लोकतन्त्र केन्द्र में बैठे हुए बीस व्यक्तियों द्वारा नहीं चलाया जा सकता। वह तो नीचे से हर एक गाँव के लोगों द्वारा चलाया जाना चाहिए।' *हरिजन* के 18 जनवरी, 1948 के अंक में लोकशाही चलाने के बारे में गांधीजी ने अपना यह मन्तव्य प्रकट किया था। इसका भाव यह है कि गांधीजी चाहते थे कि शहरी लोगों के साथ-साथ गाँव के लोगों का भी शासन में बराबर का अधिकार होना चाहिए। इसलिए उन्होंने एक जगह कहा था—

> "भारत ने राजनैतिक स्वतन्त्रता तो प्राप्त कर ली है, लेकिन उसे अभी शहरों और कस्बों से भिन्न अपने सात लाख गाँवों के लिए सामाजिक, आर्थिक और नैतिक स्वतन्त्रता प्राप्त करना बाकी है।"

गांधीजी के इस विचार में ग्राम-स्वराज्य का चित्र प्रस्तुत किया गया है।

ग्राम-स्वराज्य गांधीजी के आजीवन शोध का परिणाम है। गांधीजी ने 5 अक्तूबर, 1945 के एक पत्र में पं. जवाहरलाल नेहरू को लिखा था—

> "मैं यह मानता हूँ कि हिन्दुस्तान की मार्फत दुनिया को भी आज नहीं तो कल देहातों में ही रहना होगा, झोपड़ियों में, महलों में नहीं। कई अरब आदमी शहरों में और महलों में सुख और शान्ति से कभी नहीं रह सकते। सिवाय सत्य और अहिंसा के मनुष्य जाति का नाश ही है, इसमें मुझे जरा भी शक नहीं है। उस सत्य और अहिंसा का दर्शन हम देहातों की सादगी में ही कर सकते हैं। वह सादगी चरखा में जो चीज भरी है, उसी पर निर्भर है। मेरे कहने का निचोड़ यह है कि मनुष्य-जीवन के लिए जितनी जरूरत की चीज है उस पर निजी काबू रहना ही चाहिए—अगर न रहे तो व्यक्ति बच ही नहीं सकता। आखिर तो जगत व्यक्तियों का ही बना हैं। बिन्दु नहीं है तो समुद्र नहीं है।"

ग्राम-सेवा के लिए गांधीजी के अनुसार रचनात्मक काम करने वाले सेवकों के लिए कुछ उपयोगी कार्यक्रम बनाए गए है। इनमें कुछ प्रमुख कार्य हैं—शिक्षा, सफाई, आरोग्य केन्द्र, खादी और ग्रामोद्योग, आदि।

गाँवों में शिक्षा की बड़ी आवश्यकता है। शिक्षा के अभाव में ही हमारे गाँव सामाजिक फूट, जातिवाद और संकुचित दृष्टिकोण के अखाड़े बने हुए हैं और इसीलिए कष्ट भोग रहे हैं। शिक्षा के द्वारा ही इन बुराइयों से छुटकारा मिल सकता है। इसलिए जब तक गाँव वाले शिक्षित न होंगे, अपने हक और अधिकार न ले सकेंगे। इसलिए गाँवों में शिक्षा-प्रचार सबसे बड़ी सेवा है।

2 जनवरी, 1928 के *नवजीवन* में गांधीजी ने आम-शिक्षा की योजना पर काफी प्रकाश डाला है। 'ग्राम-सेवक' गाँव में सेवा-कार्य प्रारम्भ करे उससे पहले उसका स्वयं

का शिक्षण आवश्यक है। 25 जनवरी, 1929 के अपने एक पत्र में आचार्य जुगलकिशोर की ग्राम कार्यकर्ता-शिक्षण की योजना के बारे में गांधीजी ने ग्राम-सेवक के लिए शिक्षण की उपयोगिता बताई है। इस शिक्षा को उन्होंने तीन भागों में बांटा है—शिक्षण, सफाई, आरोग्य केन्द्र। इस योजना के द्वारा ऐसे शिक्षक या सेवक तैयार करने हैं, जो इस सेवा को ग्राम-सेवा या लोक-सेवा बना सकें। इसके लिए उन्हें पहले गाँवों में गश्ती और फिर स्थायी शालाएँ खोलनी चाहिए। शिक्षा के अनुरूप आवश्यक साहित्य भी तैयार करना चाहिए। शिक्षा में बच्चों को केवल किताबी शिक्षा ही नहीं देनी है बल्कि उसके साथ-साथ चरित्र-निर्माण, स्वच्छता, साधारण उद्योग, खेती का सामान्य ज्ञान तथा कला-कौशल की शिक्षा आवश्यक है।

इसी प्रकार शरीर, घर और पास-पड़ोस को स्वच्छ रखने के लिए सफाई बहुत आवश्यक है। गाँवों में तो यह और भी जरूरी है, क्योंकि गाँव में शहर की भांति पानी बहने के लिए न तो नालियाँ होती हैं और न सफाई कर्मचारी। ग्राम-सेवक को सफाई सेवा स्वयं करके ग्रामवासियों के सामने एक आदर्श उपस्थित करना चाहिए।

ग्राम-सेवक को आरोग्य केन्द्र भी चलाने चाहिए। मलेरिया, खांसी, ज्वर आदि कुछ ऐसी बीमारियाँ है, जिनमें ग्राम-सेवक ग्रामवासियों की सेवा कर सकता है। गांधीजी का विचार था कि डाक्टर बनने की अपेक्षा ग्राम-सेवक को रोगी की सेवासुश्रूषा पर अधिक ध्यान देना चाहिए। गांधीजी बुखार में सिर पर मिट्टी की पट्टी रखना लाभदायक समझते थे। इसी प्रकार कटि-स्नान और मालिश को भी वे उपयोगी और सरल विधि मानते थे। इसके साथ-साथ गांधीजी स्वस्थ रहने के लिए संयम रखना और व्यसनों का त्याग बहुत आवश्यक मानते थे।

खादी का प्रचार भी केवल प्रचार के लिए नहीं है। खादी के आर्थिक और सामाजिक दो महत्वपूर्ण पहलू हैं। गांधीजी खादी को देश की आर्थिक स्वतन्त्रता और समानता का प्रारम्भिक चिह्न मानते थे। उन्होंने चरखा चलाने को 'चरखा यज्ञ' की संज्ञा दी थी।

ग्रामसेवक खादी प्रचार के द्वारा एक ऐसे समाज का निर्माण करता है जो कई बातों में आत्म-निर्भर होता है। खादी-उद्योग में गाँव के सशक्त और समर्थ व्यक्ति तो काम करते ही हैं, इसके द्वारा गाँव के अशक्त, असमर्थ और बूढ़े लोग भी अपनी आजीविका चला सकते हैं। रुई का धुनना, पूनियाँ बनाना आदि कुछ ऐसे काम हैं जिनमें गाँव के कई बेकार लोगों को काम मिल जाता है।

हरिजन बन्धु के 3 जनवरी, 1937 के अंक में गांधीजी ने लिखा था—

> "चरखे का सम्बन्ध आर्थिक स्वतन्त्रता से भी है। किन्तु यह स्वतन्त्रता पाश्चात्य ढंग की न होकर भारत की स्वतन्त्रता है जिसमें प्रत्येक व्यक्ति का आर्थिक उत्थान हो।"

हरिजन सेवक के 19 फरवरी, 1938 के अंक में भी गांधीजी ने लिखा है–

> "मैंने अक्सर कहा है कि अगर हिन्दुस्तान के सात लाख गाँवों को जिन्दा रखना है और सब सभ्यताओं की जड़ में रही शान्ति को प्राप्त करना है तो हमें चरखे को सब दस्तकारियों का केन्द्र बनाना होगा।"

गांधीजी चरखे द्वारा दरिद्रनारायण की सेवा को सच्ची सेवा मानते थे। भारत का पारम्परिक चरखा अब काफी पुराना हो गया है। उसकी जगह, अब 'अम्बर चरखे' जैसे नई किस्म के चरखे निकले हैं। ये नए चरखे भी एक प्रकार की मशीन ही है। गांधीजी जहाँ बड़ी मशीनों के विरुद्ध थे, वहाँ चरखे के बारे में नए सुधारों को प्रोत्साहन देते थे।

देश के शिक्षित लोगों के लिए, जिनके मन में ग्राम-सेवा की लगन है, ग्रामों में सेवा के अनेक अवसर हैं। गाँवों में बहुत-सी बुराइयाँ ऐसी जड़ जमा कर बैठी है कि उठने का नाम नहीं लेतीं। उनमें सर्वप्रमुख है 'छुआछूत'। छुआछूत और अन्य सामाजिक बुराइयों को दूर करने के लिए गांधीजी ने 1 जनवरी, 1929 को कांग्रेस की सभा में एक प्रस्ताव पर बोलते हुए उपरोक्त बुराइयों को छोड़ने का जनता से आग्रह किया था।

शहरी जीवन में तो यह रोग काफी हद तक दूर हो गया है किन्तु गाँवों में अभी तक यह बुराई ज्यों की त्यों है। यद्यपि सरकार की ओर से कानूनी भय दिखा कर इसको दूर करने का प्रयत्न किया जा रहा है, किन्तु यह रोग भय से दूर होने वाला नहीं है क्योंकि भय का असर थोड़ी देर रहता है। यह तो समाज में उचित प्रचार करने से या उस से भी अधिक स्वयं अमल करने से ही दूर हो सकता है।

गांधीजी ने शहरों की अपेक्षा गाँवों को तरजीह दी है। उनके विचार में भारत का असली रूप तो गाँवों में देखने को मिलता है, शहरों में नहीं। आधुनिक शहरों को तो वे पश्चिमी देशों की नकल-भर मानते थे। गांधीजी ने एक नारा दिया था 'गाँव की ओर चलो'। गाँवों की जो उपेक्षा उस समय थी उसी से प्रेरित होकर उन्होंने ग्राम-सुधार को अपनाया था। वह समय ऐसा था जब पश्चिमी आलोचक भारत के गाँवों को 'कूड़े का ढेर' कह कर पुकारते थे। यह स्थिति गांधीजी के लिए असह्य थी। शहरों के पक्षपातियों के सामने गांधीजी ने गाँव और शहर का भेद बताते हुए 4 अप्रैल, 1936 के *हरिजन* में लिखा था–

> "मेरा विश्वास है और मैंने इस बात को असंख्य बार दुहराया है कि भारत चन्द शहरों में नहीं बल्कि सात लाख गाँवों में बसा हुआ है। लेकिन हम शहरवासियों का ख्याल है कि भारत शहरों में ही है और गाँवों का निर्माण शहरों की जरूरतों को पूरी करने के लिए ही हुआ है। हमने कभी यह सोचने की तकलीफ नहीं उठाई कि उन गरीबों को पेट भरने जितना अन्न और शरीर ढकने जितना कपड़ा मिलता है या नहीं और धूप और वर्षा से बचने के लिए उनके सिर पर छप्पर है या नहीं।"

भारत मुख्यतः कृषि प्रधान देश है और वह कृषि जिसकी उपज पर भारत के शहरी लोग अपनी जीविका चलाते हैं, गाँव के किसानों की मेहनत का ही फल है। ग्रामवासियों की कृषि का फल शहरी लोग भोगते हैं। इस बारे में *स्पीचेज एण्ड राइटिंग्ज आफ महात्मा गांधी* में लिखा है 'हमारी आबादी का पचहत्तर प्रतिशत से ज्यादा हिस्सा कृषिजीवी है। लेकिन यदि हम उनकी मेहनत का सारा फल खुद छीन लें या दूसरों को छीन लेने दें, तो यह नहीं कहा जा सकता कि हममें स्वराज्य की भावना काफी मात्रा में है।'

इन्हीं सब बातों को देखकर गांधीजी ने ग्राम-सुधार आन्दोलन चलाया। गाँवों की जो दुर्दशा थीं, उससे द्रवित होकर गांधीजी ने देशवासियों के सामने ग्राम-सेवा का कार्यक्रम रखा। गांधीजी ने 1 मार्च, 1934 के *हरिजन* में कहा था–

> "हमें ग्रामवासियों को यह सिखाना है कि वे समय, स्वास्थ्य और पैसे की बचत कैसे कर सकते हैं। हमें ग्रामों को आदर्श बस्तियों में बदलना है। हमारे ग्रामवासियों को शुद्ध हवा नहीं मिलती यद्यपि वे शुद्ध हवा में घिरे हुए हैं,उन्हें ताजा अन्न नहीं मिलता यद्यपि उनके चारों ओर ताजे से ताजा अन्न मिलता है।"

ग्राम-सुधार के लिए गांधीजी केवल ग्रामवासियों की शिक्षा की ही बात नहीं करते थे, बल्कि वे ग्राम-सुधार की शिक्षा नगरवासियों के लिए भी आवश्यक मानते थे। इसी प्रसंग में गांधीजी ने *हरिजन* के 11 अप्रैल, 1948 के अंक में लिखा था–

> "ग्राम-सुधार में केवल ग्रामवासियों के ही शिक्षण की ही बात नहीं है, शहरवासियों को भी उससे उतना ही शिक्षण लेना है। इस काम को उठाने के लिए शहरों से जो कार्यकर्त्ता आएँ, उन्हें ग्राम मानस का विकास करना है और स्वयं ग्रामवासियों की तरह रहने की कला ग्रामवासियों से सीखना है। इसका यह अर्थ नहीं कि उन्हें ग्रामवासियों की तरह भूखे मरना है। लेकिन इसका यह अर्थ जरूर है कि जीवन की उनकी पुरानी पद्धति में आमूल परिवर्तन होना चाहिए।"

ग्राम-सुधार किस प्रकार हो, उसका क्या उपाय है, इस सन्दर्भ में गांधीजी ने *हरिजन* के 16 मार्च, 1936 के अंक में स्पष्ट किया है–

> "इसका एक ही उपाय है कि हम जाकर उनके बीच में बैठ जाएं, उनके आश्रयदाताओं की तरह नहीं बल्कि उनके सेवकों की तरह दृढ़ निष्ठा से उनकी सेवा करें। हम उनके स्वास्थ्य की रक्षा करने वाले परिचारक बन जाएँ। हमें अपने सारे पूर्वाग्रह भुला देने चाहिएँ। एक क्षण के लिए हम स्वराज्य को भी भूल जाएँ और अमीरों की बात तो भूल ही जाएं, यद्यपि उनका होना हमें हर कदम पर खटकता है। वे तो अपनी जगह हैं ही। और कई लोग हैं, जो इन बड़े सवालों को सुलझाने में लगे हुए हैं। हमें तो गाँवों के इस छोटे काम में लग जाना चाहिए, जो आज भी जरूरी है और तब भी जरूरी होगा जब हम अपना उद्देश्य प्राप्त कर

> चुकेंगे। सच तो यह है कि सुधार-कार्यक्रम की सफलता स्वयं हमें अपने उद्देश्य के निकट ले जाएगी।"

गांधीजी ग्रामों का पुनरुद्धार चाहते थे। वे गाँव और शहरों के बीच ऐसा स्वस्थ और युक्तिसंगत सम्बन्ध चाहते थे, जिससे गाँवों का पुनर्निर्माण हो। यदि समाज के पुनर्निर्माण के इस महान और उदात्त कार्य में शहरवालों को अपना हिस्सा अदा करना है, तो उनकी शिक्षा व्यावहारिक और गाँवों की जरूरतों-से सीधे सम्बन्धित होनी चाहिए।

गांधीजी ग्राम-सेवा या ग्राम-सुधार आन्दोलन के द्वारा ग्रामवासियों को तीन बीमारियों से विशेष छुटकारा दिलाना चाहते थे। वे हैं – सार्वजनिक स्वच्छता की कमी, पर्याप्त पोषक आहार की कमी तथा अज्ञान। इस सम्बन्ध में गांधीजी ने *हरिजन* के 16 मई, 1936 के अंक में लिखा था–

> "हमें गाँवों को अपने चंगुल में जकड़े रखने वाली इन विविध बीमारियों का इलाज करना है। ग्रामवासी अपनी उन्नति की ओर से उदासीन हैं। ये कठिनाइयाँ वास्तविक और गम्भीर हैं। लेकिन सुधारक को घबराने या हतोत्साहित होने की जरूरत नहीं है। हमारे व्यवहार में धीरज होना चाहिए। ग्राम कार्य में हम खुद नौसिखिया हैं। धीरज और सतत परिश्रम से ही हम इन बुराइयों पर काबू पा सकते हैं।"

ग्राम-सेवक की भावना रखने वाले व्यक्ति को खादी की तरह अन्य कई धन्धों की शिक्षा देकर ग्रामवासियों की सेवा करनी चाहिए। गांधीजी ने जिन ग्राम-उद्योगों पर जोर दिया है उनमें दूध का उद्योग, गुड़ और खांडसारी चमड़े का धन्धा आदि प्रमुख है। इनके साथ हाथ का बना कागज, घानी का तेल, मधुमक्खी पालन आदि अनेक ऐसे उद्योग हैं, जो गाँवों में थोड़ा पूंजी से किए जा सकते हैं।

इसी प्रसंग में गाँव के लिए एक और आवश्यक सेवा का उल्लेख भी उचित हैं। वह सेवा है 'प्रसूति गृह' खोलना। समुचित डाक्टरी सहायता के अभाव में देहात की अनेक स्त्रियाँ प्रसूति काल में अकाल ही काल कवलित हो जाती हैं। अभी तक अनेक ऐसे गाँव हैं जहाँ चिकित्सा की कोई सुविधा नहीं है। ग्राम-सेवा के लिए उत्साह रखने वाले डाक्टर-वैद्य गाँवों की इन साधनहीन गरीब बहनों की प्रसूति काल में समुचित चिकित्सा-सुविधा देकर बड़ी सेवा कर सकते हैं।

भले ही स्वतंत्रता के बाद गाँवों में चहुंमुखी प्रगति हुई हो पर गांधीजी ने जिन चार स्तंभों पर स्वस्थ गाँव की नींव डालनी चाही थी, वह अब भी बहुत कुछ उपेक्षित हैं। शिक्षा में बहुत ही मामूली सुधार हुआ है; सफ़ाई में सुधार बहुत ही कम हुआ है; आरोग्य केन्द्र कम हैं और बहुत महंगे हैं; गांधीजी के आदर्शों के विरुद्ध एलापैथी (अंग्रेजी दवाओं) का बोलबाला है और प्राकृतिक चिकित्सा को कोई पूछता ही नहीं। ग्रामोद्योग पर सरकार का अपेक्षित

ध्यान नहीं गया है।

अब देश में नवयुग प्रारम्भ हुआ है। इसमें देश के नवयुवकों पर विशेष रूप से ग्राम सेवा का उत्तरदायित्व आ पड़ा है। नवयुवक ग्राम सेवा के मर्म को समझकर इस पुनीत कार्य में लग जाए। गांधीजी दरिद्र नारायण की सेवा को ही नारायण की सेवा मानते थे। उनका विचार था कि वह नारायण शहरों में नहीं, बल्कि गाँवों में निवास करते हैं।

12
ग्रामोद्योग

गांधीजी की विचारधारा पर जहाँ भारत की संस्कृति और स्थिति, माँ पुतलीबाई की धार्मिक भावना तथा नैतिक संस्कार का प्रभाव था,वहाँ रस्किन, थोरो, कारपेंटर और टालस्टाय आदि पाश्चात्य विद्वानों के चिंतन ने भी गांधीजी के विचारों को नया मोड़ दिया। इन सबने मिलकर, बापू के हृदय में जिस विचारधारा को विकसित किया, वह सर्वोदय की विचारधारा थी। शायद इसीलिए गांधीजी ने आजाद भारत की जो कल्पना मन में संजोई थी, उसको राम-राज्य का नाम दिया था। गांधीजी के राम-राज्य में सर्वोदय व्यवस्था पर सबसे अधिक बल दिया गया है। भारत गाँवों में बसा हुआ है। इसीलिए भारत में तो सर्वोदय व्यवस्था ग्राम प्रधान ही हो सकती है। ग्राम प्रधान व्यवस्था में विकास के लिए गांधीजी के अनुसार जो उपयोगी कार्यक्रम माने गए हैं उनमें खादी और ग्रामोद्योग प्रमुख हैं।

ग्राम योजना में ग्रामोद्योग के स्थान के सिलसिले में गांधीजी ने कहा है कि–

> "ग्राम योजना के पीछे भावना यह है कि हम अपनी दैनिक आवश्यकताओं की पूर्ति गांवों से करें, और जब हम यह देखें कि कुछ आवश्यकताओं की पूर्ति गाँवों द्वारा नहीं हो सकती, तब हमें यह पता लगाना चाहिए कि क्या थोड़े से यत्न तथा संगठन द्वारा ग्रामीण जन ही लाभकारी ढंग से इन वस्तुओं की पूर्ति कर सकते हैं।"

इसी बारे में गांधीजी ने आगे कहा है–

> "ग्रामीणों को इतने ऊँचे दर्जे की कुशलता विकसित कर लेनी चाहिए कि उनके द्वारा तैयार चीज बाहर बाज़ार में तुरन्त बिक जाए। जब हमारे गाँव पूर्ण रूप से विकसित हो जाएँगे तब उनमें ऊँचे दर्जे की कुशलता तथा कलात्मक प्रतिभा वाले लोगों की कमी नहीं रहेगी। उनमें ग्रामीण कवि, ग्रामीण कलाकार, ग्रामीण शिल्पकार, भाषाविद तथा संशोधन करने वाले होंगे। संक्षेप में जीवन की कोई ऐसी वांछनीय चीज न होगी जो गाँवों में न पाई जाएगी। आज भारतीय गाँव गोबर के ढेर हैं। कल वे नन्दन वन के समान हो जाएँगे। जिनमें अत्यन्त मेधावी लोग निवास करेंगे, जिन्होंने न तो कोई ठग सकता है और न ही शोषण कर सकता है।"

गांधीजी ने 30 मार्च, 1940 के *हरिजन* के अंक में लिखा--

> "ग्रामीण सभ्यता हमें विरासत में मिली है। हमारा देश बहुत बड़ा है। इसमें करोड़ों लोग बसते हैं फिर इसकी आबोहवा और दुनिया में भौगोलिक स्थिति—इन सबने मिलकर मानों यह तय कर दिया है कि हमें ग्रामीण संस्कृति का विकास करना है।"

और इधर, गांधीजी के सपने का आखिरी आदमी भी गाँव छोड़ कर शहर भागा जा रहा है, क्योंकि गाँव में लुहार, चर्मकार, कुम्हार, जुलाहा यानी कि किसी ग्रामोद्योग के लिए जरूरी किसी कारीगर की तरह रहना उसके लिए असंभव हो चुका है। पीढ़ी-दर-पीढ़ी से चली आ रही कारीगर की कुशलता मिटती जा रही है। पर यह कैसे भूला जा सकता है कि भारत गाँवों का देश है। गाँव उजड़ते हैं तो देश उजड़ता है। गाँवों की खुशहाली पर ही भारत की खुशहाली निर्भर करती है। बापू ने कहा था—

> "बहुत समय नहीं गुजरा है जब हमारा गाँव अपनी जरूरत की चीज ही नहीं बनाता था, बल्कि शहरों के लिए भी चीजें बना पाता था। यह हालत फिर वापस लाई जा सकती है। करना इतना ही है कि गाँवों का आदमी, खेती से बचे वक्त में छोटे.छोटे औजारों से खुशनुमा और टिकाऊ चीजें बनाए। तब शहर का आदमी भी उन्हें लेने के लिए खुद गाँव पहुँचेगा।"

यहाँ सन् 1936 की एक घटना का ज़िक्र गांधीजी की मानसिकता को उजागर करता है।

गांधीजी ने भी श्री राधाकृष्ण से कहा, "मुझे कुछ बढ़ई के औज़ार चाहिएँ। भिजवा सकोगे क्या?"

राधाकृष्ण ने कहा, "हाँ, ज़रूर। यहाँ के बढ़ई के लिए चाहिए क्या?"

गांधीजी बोले, "नहीं, खुद अपने लिए। यहाँ के बढ़ई तो सादी-सी चीज़ भी ठीक तरह से बनाना नहीं जानते। मैं उन्हें कभी कभी सिखाना चाहता हूँ। अच्छा, तुम नोट कर लो।"

राधाकृष्ण ने इन औज़ारों के नाम लिखे— बसूला, रन्दां, बरमी, हथौड़ा, आरी और कुल्हाड़ी। गांधीजी ने यह और कहा कि 'शायद तुम्हें यहाँ की बनी बरमी न मिल पाए, पर बाकी सब देसी हों।'

राधाकृष्ण बोले, "तो आप को सभी औज़ार स्वदेशी चाहिएँ, तब तो सबका मिलना असंभव है।"

इस पर गांधीजी बोले, "तो सूची फाड़कर फेंक दो। मुझे विलायती औज़ार नहीं चाहिएँ।"

गांधीजी बाद में महादेव देसाई की ओर देखकर बोले, "महादेव तुम पता तो लगाओ कि देश में बने ये सब औज़ार कहीं मिल सकते हैं या नहीं।"

ग्रामोद्योग से ग्रामीणों को रोजगार दिया जा सकता है। गाँवों में ऐसी दस्तकारी से अनेक धंधे पनप सकते हैं और ऐसे ग्रामोद्योग से गाँवों से शहर की ओर भागने की समस्या भी सुलझ सकती है। साथ ही ग्रामोद्योग की प्रधानता वाली योजना भारत में बेकारी की समस्या से मुक्ति दिला सकती है। ग्रामोद्योग को अच्छा मानते हुए भी अक्सर कहा जाता है कि गाँवों में भी बड़े पैमाने पर उद्योगीकरण किया जाए या गाँववाले चीजों के छोटे भाग बनाएँ। इसमें स्विटजरलैंड की मिसाल भी दी जा सकती है। वहाँ बहुत से ग्रामीण परिवार घड़ियों के छोटे-छोटे हिस्से बनाते हैं और उन्हें बड़े कारखानों में इकट्ठा करके मशहूर घड़ियाँ तैयार की जाती हैं। अमेरिका में भी कपड़े, मौजे, स्वेटर आदि के उद्योग में ऐसा ही किया गया। पर बड़े पैमाने पर उद्योगीकरण के बड़े कारखाने के मालिक छोटे मजदूरों का शोषण करते हैं।

बड़े पैमाने पर उद्योगीकरण के बारे में गांधीजी ने 29 अगस्त, 1936 के '*हरिजन*' के अंक में लिखा था—

> "बड़े पैमाने पर औद्योगिकीकरण गाँवों को बेकार बना देगा और उनका तेजी से शोषण होने लगेगा, क्योंकि इस प्रकार की अर्थव्यवस्था में स्पर्द्धा और बड़े-बड़े बाजारों का प्रभाव पड़ेगा। इस हालत से बचने के लिए हम अपने गाँवों पर निगाह रखें और उन्हें अपनी जरूरत की चीज पैदा करना सिखाएँ। अगर ग्रामोद्योग इस दृष्टि से विकसित किए जाते हैं तो आधुनिक मशीनों और औजारों का थोड़ा बहुत उपयोग करना भी गलत नहीं होगा। अवश्य ही ध्यान रखना पड़ेगा कि माल शोषण की नजर से बड़े-बड़े बाजारों के लिए न बनें।"

इस बारे में गांधीजी ने यह भी लिखा हैं—

> "हमें इस बात पर सारी शक्ति केन्द्रित करनी होगी कि गाँव स्वावलम्बी बनें और माल अपने उपयोग के लिए ही तैयार करें। अगर ग्रामोद्योग का यह स्वरूप कायम रखा जाए तो ग्रामीणों द्वारा ऐसे आधुनिक यंत्रों और औजारों को काम में लेने के बारे में मुझे कोई ऐतराज न होगा, जिन्हें वे बना सकते हैं और जिनका उपयोग करने की उनकी शक्ति हो। शर्त इतनी ही है कि वे दूसरों के शोषण का साधन न बनें।"

यह कहा जा सकता है कि आधुनिकतम औद्योगिक उत्पादनों के मुकाबले में ग्रामोद्योग के उत्पादन कीमतों की दृष्टि से टिक ही नहीं सकते हैं। गांधीजी ने इस बारे में 30 नवम्बर, 1934 के '*हरिजन सेवक*' में लिखा है—

> "संभव है कि शुरू में हमें ग्रामोद्योग के उत्पादन के लिए साधारण भाव से कुछ अधिक देना पड़े और चीजें भी हल्की मिलें। पर अगर हम उन चीजों के बनाने वालों के काम में रस लें और यह आग्रह रखें कि वह बढ़िया से बढ़िया चीजें

> तैयार करें और सिर्फ आग्रह ही नहीं रखें, बल्कि उन लोगों को पूरी मदद भी दें तो गाँवों की बनी चीजों में दिन-दिन जरूर तरक्की होती जाएगी।"

गांधीजी ने जिन ग्रामोद्योगों की बात हमारे सामने रखी थी उनका रूप समय के साथ बदल गया है। पर, उन्हें आज भारत में इस प्रकार शुरू करना होगा कि वे टिके रह सकें। ग्रामोद्योग गांधीजी के जीवन की सम्पूर्ण जीवन योजना का एक अंग मात्र था, जिसके आर्थिक, सामाजिक, राजनैतिक और आध्यात्मिक पहलू हैं। भारत की अधिक जनसंख्या खेत-खलिहानों, गाँवों में बसती है, इसलिए गांधीजी चाहते थे कि उनका जीवन-यापन, अन्न-वस्त्र की समस्या वहीं आस-पास सुलझे जिससे भारत की जनता आत्मनिर्भर हो जाए। गांधीजी ने इसलिए कताई का कार्यक्रम सामने रखा। कताई के साथ बढ़ई, लौहार, रंगरेज, धोबी, दर्जी आदि रोजी पा सकते हैं, क्योंकि इनका परस्पर सम्बन्ध कताई-बुनाई से है।

बापू की यह मान्यता थी कि चरखा कातने से ही देश के लाखों लोगों को रोजगार मिल सकता है। इसके अतिरिक्त किसी भी दूसरे घरेलू धंधे से इतने अधिक ग्रामीणों को काम नहीं मिल सकता। चरखे के काम में बहुत ही कम पूंजी और प्रबन्ध की जरूरत पड़ती है। चरखे को ग्रामोद्योग का एक प्रमुख प्रतीक मानते हुए गांधीजी कहा करते थे–

> "मैं भोजन के बिना तो रह लूँगा, मगर चरखे के बिना नहीं रह सकता। जब मैं चरखे पर सूत कातता हूँ; उस समय मुझे गरीब की याद आती है।"

गांधीजी ने यह भी कहा कि खादी को उसके अन्दर निहित सब बातों के साथ लेना चाहिए। इसका मतलब है पूरी तरह स्वदेशी मनोवृति जीवन की सभी आवश्यकताओं को प्राप्त करने का निश्चय और वह भी ग्रामीणों के श्रम और बुद्धि के द्वारा।

भारत के गाँवों में भारी बेकारी है। गांधीजी के कार्यक्रम को चलाएँ तो खादी और दूसरे ग्रामोद्योग से गाँव की बेकारी घटेगी। वैसे बेकारी और बेरोजगारी को ध्यान में रखते हुए बापू ने एक स्थल पर लिखा–

> "मैं ऐसा नहीं चाहता कि जो लोग दूसरे उद्योग धंधों में अधिक कमाते हों वे अपने धंधों को छोड़कर इन उद्योगों को अपना लें। मैं कहता हूँ कि वे लोग इनमें से किसी ग्रामोद्योग को अपना लें और अपनी मामूली-सी आमदनी में वृद्धि कर लें।"

ग्रामोद्योग, बेरोजगारी और बड़े उद्योगों के सिलसिले में 1934 के *हरिजन सेवक* में भी बापू ने लिखा था–

> "दरअसल, बात यह है कि आज प्रत्येक मिल सामान्यतः गाँवों की जनता के लिए त्रास रूप हो रही है। उनकी रोज़ी पर ये मायाविनी मिलें छापा मार रही हैं। गाँवों में बैठकर कम से कम दस मजदूर जितना काम करते हैं। उतना ही काम

> मिल का एक मजदूर करता है। दस आदमियों की रोजी छीनकर मिल में काम करने वाला एक आदमी गाँव में जितना कमाता था उससे अधिक कमा रहा है। इस तरह कताई और बुनाई की मिलों ने गाँव की जीविका का एक बड़ा भारी साधन उनसे छीन लिया है।"

गांधीजी का रचनात्मक कार्यक्रम लोकतांत्रिक आधार पर ठेठ नीचे से काम करता है और खादी, ग्रामोद्योग आदि से गरीबों को सम्पन्न बनाता है। औजार स्वदेशी होंगे और गाँववालों को औजार बनाने और उनका उपयोग करने से जो काम मिलेगा उससे गाँववालों को आत्मविश्वास और आशा के रूप में भी बड़ा लाभ होगा। संसार की समस्याएँ इतनी पेचीदा हैं कि कोई आदमी उनको निपटा नहीं सकता। गांधीजी ने कुछ महत्व की समस्याएँ चुन लीं और साथ ही सब विकासशील देशों की आर्थिक कठिनाइयों को भारतीय अर्थव्यवस्था के संदर्भ में सोचा। उनको सुलझाने के लिए गांधीजी की अर्थव्यवस्था मेहनत, सादगी और विकेन्द्रीकरण पर नियोजित है। हल, चरखा, ग्रामोद्योग इसकी बुनियाद है।

गांधीजी की इस विचारधारा को 'गरीबी का अर्थशास्त्र', 'लंगोटी का अर्थशास्त्र' तक कह दिया जाता है। पर बारीकी से देखने पर स्वीकार करना पड़ता है कि गांधीजी ने जिस ढंग की अर्थव्यवस्था की कल्पना की वह समाज के लिए एक नवीन आशा का संचार करती है। इसलिए आज ग्रामोद्योग की दृष्टि से क्या-क्या करना संभव है, इस पर विचार करना ही होगा।

13

ग्राम राज्य

महात्मा गांधी जिस समय विदेशी शासन से आजादी की लड़ाई लड़ रहे थे, तभी उन्होंने स्वतन्त्र भारत की एक कल्पना अपने मन में संजोई थी जिसको उन्होंने "राम-राज्य" का नाम दिया था। उनके राम-राज्य में ग्राम विकास पर सबसे अधिक बल दिया गया था। गांधीजी कहा करते थे कि भारत तो ग्रामों का देश है अतः यहाँ की प्रगति गाँव की प्रगति पर निर्भर करती है। *हरिजन* में उन्होंने 4 अप्रैल 1936 को लिखा था—

> "मेरा विश्वास है और मैंने इस बात को असंख्य बार दुहराया है कि भारत अपने चन्द शहरों में नहीं बल्कि सात लाख गाँवों में बसा हुआ है। लेकिन हम शहरवासियों का ख्याल है कि भारत शहरों में ही है और गाँवों का निर्माण शहरों की जरूरतें पूरी करने के लिए ही हुआ है। हमने कभी यह सोचने की तकलीफ ही नहीं उठाई कि उन गरीबों को पेट भरने जितना अन्न और शरीर ढकने जितना कपड़ा मिलता है या नहीं और धूप तथा वर्षा से बचने के लिए उनके सिर पर छप्पर है या नहीं।"

ग्रामवासियों की आर्थिक, सामाजिक दशा को सुधारने के लिए बापू ने ग्राम राज्य बनाने की बात कही थी क्योंकि ग्राम राज्य की स्थापना से ग्रामों का चहुंमुखी विकास संभव हो पाएगा। उनके विचार में ग्राम राज्य का मतलब वह समाज रचना नहीं है जो आजकल के दयनीय गाँवों में पाई जाती है। ग्राम राज्य का अर्थ तो वह समाज रचना है जो छोटी-छोटी शासकीय इकाइयों पर आधारित हो, जो अपना शासन स्वयं चलाएँ। उनका विचार था कि 'ग्राम राज्य' केवल ग्रामों तक ही सीमित नहीं है, वह एक नई समाज रचना है जो वर्तमान गाँव, शहर और देश का सारा नक्शा बदल देता है। इसके आने पर ही गाँव का शोषण बंद हो सकेगा। और तभी सच्चा प्रजातंत्र स्थापित हो सकेगा। इस सच्चे प्रजातंत्र की स्थापना ग्रामवासी ही कर सकते हैं और वे तभी कर सकते हैं जब कि वे सब आदर्श ग्रामवासी बनें। और ये आदर्श ग्रामवासी ही गाँव की दशा में सुधार कर सकते हैं।

हर एक देश प्रेमी के सामने आज प्रश्न यह है कि भारत के गाँवों का पुनर्निर्माण कैसे किया जाए, ताकि किसी के लिए भी उनमें रहना उतना ही आसान हो जाए जितना आसान वह शहरों में माना जाता है।

हरिजन सेवक के 28 जुलाई, 1946 के अंक में गांधीजी ने लिखा था–

> “ऐसा समाज अनगिनत गाँवों का बना होगा, उसका फैलाव एक के ऊपर एक के ढंग से नहीं बल्कि लहरों की तरह एक के बाद एक की शक्ल में होगा। जिन्दगी मीनार की शक्ल में नहीं होगी, जहाँ ऊपर की तंग चोटी को नीचे के चौड़े पाये पर खड़ा होना पड़ता है। यहाँ तो समुद्र की लहरों की तरह जिंदगी एक के बाद एक घेरे की शक्ल में होगी और व्यक्ति उसका मध्यबिन्दु होगा। यह व्यक्ति हमेशा अपने गाँव के खातिर मिटने को तैयार रहेगा। गाँव अपने इर्द-गिर्द के गाँवों के लिए मिटने को तैयार होंगे। इस तरह आखिर सारा समाज ऐसे लोगों का बन जाएगा, जो उद्धत बनकर कभी किसी पर हमला नहीं करते, बल्कि हमेशा नर्म रहते हैं और अपने में समुद्र की उस शान को महसूस करते हैं, जिसके वे एक जरूरी अंग हैं।

समय-समय पर व्यक्त किए गए गांधीजी के ग्राम संबंधी विचारों का सार-संकलन :

* सब की भलाई में हमारी भंलाई निहित है।
* सादा मेहनत मज़दूरी का जीवन अर्थात् किसान का जीवन सबसे अच्छा जीवन है। आज़ादी नीचे से शुरू होनी चाहिए।
* श्रम ही जीवन है, अभिशाप नहीं वरदान है। अहिंसा पर आधारित श्रमपूर्ण जीवन के लिए राज्य को मार्ग प्रशस्त करना चाहिए।
* यदि मेरा सपना पूरा हो जाए तो प्रत्येक गाँव में पूर्ण लोकतंत्र होगा। इसमें कोई व्यक्ति अनपढ़ न होगा, बेकार नहीं होगा। न ठगी होगी और न शोषण।
* प्रत्येक ग्राम यथासंभव स्वावलम्बी होगा।
* आज जो गाँव गोबर के ढेर हैं, कल वे ग्राम विकास होने पर नन्दन वन के समान हो जाएँगे, जहाँ मेधावी लोग निवास करेंगे।
* आदर्श गाँव ऐसा बसाया जाए कि उसमें रहने वाला हरेक व्यक्ति पूरी तरह नीरोग रह सके।
* जीवन की बुनियादी चीज़ें सभी को (अमीर-गरीब) समान रूप से उपलब्ध हों।
* मेरे सपनों के स्वराज्य में जाति-धर्म का भेद नहीं होगा। उसमें किसान-मजदूर, लूले-लंगड़े, अपंग सबका ध्यान रखा जाएगा।
* सब को समान अवसर मिलेंगे।
* मनुष्य द्वारा मनुष्य का शोषण नहीं होगा।

आज गांधीजी के स्वप्न को अगर साकार करना है तो भारत जैसे गरीब देश में ग्राम-विकास को प्रमुखता देनी ही होगी। भारत के संदर्भ में यह एक महत्वपूर्ण मुद्दा है इसलिए ग्राम-विकास का क्या उद्देश्य है इस बहस में न पड़ कर हमें सब एक-जुट होकर ग्राम-विकास की योजना में तुरंत लग जाना होगा।

14

जनशक्ति बनाम यंत्रशक्ति—गांधीजी का शब्द साक्ष्य

"कौन कहता है कि बापू शत्रु थे विज्ञान के? वे मनुज से मात्र इतनी बात कहते थे। रेल, मोटर या कि पुष्पक यान चाहे जो रचो पर, सोच लो आखिर तुम्हें जाना कहां है?"

—कविवर रामधारी सिंह 'दिनकर'

गांधीजी उद्योगों के वैसे विरोधी नहीं थे जैसा उन्हें चित्रित किया गया है बल्कि 'दिनकर' जी की उक्त कविता में उनका वास्तविक दर्शन झलकता है। 'दिनकर' जी कहते हैं कि गांधीजी की विचारधारा का प्रेरणा-स्रोत था 'इन्सान का लक्ष्य'— "पर सोच लो, आखिर तुम्हें जाना कहाँ है?" क्या उद्योगीकरण भारी बेरोज़गारी व शोषण का बायस बनेगी, अगर ऐसा है तो आपको सोचना होगा!

गांधीजी के समय में वास्तव में इतनी बेरोज़गारी व शोषण था कि गांधीजी का दिल दहल गया था। तब से अब तक भारी परिवर्तन हुए हैं और आज अगर गांधीजी होते तो हम नहीं कह सकते कि उनकी चिन्तन-दिशा वैसी होती। बहरहाल, यह लेख तत्कालीन स्थितियों के संदर्भ में लिखा गया था और चाहें आप उनकी बात से सहमत हों या न हों, उनके मूलमंत्र 'मानव मानव का शोषण न करे,' का तो आदर करेंगे ही।

गांधीजी के आर्थिक विचारों पर टालस्टाय, थोरो, रस्किन, कारपेटर आदि पाश्चात्य विद्वानों के समाज-चिन्तन का भाव सुपरिचित है, पर गांधीजी की विचारधारा मूलरूप में भारतीय नीति-शास्त्र से अलग-थलग नहीं है और बापू के आर्थिक-दर्शन में भी भौतिकतावाद से अधिक मानवीय मूल्यों का महत्वपूर्ण स्थान है।

हिन्दी *नवजीवन* के 22 नवम्बर, 1924 के अंक में छपे गांधीजी के लेख में उनकी इस विचारधारा की स्पष्ट छलक है। बापू ने लिखा था कि मनुष्य के विचार सर्वोपरि हैं। जब तक यंत्र मनुष्य पर हावी नहीं होता तब तक ही उसे सहन किया जा सकता है। मनुष्य को जब तक वह पंगु नहीं बना देता तब तक भी उसे सहा जा सकता है। सिंगर की सीने की मशीन को लीजिए। दुनिया की कुछ बड़ी उपकारक वस्तुओं में यह मशीन भी एक है। प्रेम-शौर्य की कथा, इसकी खोज के साथ जुड़ी हुई है। सिंगर ने देखा कि उसकी पत्नी सारे दिन कपड़ों पर झुक-झुक कर और आँखों पर जोर देकर धीरे-धीरे टाँके लगाती

रहती है, और थक कर चूर हो जाती है। उसके दिल में यह बात चुभ गयी और अंत में उसने अपने प्रेम के बल पर, सीने की मशीन खोज निकाली। इससे उसने केवल अपनी पत्नी का ही परिश्रम नहीं बचाया है, बल्कि हरेक ऐसे व्यक्ति का परिश्रम बचाया है जो उसे खरीद सकता है।

गांधीजी भारी-भारी मशीनों से चलने वाले उद्योगों की अपेक्षा हाथ से चलने वाले कुटीर उद्योगों को महत्त्व देते थे। उनकी मान्यता थी कि उद्योगीकरण से शोषण होता है। साधारण जनता को उससे उतना लाभ नहीं मिलता, जितना मिल मालिकों को मिलता है। *यंग इंडिया* के 12 नवम्बर, 1931 के अंक में बापू ने उद्योगीकरण के सम्बंध में अपने विचार प्रकट करते हुए लिखा था–

> "सच तो यह है कि भारत जब दूसरे देशों का शोषण करना शुरू करेगा, और अगर वह उद्योगवादी बन जाएगा तब जरूर शोषण करेगा, तो वह दूसरे राष्ट्रों के लिए अभिशाप और सारे संसार के लिए खतरा बन जाएगा। तब फिर दूसरे राष्ट्रों का शोषण करने के लिए भारत का उद्योगीकरण करने का विचार मुझे क्यों करना चाहिए? आप इस दुःखद स्थिति को देखते नहीं कि हम 30 करोड़ बेकारों के लिए काम जुटा सकते हैं, मगर इंग्लैण्ड अपने 30 लाख बेकारों के लिए नहीं जुटा सकता, और उनके सामने यह ऐसी समस्या है, जो इंग्लैण्ड के बड़े से बड़े बुद्धिमानों को चकरा रही है। उद्योगवाद का भविष्य अंधकारमय है।"

उनकी मान्यता थी कि दरिद्रता का नाश होना चाहिए, परन्तु उद्योगवाद इसका सही इलाज नहीं है।

उद्योगों में क्या आप यंत्रमात्र के विरुद्ध हैं? *यंग इंडिया* के 17 जून, 1926 के अंक में इस प्रश्न के उत्तर में गांधीजी ने लिखा था–

> "मेरा जोरदार उत्तर है 'नहीं'। किन्तु मैं यंत्रों की ऊपरी विजय से प्रभावित होने से इन्कार करता हूँ। मैं तमाम नाशकारी यंत्रों का कट्टर विरोधी हूँ। परन्तु सीधे-सादे औजारों और ऐसे यंत्रों का, जिनसे व्यक्तियों का परिश्रम बचता हो और लाखों झोपड़ियों का भार हल्का होता हो, मैं स्वागत करूँगा।"

15 अप्रैल, 1926 के *यंग इंडिया* में गांधीजी ने स्पष्ट किया–

> "मैं गृह उद्योगों की मशीनों में हर प्रकार के सुधार का स्वागत करूँगा। परन्तु मैं जानता हूँ कि यदि करोड़ों किसानों को उनके घरों में कोई वैकल्पिक धंधा मुहैया करने की हमारी तैयारी न हो तो विद्युत शक्ति से चलने वाले तकुए जारी करके, हाथ से कातने वाले लोगों को हटा देना जुर्म है। यंत्रों का वही उपयोग उचित है, जो सबकी भलाई के लिए हो।"

हिन्दी *नवजीवन* के 4 नवम्बर, 1926 के अंक में बापू ने फिर लिखा—

"चरखे के उद्योग के लिए किसी भी पोषक उद्योग को छोड़ देने की मैंने कभी कल्पना तक नहीं की है, तो फिर मैं उसके लिए सिफारिश तो कर ही कैसे सकता हूँ? हिन्दुस्तान में करोड़ों लोग बिना काम के रहते हैं, केवल इसी एक बुनियाद पर तो चरखे की प्रवृत्ति का आरम्भ किया गया है। मुझे यह बात स्वीकार करनी चाहिए कि यदि हिन्दुस्तान में ऐसे बेरोजगार लोग नहीं है तो फिर इस देश में चरखे के लिए कोई स्थान नहीं हो सकता।"

यंग इंडिया के 20 दिसम्बर, 1928 के अंक में एक बड़े पूंजीपति के प्रश्न के उत्तर में गांधीजी ने लिखा था—

"ईश्वर न करे भारत कभी पश्चिम की भांति उद्योगवाद को अपनाए। एक ही छोटे से द्वीपराज्य (इंग्लैण्ड) का आर्थिक साम्राज्यवाद आज संसार को गुलामी की जंजीरों में जकड़े हुए है। यदि 30 करोड़ आदमियों का सारा राष्ट्र इसी तरह आर्थिक शोषण की नीति को अपना ले, तो वह टिड्डी-दल की तरह सारे संसार को चट कर जाएगा।"

यंग इंडिया के 3 नवम्बर, 1929 के अंक में गांधीजी ने लिखा—

"मैं उद्योगों से अधिक से अधिक विकसित यंत्रों के उपयोग का भी समर्थन करूँगा यदि उससे भारत की दरिद्रता और उससे पैदा होने वाला आलस्य मिट सके. . .।"

इसी सम्बंध में, गांधीजी ने बड़े उद्योग खोलने और बिजली से चलने वाली मशीनरी के बारे में कहा—

"मैं यह मानता हूँ कि उद्योग खड़ा करना और बिजली से चलने वाली मशीनें लगाना जरूरी है किन्तु ऐसे उद्योग राष्ट्र की सम्पत्ति या राज्य के नियंत्रण में होने चाहिए। उनका काम अत्यंत आकर्षक और आदर्श परिस्थितियों में होना चाहिए। यह मुनाफे के लिए नहीं, परन्तु मानव जाति के फायदे के लिए होना चाहिए और उसका हेतु लोभ के स्थान पर प्रेम होना चाहिए। मैं केवल मजदूरों की काम करने की हालतों में तब्दीली चाहता हूँ। व्यक्ति का ख्याल सबसे ज्यादा रखा जाना चाहिए और मानव कल्याण का विचार, न कि लोभ, उसका हेतु होना चाहिए। लोभ के स्थान में प्रेम को बिठा दीजिए, फिर सब ठीक हो जाएगा।"

क्या आप यंत्रयुग के विरुद्ध हैं? इसके उत्तर में गांधीजी ने कहा —

"यह कहना मेरे विचारों को तोड़.मरोड़ कर रखना है। मैं यंत्र मात्र के विरुद्ध

नहीं हूँ, परन्तु जो यंत्र हमारा स्वामी बन जाएं, उसका मैं सख्त विरोधी हूँ।"

आप भारत में उद्योगीकरण नहीं करेंगे? इस प्रश्न के उत्तर में बापू ने कहा–

"मैं अपने अर्थ में करूँगा। ग्राम.समाजों को पुनर्जीवित करना चाहिए। भारत के देहात, भारतीय शहरों और कस्बों को उनकी जरूरत की तमाम चीजें पैदा करके देते थे। आज हमारे शहर, अब विदेशी मंडियाँ बन गए और विदेशों से ला. लाकर सस्ता और भद्दा माल यहाँ भर कर देहात का धन चूसने लगे तब भारत निर्धन हो गया। मैं देहात का उद्योगीकरण दूसरे ही ढंग से कर रहा हूँ।"

हरिजन के 27 फरवरी, 1937 के अंक में गांधीजी ने लिखा–

"यह दावा किया जा सकता है कि देश का महान् मिल उद्योग एक भारतीय उद्योग है। परन्तु जापान और लंकाशायर का मुकाबला कर सकने के बावजूद वह एक ऐसा उद्योग है, जो आम लोगों का ठीक उतनी ही सीमा तक शोषण भी करता है और उनकी दरिद्रता बढ़ाता है, जिस सीमा तक कि वह खादी पर विजयी होता है। सम्पूर्ण उद्योगीकरण के आधुनिक पागलपन के प्रति मेरे दृष्टिकोण की उपेक्षा नहीं तो उस पर आपत्ति जरूर की जाती है। यह दलील दी जाती है कि उद्योगीकरण की प्रकृति के कारण जन साधारण की दरिद्रता बढ़ना अनिवार्य है और इसलिए उसे सहन कर लेना चाहिए। मैं इस बुराई को अनिवार्य नहीं समझता, उसे सहन करने की तो बात ही क्या? चरखा संघ ने सफलतापूर्वक दिखा दिया है कि देहातों में भारत की सारी जरूरत का कपड़ा तैयार किया जा सकता है और इसके लिए केवल राष्ट्र का अवकाश का समय ही कताई और उसके बाद की क्रियाओं में लगाना पड़ेगा। मैं खुद तो बड़ी-बड़ी कम्पनियों के और लम्बी-चौड़ी मशीनरी के जरिये उद्योगों के केंद्रीयकरण के विरुद्ध हूँ। यदि भारत खद्दर और उसके सारे फलितार्थों को अपना ले तो मैं यह आशा नहीं छोड़ूँगा कि भारत केवल उतने ही आधुनिक यंत्रों को दाखिल करेगा, जो जीवन की सुख-सुविधाओं के लिए, श्रम बचाने के लिए जरूरी समझे जाएंगे।"

गांधीजी ने यह भी लिखा –

"बड़े पैमाने पर उद्योगों को बढ़ाने का आवश्यक परिणाम देहातियों की निष्क्रियता अथवा शोषण होगा, क्योंकि उससे होड़ और बाजार तलाश करने की समस्याएँ खड़ी होंगी। इसलिए हमें इस बात पर सारी शक्ति केन्द्रित करनी होगी कि गाँव स्वावलम्बी बनें और माल अपने उपयोग के लिए ही तैयार करें। अगर कुटीर उद्योग का यह स्वरूप कायम रखा जाए, तो ग्रामीणों के ऐसे आधुनिक यंत्रों और औजारों को काम में लेने के बारे में मेरा कोई एतराज न होगा, जिन्हें वे बना सकते हैं और जिनका उपयोग करने की उनकी शक्ति हो। शर्त इतनी ही है कि

वे दूसरों के शोषण का साधन न बनें।"

उद्योगवाद के विकल्प के बारे में बापू ने *हरिजन* के 1 सितम्बर, 1946 के अंक में लिखा–

"मैं नहीं मानता कि किसी भी देश कें लिए किसी भी हालत में बड़े उद्योगों का विकास करना जरूरी है। भारत के लिए तो वह और भी कम जरूरी है। मेरा विश्वास है कि स्वाधीन भारत दुःख से कराहते हुए संसार के प्रति अपने कर्तव्य का ऋण, अपने कुटीर उद्योगों का विकास करके, सादा किन्तु उदात्त जीवन अपनाकर और संसार के साथ शान्तिपूर्वक रहकर ही पूरा कर सकता है। धन की पूजा ने हमारे ऊपर भौतिक समृद्धि के जिस पेचीदा जीवन को लाद दिया है, उसके साथ उच्च विचारों का मेल नहीं बैठता। हम जीवन की सारी मिठास, तभी प्रकट कर सकेंगे, जब हम उच्च जीवन जीने की कला सीख लेंगे। साथ ही मैं मानता हूँ कि कुछ मुख्य उद्योग आवश्यक हैं। मैं आराम से बैठकर बातें करने वालों के समाजवाद को नहीं मानता। मैं सबके हृदय परिवर्तन की प्रतीक्षा किये बिना, अपनी श्रद्धा के अनुसार काम करने में विश्वास रखता हूँ। इसलिए मुख्य उद्योगों को गिनायें बिना ही, जिन उद्योगों में बहुत से आदमियों को एक साथ काम करना पड़ता है, उन पर राज्य का अधिकार स्थापित कर दूँगा। उनका परिश्रम कुशलता का हो या मामूली, उनकी पैदावार पर स्वामित्व, राज्य की मारफत, उन्हीं का होगा।"

बापू से किसी ने पूछा कि 'सरकार देश के कच्चे माल का अधिक से अधिक उपयोग करने के लिए उद्योगीकरण की योजनाएं जारी कर रही है, लेकिन यह देश की विशाल और बेकार पड़ी हुई जनशक्ति का उपयोग करने की योजना नहीं बनाती, जो काम के अभाव में बरबाद हो रही है। क्या ऐसी योजनाएँ स्वदेशी समझी जा सकती हैं?' बापू ने *हरिजन* के 23 मार्च, 1947 के अंक में इसका उत्तर देते हुए लिखा था –

"प्रश्न बड़े अच्छे ढंग से किया गया है। मुझे ठीक.ठीक पता नहीं कि सरकार की योजना क्या है। परन्तु मैं इस बात का हृदय से समर्थन करता हूँ कि ऐसी कोई भी योजना जो किसी देश के क़च्चे माल का तो फायदा उठाती है, परन्तु उससे कहीं बलशाली जनशक्ति की छुपी हुई ताकत की अवहेलना करती है, असंतुलित होती है और उसका झुकाव समानता स्थापित करने की ओर कभी नहीं हो सकता। सच्ची योजना यह होगी कि भारत की समस्त जनशक्ति का उत्तम उपयोग किया जाए और उसके कच्चे माल को बाहर भेज कर फिर अनाप-शनाप दामों में पक्का माल खरीदने के बजाय, भारत के बहुसंख्यक देहातों में बाँटा जाए।'

इस प्रकार हम देखते हैं कि गांधीजी बड़े-बड़े उद्योगों की अपेक्षा गृह-उद्योगों को अधिक महत्व देते थे। वे बड़े उद्योगों के वहीं तक समर्थक थे जहाँ तक वे उद्योग जनता की श्रम-शक्ति को चोट न पहुँचाएँ। यदि मिल के कपड़े के मुकाबले में खादी उद्योग पर आँच आती हो तो गांधीजी उस मिल-उद्योग के विरोधी थे। उद्योगवाद का गांधीजी का अपना अपूर्व विचार था। बड़े उद्योग तब तक अच्छे हैं, जब तक वे उद्योग गरीबों का शोषण नहीं करते। अतः उद्योग इस पद्धति पर चलाए जाएं जिससे अधिक से अधिक लोगों को काम का लाभ मिले। यही बापू का सच्चा भारतीय उद्योगवाद है।

15

शारीरिक श्रम का महत्व – दरिद्रनारायण के उपासक गांधीजी के विचार

सुनकर ताज्जुब होता है कि गांधीजी कितनी चीजों में दिलचस्पी लेते थे और जब दिलचस्पी लेते थे तो पूरी तरह लेते थे। गांधीजी बड़े विनोदप्रिय भी थे और उनकी यह विनोदप्रियता कभी कभी उनके सूत्र-वाक्यों में मुखर होती थी। डू *व्हाट यू लाइक* को एक बार उन्होंने उल्टा करके कहा था *लाइक व्हाट यू डू* अर्थात् जो कोई काम करो उसमें दिलचस्पी लो। उनकी यह दिलचस्पी दिखावा मात्र नहीं होती थी। और यही बात, उनकी इन्सानियत को उजागर करती है। उनके चरित्र का यही आधार है। भारतीय श्रमिक के बारे में बताया गया है कि उस गरीब का मोल है : चार मोटी-मोटी रोटियाँ, नमक या प्याज—जहाँ जैसा चलन हो। रोटियाँ जौं की भी हो सकती हैं और कोदों की भी। एक जोड़ी कपड़ा और बहुत हुआ तो एक जोड़ी पन्हई—बस। यह है एक गरीब श्रमिक का मोल। फिर, दरिद्रनारायण के उपासक, बापू इस श्रमिक से अछूते कैसे रहते। श्रमिकों के प्रति बापू को पीड़ा की झलक दाण्डी कूच के ऐतिहासिक दिनों की एक घटना से मिलती है। प्रबन्धकों ने उन दिनों एक मजदूर की भी व्यवस्था की थी। रात के समय वह एक बत्ती जलाकर चलता था। एक दिन एक गाँव में भाषण करते हुए, बड़े मार्मिक शब्दों में, गांधीजी ने उसकी चर्चा की। बापू ने कहा--

"मैंने देखा है कि आप लोगों ने रात के सफर के लिए एक ही गैस की बत्ती का प्रबन्ध किया हैं और उसे एक गरीब मजदूर अपने सिर पर एक तिपाई पर रखकर चलता है। यह एक लज्जाजनक दृश्य है। उस आदमी को तेज चलने के लिए विवश किया जा रहा है। रात, मैं उस दृश्य को सहन नहीं कर सका। इसलिए मैंने चाल तेज की और मैं सारे समुदाय से आगे निकल गया, पर यह सब बेकार हो गया। उस बेचारे को मेरे पीछे दौड़ने को मजबूर किया गया। मेरी लज्जा की हद हो गई। अगर वह बोझ ले जाना ही है, तो मैं देखना पसन्द करता कि हममें से ही कोई, उसे ले चलता। तब हम तिपाई और बत्ती दोनों को ही धता बता देते। कोई मजदूर ऐसा बोझा अपने सिर पर नहीं ले जाएगा। हम बेगार का विरोध करते हैं, और वह ठीक ही है, परन्तु यह बेगार नहीं तो और क्या है?

दरअसल गांधीजी उपनिषद् के इस विख्यात सूत्र के सशरीरी भाष्य थे—**आत्मनः प्रतिकूलानि परेषां न समाचरेत्**—अर्थात् जो व्यवहार तुम्हें अखरता हो या प्रतिकूल पड़ता है वैसा व्यवहार दूसरों से कभी न करो। अगर, हम जल्दी ही, अपने तौर-तरीके नहीं सुधार लेंगे, तो हमने लोगों के सामने स्वराज्य की जो तस्वीर रखी है, वैसा स्वराज्य सम्भव नहीं होगा। श्रमिकों के दुःख से दुःखी गांधीजी ने टालस्टाय और रस्किन के प्रभाव को खुद माना है।

टालस्टाय ने यह क्रांतिकारी विचार दिया था कि शरीर का श्रम मनुष्य मात्र के लिए अनिवार्य है। रस्किन ने भी अपनी पुस्तक *अन टु दिस लास्ट* में यह विचार रखा है कि शरीर का श्रम करने वाले का जीवन ही सर्वश्रेष्ठ है।

गीता में 'यज्ञ' और बाइबिल में 'अपनी रोटी—पसीना बहाकर कमाने-खाने' पर जोर दिया गया है। यज्ञ अनेक प्रकार के हो सकते हैं। उनमें से एक शरीर का श्रम अथवा रोटी के लिए श्रम भी हो सकता है। और इसका मतलब यही हुआ कि शरीर के श्रम का अपना महत्व है।

गांधीजी दैनिक जीवन में श्रम को बहुत महत्व देते थे। उनकी मान्यता थी कि एक श्रमिक दलित जो सड़क साफ करता है और एक मन्त्री जो राज-काज चलाता है, दोनों समाज के परम उपयोगी अंग हैं और अपनी-अपनी जगह आदरणीय हैं। मोटा काम करने वाला छोटा और महीन काम करने वाला बड़ा, ऐसी भावना के वे खिलाफ थे।

गांधीजी ने एकादश व्रत की व्याख्या के क्रम में, 16 सितम्बर, 1930 को, शरीर के श्रम के महत्व पर विस्तृत प्रवचन दिया था। बापू के रचनात्मक कार्यक्रम का एक मुख्य अंग है— मजदूरों का कल्याण और संगठन।

इसी संदर्भ में बापू ने कहा है कि–

> "मैं तो श्रमिकों की स्थिति में परिवर्तन लाना चाहता हूँ। धन के लिए यह पागलपनभरी छीना-झपटी बन्द होनी चाहिए और श्रमिकों को न केवल जीवनयापन योग्य वेतन का आश्वासन मिलना चाहिए, बल्कि ऐसे दैनिक काम का भी आश्वासन मिलना चाहिए, जो सिर्फ तन-तोड़ मेहनत का ही काम न हो।"

रचनात्मक कार्यक्रम के संदर्भ में ही गांधी जी ने लिखा कि–

> "आर्थिक समानता अहिंसापूर्ण स्वराज्य की मुख्य चाबी है। आर्थिक समानता के लिए काम करने का मतलब है पूंजी और मजदूरी के बीच के झगड़े को हमेशा के लिए मिटा देना।"

बापू ने आगे लिखा है कि–

> "आजाद हिन्दुस्तान में देश के बड़े से बड़े धनवानों के हाथ में हुकूमत का जितना हिस्सा रहेगा, उतना ही गरीब श्रमिक के हाथ में भी होगा, और तब, नई

दिल्ली के महलों और उनकी बगल में बसी हुई गरीब मजदूर-बस्तियों के टूटे-फूटे झोपड़ों के बीच जो दर्दनाक फर्क आज नजर आता है वह एक दिन को भी नहीं टिकेगा।"

गांधीजी ने अपने जर्मन मित्र कैलेनबैक की मदद से जोहनिसबर्ग से 21 मील की दूरी पर टालस्टाय फार्म की स्थापना की थी, जो 'श्रम और सहकारिता' का अभूतपूर्व संगम था। यहाँ हिन्दू, मुस्लिम, पारसी, ईसाई साथ रहते थे। हरेक को मेहनत-मज़दूरी करनी पड़ती थी। बच्चे भी हाथ बँटाते थे। सभी लोग गड्ढे खोदते, बोझा ढोते, घास काटते, खेती करते थे। स्वयं कैलेनबैक ने लोगों को बढ़ई और मोची का काम सिखाया। पाखाना सफाई से लेकर रसोई तक का काम सभी अपने हाथ से करते। सभी एक रसोई में खाते। सहकारी जीवन और श्रम का यह उत्तम नमूना था।

श्रमिक वर्ग संघर्ष के बारे में *हरिजन* के 5 मार्च, 1935 के अंक में गांधीजी ने लिखा है—

> "पूंजी और श्रम के बीच हितों का संघर्ष है, परन्तु हमें उसे अपना कर्तव्य पालन करके मिटाना है। जिस प्रकार शुद्ध रक्त पर जहरीले कीटाणुओं का कोई बुरा असर नहीं होता, उसी प्रकार शुद्ध श्रम भी शोषण से पूरी तरह मुक्त रहेगा। श्रमिक को इतना भान होना चाहिए कि उसका श्रम भी पूंजी ही है। जब श्रमिक अच्छी तरह शिक्षित और संगठित होंगे और अपनी शक्ति पहचान लेंगे तब बड़ी से बड़ी पूंजी भी उन्हें दबा नहीं सकेगी। संगठित और जाग्रत श्रमिक अपनी शर्तें मनवा सकते हैं। श्रमिक कमजोर है इसलिए किसी के विरुद्ध बदले की कसम खाना बेकार है। श्रमिक को मजबूत और शक्तिशाली बनना होगा। बलवान हृदय, जाग्रत मस्तिष्क तथा काम करने की इच्छा रखने वाले हाथ, सारी मुसीबतों का बहादुरी से सामना कर सकते हैं और मार्ग की सारी रुकावटें दूर कर सकते हैं। 'अपने पड़ौसी से वैसा ही प्रेम करो जैसा तुम अपने से करते हों'—इस आदेश में ऐसा कोई आदर्श नहीं है, जिसे आचरण में न उतारा जा सके। पूंजीपति, श्रमिक का वैसा ही पड़ोसी है जैसा कि श्रमिक पूंजीपति का पड़ोसी है और दोनों को एक.दूसरे का सहकार खोजना और प्राप्त करना चाहिए। इसका यह अर्थ नहीं है कि हम बिना किसी विरोध के उद्योगपति का शोषण स्वीकार कर लें। हमारी आन्तरिक शक्ति सारे शोषण को असंभव बना देगी।"

गांधीजी ने आगे कहा है कि अहिंसक तरीके से हम पूंजीपति का नहीं परन्तु पूंजीवाद का नाश करना चाहते हैं। हम पूंजीपतियों से कहते हैं कि वे अपनी पूंजी को पैदा करने, उसे बनाए रखने और उसकी बढ़ोत्तरी के लिए जिन श्रमिकों पर निर्भर हैं, उन श्रमिकों के हितों का अपने को ट्रस्टी मानें। लेकिन, श्रमिक को पूंजीपति मिल-मालिकों के हृदय

परिवर्तन की प्रतीक्षा करने की जरूरत नहीं है। अगर पूंजी एक शक्ति है तो श्रमिक का श्रम भी एक शक्ति है। दोनों में से किसी भी शक्ति का उपयोग, नाश या निर्माण के लिए किया जा सकता है। हर शक्ति दूसरी शक्ति पर निर्भर करती है। ज्योंही श्रमिक अपनी शक्ति को पहचान लेता है त्योंही वह पूंजीपति का गुलाम रहने की बजाय उसका साझेदार बनने की स्थिति प्राप्त कर लेता है। अगर, श्रमिक, पूंजी का एकमात्र मालिक बनने का ध्येय रखें तो वह शायद सोने के अण्डे देने वाली मुर्गी को ही मार डालेगा। इस सम्बन्ध में गांधीजी ने फिर लिखा है कि पूंजीपति और श्रमिक एक-दूसरे के पूरक बनें और एक-दूसरे की सहायता करें। वे एक बड़े परिवार की भाँति एकता और मेल से श्रमिकों के भले के लिए जिम्मेदार है, इसलिए पूंजीपति को श्रमिकों के भौतिक कल्याण का ही नहीं, बल्कि नैतिक कल्याण का भी ध्यान रखना चाहिए।

उन्होंने यह भी लिखा है कि पूंजी और श्रम के बीच किसी संघर्ष की कोई जरूरत नहीं है। ये दोनों एक-दूसरे पर आश्रित हैं। आज जो बात जरूरी है, वह यह है कि पूंजीपति को श्रमिक पर अत्याचार नहीं करना चाहिए। श्रमिक का मिल पर उतना ही अधिकार है जितना मिल के भागीदारों का और जब पूंजीपति यह समझ लेंगे कि श्रमिक भी उसी हद तक मिल का मालिक है जिस हद तक वे, तब उन दोनों के बीच कोई झगड़ा नहीं रह जाएगा। 1917 में मिल-मालिकों और श्रमिकों में जो लड़ाई हुई, उसके सम्बन्ध में अहमदाबाद के श्रमिकों के सामने भाषण देते हुए गांधीजी ने कहा था कि श्रमिक देश के कानून की हिंसक अवज्ञा करके अपना गुस्सा निकालेंगे तो वे आत्महत्या करेंगे और भारत को बहुत कष्ट उठाना पड़ेगा। आगे बापू ने श्रमिकों की साधारण स्थिति के बारे में कहा कि श्रमिक, सिर्फ ज्यादा मजदूरी पाकर धनवान नहीं हो सकते। और धनवान बनना ही सब कुछ नहीं है। श्रमिकों को पैसे मिलें, ताकि वे सुखी हों, सच्चे अर्थ में धार्मिक बनें, सदाचार के नियमों का पालन कर सकें, शराब, जुआ वगैरह की बुरी आदत छोड़ सकें, अपने घर साफ रख सकें और अपने बच्चों को शिक्षा दिला सकें। श्रमिकों की माली हालत सुधरी है। अभी उसमें और सुधार की आवश्यकता है। यह दो तरह से हो सकता है—एक तो मिल-मालिकों से सलाह मशविरा करके और दूसरे मिल-मालिकों पर दबाव डाल कर। पहला उपाय ही सच्चा इलाज है। पश्चिम में पूंजीपतियों और श्रमिकों के बीच सदा संघर्ष रहता है। एक पक्ष, दूसरे को अपना कुदरती दुश्मन समझता है। यह मनोवृत्ति भारत में भी घुस गई दीखती है। अगर इस मनोवृत्ति ने सदा के लिए यहाँ घर कर लिया तो हमारे उद्योगों और हमारी शांति का अन्त हो जाएगा। अगर दोनों पक्ष अच्छी तरह समझ लें कि वे एक-दूसरे पर निर्भर हैं, तो झगड़े का कारण ही नहीं रह जाता।

श्रमिकों की जायज मांग के बारे में गांधीजी का विचार था कि जो मांग केवल पूंजीपतियों की स्थिति का लाभ उठाने के लिए की गई है, वह नाजायज है। परन्तु जब श्रमिक अपने

गुजर के लिए और अपने बच्चों को अच्छी तरह शिक्षा देने के लिए काफी मजदूरी मांगते हैं, तब वह मांग बिल्कुल वाजिब है। बापू के विचार में इसके लिए हिंसा का आश्रय लिए बिना और पंच द्वारा पूंजीपतियों की सद्भावना की अपील करके न्याय चाहना, उचित साधन है।

गांधीजी ने मजदूर संघ और पंच के बारे में कहा है कि मुझे विश्वास है कि प्रत्येक के विभाग में श्रमिक अपने-अपने संघ बना लेंगे, और साथ ही प्रत्येक श्रमिक अपने बनाए गए नियमों का पूरी तरह पालन करेगा। फिर, श्रमिक अपने संघ के मार्फत मालिक के पास जाएंगे और अगर उनके फैसलों से संतोष न हो तो पंच से अपील करेंगे, बापू का विश्वास था कि पंच फैसले का सिद्धांत का पूरी तरह विकास किया जाएगा और हड़तालें सदा के लिए असम्भव हो जाएँगी।

यंग इण्डिया के 5 मई, 1920 के अंक में गांधीजी ने फिर लिखा कि–

> "उचित मजदूरी पाने के लिए हड़ताल करना श्रमिकों का जन्मसिद्ध अधिकार है, परन्तु ज्योंही पूंजीपति पंच फैसले का सिद्धांत मान लें, त्यों ही हड़ताल को अपराध समझना चाहिए।"

हड़ताल के बारे में *यंग इण्डिया* 11 फरवरी, 1920 के अंक में गांधीजी ने लिखा है कि–

> "बेशक हड़ताल एक अद्‌भुत साधन है, श्रमिकों को शक्तिशाली मजदूर संघों के रूप में संगठित होना चाहिए और अपने संघों की स्वीकृति के बिना किसी भी कारण से हड़ताल नहीं करनी चाहिए।"

गांधीजी ने दोहराया था कि मजदूरी बढ़ रही है और उसके लगातार बढ़ते रहने की पूरी संभावना है। परन्तु मेहनत के घण्टे कम करने की भी उतनी ही जरूरत है। आज तो श्रमिक बारह घंटे या उससे भी अधिक काम करते मालूम होते हैं। जिन्हें रोज इतने घंटे काम करना पड़ता है, उनके पास मानसिक या नैतिक उन्नति के लिए समय नहीं बच सकता। इस कारण, अवश्य ही उन श्रमिकों की हालत जानवरों जैसी हो जाती है। हमारा कर्तव्य है कि इस खतरे से बचें, साथ ही जो भी कदम उठाएं, उसमें अपने उद्योगों को हानि न पहुँचाने की सावधानी रखें।

मिल-मालिक कहते हैं कि श्रमिक सुस्त होते हैं, अपने काम में पूरा समय और ध्यान नहीं देते। गांधीजी ने इस बारे में कहा है कि–

> "मैं तो ऐसे श्रमिकों से जिन्हें रोज बारह घंटे काम करना पड़ता हो ध्यान और मेहनत की आशा नहीं रखता परन्तु जब काम के घंटे घटाकर दस कर दिए जाएंगे तब श्रमिक पहले से अच्छा और लगभग उतना ही काम करेंगे जितना वे बारह घंटे में करते। जब श्रमिक मालिकों के हितों को अपना ही हित समझना सीख लेंगे, तब वे उन्नति करेंगे और उनके साथ हमारे देश के उद्योगों की भी

उन्नति होगी।"

हरिजन सेवक के 25 जून, 1938 के अंक में बापू ने लिखा कि–

अहिंसा के आवश्यक अनुशासन के बिना श्रमिक एक दूसरे के घातक झगड़े में फँसे रहते हैं और अपने में वह शक्ति बढ़ाने को कभी तैयार नहीं होते जो कि उन्हें अपने अन्दर की सामर्थ्य अनुभव कराने के लिए आवश्यक होती है। संगठन, व्यवस्था, कौशल और हर ऐसी दूसरी चीज, अहिंसा के मूल सिद्धांत को स्वीकार करने के बाद अपने आप ही आ जाएगी। साथ ही श्रेणीबद्ध होकर काम करने की वृत्ति भी अपने आप ही पैदा हो जाएगी। जिस बात को उन्हें अनुभव करना है वह यही है कि श्रम भी उसी तरह एक पूंजी है जिस तरह कि धातु के सिक्के। यह अनुभूति केवल अहिंसा को स्वीकार करने से ही हो सकती है।"

अगर श्रमिक अहिंसा छोड़ बैठेंगे तो श्रमिक भी उतने ही बुरे हो जाएँगे जितने कि पूंजीपति हैं और खुद शोषक बन जाएँगे। अपनी शक्ति की अनुभूति के साथ-साथ अहिंसा का पालन श्रमिकों को पूंजी के साथ सहयोग करने और उसका उचित उपयोग करवाने योग्य बना देगा। तब वे पूंजी को विरोधी हित नहीं मानेंगे। तब वे समय की चोरी और काम में कमी नहीं करेंगे, बल्कि शक्ति भर ज्यादा से ज्यादा काम करेंगे। हकीकत में, पूंजीपति और श्रमिक दोनों ही एक दूसरे के ट्रस्टी होंगे और दोनों मिलकर खरीददारों के ट्रस्टी होंगे।

श्रमिक की बात करते समय बापू छोटे-छोटे बच्चों को स्कूल से हटाकर मजदूरी कमाने के काम में लगाना राष्ट्रीय पतन का चिह्न मानते थे। बापू का कहना था कि कम से कम सोलह वर्ष की आयु तक उन्हें स्कूलों में अवश्य रखना चाहिए।

इसी प्रकार बापू मानते थे कि स्त्रियों से भी धीरे-धीरे मिल की मजदूरी छुड़वा देनी चाहिए। इस बारे में बापू ने कहा था कि जब पति-पत्नी दोनों को केवल जीवन निर्वाह के लिए मजदूरी करनी पड़ती है तब राष्ट्र का अवश्य पतन हो जाता है। यह दीवालिए के अपनी पूंजी पर जीने जैसी बात है।

संक्षेप में, गांधीजी के पूंजीपति और श्रमिक के बीच संबंधों की 'ट्रस्टीशिप' के रूप में व्याख्या की गई है जो कि वास्तव में श्रमिकों के लिए साम्यवाद से भी उत्तम समाधान है। क्या गांधीजी का यह समाधान आज के युग में संभव है? —भले ही संभव न लगे पर यह एक आदर्श अवश्य उपस्थित करता है।

श्रीमदभगवद्‌गीता कहती है—देवताओं की सेवा करके तुम उन्हें प्रसन्न रखो, तो वे तुम्हें प्रसन्न रखेंगे और इस पारस्परिक सेवा से तुम अपना सर्वोच्च हित साधन कर सकोगे। दुनिया में देवता नाम की अलग सत्ता नहीं है, बल्कि वे सब देवता हैं जो उत्पादन-शक्ति रखते हैं, समाज के लिए काम करने की इच्छा रखते हैं और उसे कार्यरूप में परिणत भी कर रहे हैं—फिर भले ही वे श्रमिक हों या पूंजीपति। यह है बापू द्वारा दी गई श्रमिक और देवता की व्याख्या।

16
प्रकृति प्रेम

गांधीजी के संदर्भ में प्रकृति प्रेम की बात उठाने पर एक प्रश्न अपने आप सामने आता है कि क्या 'प्रकृति' शब्द को जड़ वस्तुओं के अर्थ में सीमित रखें या प्रकृति के व्यापक, बड़े अर्थ में? बापू के सामने किसी विचार या वस्तु का रिश्ता जोड़ने पर हमको हमेशा सीमित सीधे-साधे 'अर्थ' से आगे देखना और समझना जरूरी हो जाता है। *मंगल प्रभात* में एक प्रसंग आया है। बापू ने लिखा है—

> "संपूर्ण की परम अवस्था का वर्णन करना कठिन है, पर वह मानव अनुभव की परिधि के बाहर नहीं है। अनेक आत्माओं ने इसे प्राप्त किया है और हम भी प्राप्त कर सकते हैं।"

बात समुद्र से अलग हुई बूंद के प्रसंग में कही गई। पर, बापू की विचारधारा का पूरा आभास देती है। बापू के प्रकृति प्रेम की बात करते हुए भी हमको प्रकृति का ऐसा चित्र सामने रखना होगा जो अपने में संपूर्ण हो और मानव अनुभव के बाहर न हो।

गांधीजी ने अपने जीवन में विविध क्षेत्रों में आश्चर्यजनक सफलता और सिद्धियाँ प्राप्त कीं। यह सब बापू ने कैसे पाया, यह जानने की कोशिश संसार भर के लोगों ने की। सब प्रकार विचार करने पर एक ही नतीजे पर अधिकतर विद्वान पहुँचे कि बापू की शक्ति उन्हें सत्य और ईश्वर के बारे में अपनी दृढ़ श्रद्धा से प्राप्त हुई। ईश्वर और प्रकृति के संबंध में बापू ने बहुत कुछ कहा है और *हरिजन* के अंकों में बहुत कुछ लिखा भी है। ईश्वर और प्रकृति की बात आने पर, बापू की नजर में, प्रकृति की जो परिभाषा सामने आती है वह वर्णन से परे हैं। पर बापू ने इस कठिन बात को समझाने के लिए समय समय पर जो उदाहरण दिए हैं, वह साधारण संसारी हैं और उनसे बापू के प्रकृति प्रेम का और प्रकृति के सौंदर्य-बोध का एक चित्र उभर आता है। जैसे, *हरिजन* के 19 मार्च, 1935 के अंक में धर्म-परिवर्तन और उपदेश की बात कहते हुए बापू ने लिखा है—

> "गुलाब के फूलों को कोई उपदेश देने की जरूरत नहीं पड़ती, वह सिर्फ अपनी सुगंध फैलाता है। यह सुगंध ही उसका अपना उपदेश है। अगर उसमें मनुष्य की-सी समझ हो और वह कुछ उपदेशकों को नौकर रख ले, तो जितने फूलों की बिक्री उसकी सुगंध से हो सकती है, उससे अधिक प्रचारकों के उपदेश से नहीं हो सकती। धार्मिक और आध्यात्मिक जीवन की सुगंध गुलाब के फूल जैसी

ही सूक्ष्म और मधुर होती है।"

कितनी तेज चोट है, और साथ ही बापू का गुलाब के फूल के प्रति कैसा गहरा सौन्दर्य-बोध है!

इसी प्रकार वृक्ष पूजा के बारे में एक प्रश्न का उत्तर देते हुए बापू ने *यंग इंडिया* के 26 सितम्बर, 1929 के अंक में लिखा–

'वृक्ष पूजा में कोई मौलिक बुराई या हानि दिखाई देने के बजाय मुझे तो इसमें एक गहरी भावना और काव्यमय सौंदर्य ही दिखाई देता है। वह समस्त वनस्पति जगत के प्रति सच्चे पूजा-भाव का प्रतीक है। वनस्पति जगत तो सुंदर रुपों और आकृतियों का अनंत भंडार है। उनके द्वारा वह मानों असंख्य जिह्वाओं से ईश्वर की महानता और गौरव की घोषणा करता है। वनस्पति के बिना इस धरती पर जीवधारी एक क्षण के लिए भी नहीं रुक सकते। इसलिए वृक्ष पूजा के विरुद्ध का एक गहरा महत्व हो जाता है। इस कारण मुझे वृक्ष पूजा के विरुद्ध कोई धर्मयुद्ध छेड़ने की जरूरत दिखाई नहीं देती। यह सच है कि जो गरीब और सीधी-सादी स्त्रियाँ वृक्षों की पूजा करती हैं, वे अपने कार्य के गूढ़ार्थ को बुद्धिपूर्वक नहीं समझतीं। अगर उनसे पूछा जाए कि वे यह पूजा क्यों करती हैं तो संभव है कि इसका वे उत्तर न दे सकें। वे शुद्ध और सरल श्रद्धा से यह काम करती हैं। इस प्रकार की श्रद्धा तिरस्कार की वस्तु नहीं है। वह महान और जबर्दस्त ताकत है जिसका हमें संचय करना चाहिए।"

पर साथ ही बापू ने आगे यह भी साफ-साफ कह दिया है कि–

"इससे कोई यह न समझे कि मैं आमतौर पर वृक्ष पूजा का समर्थन इसलिए करता हूँ कि उसे भक्ति का कोई आवश्यक साधन समझता हूँ। मैं तो सिर्फ इतना ही मानता हूँ कि ईश्वर इस विश्व में असंख्य रूपों में प्रकट होता है। ऐसे हर एक स्वरूप के सामने मेरा सिर अपने आप झुक जाता है।"

और इसमें अपने प्रकृति प्रेम का पक्ष बापू ने खुलासा कर दिया है।

इसी प्रकार का एक उदाहरण *यंग इंडिया* 13 नवम्बर, 1940 के अंक में बापू के एक लेख में मिलता है। बापू ने लिखा है कि–

"हर वस्तु के दो पक्ष होते हैं– बाहरी और भीतरी। सवाल यह है कि हम ज्यादा जोर किस पक्ष पर देते हैं, मेरे लिए बाहरी पक्ष का उतना ही महत्व है जितना कि वह भीतरी पक्ष के लिए सहायक होता है।"

बापू ने आगे लिखा है कि–

सूर्यास्त का अथवा दूज का चांद का जो रात के तारों के बीच चमकता है, सौंदर्य सत्यपूर्ण है, क्योंकि उनसे मुझे उनके पीछे जो स्रष्टा है उसका ख्याल होता है।

सृष्टि के केन्द्र में सत्य न होता तो यह चीजें सुंदर कैसे होतीं? जब मैं सूर्यास्त की विलक्षणता या चंद्रमा की सुन्दरता की प्रशंसा करता हूँ तब मेरा हृदय प्रभु की पूजा में लीन हो जाता है। मैं इस सारी सृष्टि में उसे और उसकी करुणा को देखने की कोशिश करता हूँ। परंतु सूर्यास्त और सूर्योदय भी मेरे लिए बाधक बन जाएंगे, अगर मुझे उनसे प्रभु का ध्यान करने में मदद न मिले। कोई भी चीज, जो आत्मा की उड़ान में बाधक होती है, माया है, जाल है, शरीर की भी यही बात है, क्योंकि वह कई बार इस मार्ग में सचमुच रुकावट पैदा करता है।"

प्रकृति प्रेम का कैसा अनोखा चित्र है यह! बापू के हृदय का कलाकार प्रकृति का छोटे से छोटे कण देखता है। धरती की धूल को परखता है और फूलों के साथ उस धूल को अपने प्रभु के चरणों में चढ़ा कर प्रसाद बना देता है, जिसे फिर सब अपने माथे पर लगाने और अपनाने को मजबूर हो जाते हैं।

एक अंग्रेज लेखक तथा भारत के मित्र एडवर्ड थॉमसन ने गांधीजी से कहा, "वन्य जीवन का बड़ी तेज़ी से ह्रास हो रहा है।" विनोदप्रिय गांधीजी ने तत्काल उत्तर दिया, "जंगलों में तो यह (वन्य जीवन) घट रहा है पर शहरों में बढ़ रहा है।"

अगर गहराई से देखें तो बापू का प्रकृति प्रेम ही उनके मन में प्रकृति चिकित्सा के प्रति अडिग आस्था का मूल कारण है। *हरिजन* के 3 मार्च, 1946 के अंक में बापू ने लिखा भी है कि 'जिसके पास मन और आत्मा है, ऐसे प्राणी के लिए सबसे सच्चा प्राकृतिक इलाज है।' बापू ने आगे लिखा है कि 'मनुष्य को जिन पाँच तत्वों से उसका शरीर बना है— अर्थात् पृथ्वी, जल, अग्नि, आकाश और वायु— उनमें ही अपने इलाज की खोज करनी चाहिए और उन्हीं तक सीमित रह कर संतोष करना चाहिए।' प्रकृति प्रेम में कैसी बेमिसाल आस्था है यह बापू की! वह भी तब जब कि बापू कहते थे और उन्होंने 1 सितंबर, 1946 के *हरिजन* के अंक में लिखा भी था कि मोक्ष का अर्थ हर प्रकार से स्वस्थ होना है—न इससे कम और न ज्यादा। आप अपने को इससे वंचित क्यों करें—अगर इससे आप दूसरों का मार्गदर्शन कर सकते हों और मार्गदर्शन के अलावा अपनी तंदुरुस्ती के फलस्वरूप उनकी सेवा भी कर सकते हों।

पूना के पास उर्लीकाचव स्थान पर गांधीजी कुछ समय तक रहे। वनवासियों द्वारा अधिक लाभ के लिए हरे-भरे पहाड़ों को गंजा, श्रीहीन तथा उजड़ा हुआ देखकर उन्होंने कहा 'काश कि! इन पहाड़ों की सुन्दरता को फिर से लौटाया जा सकता तो यह स्थान ऐसा भयानक न लगता!' उनकी यह बात उनके भक्त मणिभाई को चुभ गई और उन्होंने अकेले ही भीषण प्रयत्नों से इस अभियान को शुरू किया और वहाँ कालान्तर में एक घना और खूबसूरत जंगल लगाने में कामयाब हुए।

बापू के इस प्रकृति प्रेम के व्यापक रूप को न समझने के कारण कुछ विद्वानों ने भूल

से बापू को प्रकृति के प्रति उदासीन मानना चाहा है। जैसे बापू की आत्मकथा *'सत्य के प्रयोग'* का विश्लेषण करते हुए *"इंडिया—ए वुन्डेड सिविलीजेशन* के एक अध्याय 'ए डिफेक्ट ऑफ विजन' में लेखक ने लिखा है भारतीय अपने चारों ओर प्रकृति के प्रति अधिकतर नकारात्मक या उदासीन-से होते हैं। इसी सिलसिले में आगे लिखा है कि गांधीजी ने इंग्लैण्ड में तीन साल गुजारे, पर अपनी आत्मकथा में गांधीजी ने कहीं वहाँ की जलवायु, वातावरण और मौसम के बारे में कुछ नहीं लिखा है। लेखक का कथन कुछ हद तक ठीक लग सकता है यदि हम यह भूल जाएं कि गांधीजी की आत्मकथा किसी व्यक्ति विशेष की जीवनी की श्रेणी में नहीं, संत अंगस्टाइन की 'कनफैशनस्' (स्वीकारोक्ति) की श्रेणी में आती है जहाँ बाहरी भौतिक प्रकृति का रूप गौण हो जाता है और प्रकृति का आंतरिक सौंदर्य प्रकृति प्रेम को दर्शाता है। अपने एक लेख 'गांधीजी डिजाइन फार इंटीगरल लिविंग' (समन्वित जीवन जीने का गांधीजी का तौर-तरीका) में लेखक ने इस बात को बड़े सुंदर ढंग से समझाया है। बापू सदा मानव और प्रकृति के बीच एक कीमती कड़ी की बात कहते रहे। वैसे भी भारत की परंपरा में मानव और प्रकृति के प्रति एक पवित्र संबंध माना गया है। फिर बापू की तो मान्यता थी कि गाँव मेरी दुनिया है और सारी दुनिया मेरा गाँव। बापू के लिए पृथ्वी और प्रकृति भगवान का प्रतीक रही। इस महामानव के प्रकृति प्रेम का आसानी से कैसे वर्णन किया जा सकता है! बापू का टहलने के लिए जाना और पदयात्रा सर्वाविदित है। इसके अनेक अर्थ हैं—और गहराई से देखने पर प्रकृति प्रेम ही सर्वोपरि है। बापू के लिए मनुष्य और प्रकृति का व्यावहारिक संसार सापेक्ष है। हिंदी *नवजीवन* के 2 नवंबर, 1924 के अंक में बापू ने लिखा था, 'ऊपर आकाश में, नक्षत्रों और ग्रहों की जो अलौकिक लीला मुझे देखने को मिलती है, उसका आनंद कौन चितेरा या कवि मुझे दे सकता है?' पर, साथ ही उन्होंने यह भी लिखा है कि 'मेरे नजदीक सिर्फ इसी चीज का कुछ अर्थ है, जो मुझे आत्मदर्शन में सहायक होती है।' बापू के प्रकृति-प्रेम के बारे में समझने के लिए, आइए, बापू के विचारों में उनके कार्यों को भी जोड़ दें — बेटा गंभीर बीमार है सब चिंतित हैं और अपने में मस्त बापू मिट्टी में अपने बेटे की बीमारी का हल ढूंढ़ कर अपने प्रकृति प्रेम की अद्भुत शक्ति का एक रूप हमारे सामने रखते हैं।

17
मितव्ययिता

भौतिकवाद के भंवर में आज पूरा संसार भौचक्का फँसा है। अधिक व्यय कर पाने की क्षमता ही रहन-सहन के ऊँचे स्तर और बड़प्पन की निशानी है। आज सामाजिक शिष्टाचार के झूठे आडम्बर के शिकार हम, अपनी हीन भावना के कारण अधिक से अधिक व्यय करने की होड़ में लगे हैं। सादगी के सफल सेनानी और मितव्ययिता के प्रतीक बापू को जैसे हम भुला चुके हैं। रिचर्ड बी ग्रेग ने 1952 में लिखा था कि 'जिन्होंने पुस्तकों द्वारा अर्थशास्त्र का अध्ययन किया है वे सब मानते हैं कि हालांकि गांधीजी बड़े सन्त और राजनीतिज्ञ थे फिर भी अर्थशास्त्र के सब मामलों में उनके विचार बड़े गलत थे।' परन्तु यह राय, संदिग्ध मालूम होती है। कार्ल हीथ ने गांधीजी को 'एक नये प्रकार के समाज के निर्माण का पैगम्बर' बताया है।

महापुरुषों के शब्द और कार्य दोनों मार्ग-प्रदर्शक होते हैं। पर एक प्रसिद्ध सिंधी कवि के अनुसार 'शब्दों के मायाजाल में उलझे लोग प्रेम के ऊँचे शिखर पर मुश्किल से पहुँच सकते हैं।' गांधीजी कभी भी भाषा के मायाजाल में नहीं उलझे, उनकी भाषा एकदम साफ होती थी जो एकदम प्रभाव डालती थी। शब्दों के मामलों में भी मितव्ययी थे। अस्तु, बापू की मितव्ययिता और सादगी को समुचित रूप से समझने के लिए उनके ऐसे कार्य और व्यवहार को सामने रखना होगा जो उनके कथन और शब्दों को उजागर करते हैं। गांधीजी ने कहा है।

'लिखते समय मैं इस बात का विचार नहीं करता कि मैंने पहले क्या कहा है। मेरा लक्ष्य किसी प्रश्न पर मेरे पूर्वकथन के साथ रहना नहीं है, बल्कि उस सत्य के साथ रहना है जो मुझे उस क्षण दिखाई दे।'

"ठीक यही बात उनके कार्य के बारे में भी सत्य है। इसलिए गांधीजी के प्रंसगों में बदलते पहलुओं को आंकते समय यह कथन भी हमको याद रखना ही होगा।"

एक जमाना था जब गांधीजी कपड़ों के शौकीन थे। भद्रपुरुष बनने के शौकीन थे, सभ्य कहलाए जाने के शौकीन थे। गांधीजी ने वेशभूषा में अंग्रेज भद्रपुरुष बनने का प्रयास किया। नाचना और वायलिन बजाना आरम्भ किया। तब बापू इंग्लैंड में कानून पढ़ते थे। सभ्य बनने की प्रक्रिया के बीच उनके मन में एक आवाज उठी। उन्हें ज्ञान हुआ—'मेरा चरित्र ही मुझे सभ्य बना सकता है। फैशन नहीं।' इस प्रकार बापू के जीवन में एक नया

अध्याय शुरू हुआ। दिखावे और फैशन का दौर गुजर गया और इसकी जगह सादगी और मितव्ययिता ने ले ली। उन्होंने पैदल चलना शुरू कर दिया, होटलों में खाना बन्द कर दिया और इस प्रकार सादगी और मितव्ययिता के बीज उनके विद्यार्थी जीवन में ही पड़ गए।

गांधीजी का लंगोटिया बाना बहुत प्रसिद्ध है। उनकी पोशाक घुटनों तक की धोती थी। सर्दी में वह एक चादर या शाल ऊपर ओढ़ लेते थे। वह इंग्लैण्ड में बादशाह से भी इसी वेश में मिले थे। चर्चिल ने तो इसपर उनको 'नंगा फकीर' तक कह दिया था।

इंग्लैण्ड में अपने छात्र जीवन के दौरान उन्होंने अपने व्यय पर भारी अंकुश रखा। मासिक व्यय को पन्द्रह पौंड से घटाकर पांच-छः पौंड कर दिया। स्वयं अंगीठी पर अपना नाश्ता तैयार करने लगे। अधिकतर पैदल चलते थे। उन्हें पाई-पाई का हिसाब रखने की आदत भी वहीं से पड़ी।

लन्दन में अपने छात्र जीवन में गांधीजी ने जो पश्चिमी ढंग की वेशभूषा अपनाई, दक्षिण अफ्रीका में उन्होंने लगभग 20 वर्ष बाद उस वेशभूषा को त्याग दिया और एक भारतीय मजदूर जैसा कपड़ा पहनना शुरू कर दिया।

गांधीजी की मितव्ययिता भी एक जीवन-पद्धति ही नहीं एक उपयोगितावादी कला भी थी। मनु बहन को एक बार गांधीजी के लिए प्रातः पीने को पानी गरम करना था। हवा में नमी से चूल्हा सिलगाने में दिक्कत हो रही थी। अतः उन्होंने साड़ी की किनारी फाड़कर मिट्टी के तेल में डुबोयी और चूल्हा जलाने को तैयार हुई। गांधीजी ने यह देख लिया और बोले, "इतनी सुंदर पट्टी से तो एक सुंदर नाड़ा बन सकता है। अपने देश में जहाँ हजारों मनुष्य वस्त्रविहीन हों, कपड़े का इस लापरवाही से दुरुपयोग उचित नहीं।"

इतना कह कर गांधीजी ने तेल से भीगा चिथड़ा चूल्हे में निचोड़ दिया और उसे धूप में सुख दिया। सूख जाने पर गांधीजी ने उस पट्टी को सीकर एक सुंदर नाड़ा तैयार कर दिया।

मितव्ययिता को लेकर बापू के लिए छोटी-छोटी बातों का अपना महत्त्व था। अप्पा साहब पटवर्धन ने अपने संस्मरण में लिखा है कि सेवाग्राम आश्रम के खाने के कमरे में एक बोर्ड लगा रहता था जिस पर लिखा था 'मुझे आशा है कि आश्रम की सम्पत्ति को लोग अपनी ही सम्पत्ति समझेंगे। नमक तक आवश्यकता से अधिक नहीं परोसा जाना चाहिए। पानी भी बेकार नहीं बहना चाहिए। पटवर्धन जी जून, 1919 से मणिभवन बम्बई में बापू की मितव्ययिता को देखते रहे। इन दिनों पटवर्धन जी बापू के बताए गए पत्र लिखा करते थे। एक बार एक बड़ा कागज लेकर पटवर्धन जी लिखना शुरू करना ही चाहते थे कि बापू ने टोक दिया कि 'क्या पोस्टकार्ड पर पत्र नहीं लिखा जा सकता?' और वह पत्र पोस्ट कार्ड पर ही लिखा गया।

"एक बार गांधीजी एक छात्रावास में गए। उन्हें वहाँ की हालत देखकर बड़ा दुख हुआ। उन्होंने सलाह दी,

"जहाँ लड़के नहाते और कपड़े धोते हैं वहाँ कोई बाल्टी या बर्तन होना चाहिए, जिससे पानी बेकार न बहे। लड़कों की फटी चादरों की सुजनी या दोहर बना देनी चाहिए। ट्रांसवाल की जेल में उन्होंने फटे कम्बलों के टुकड़ों से बहुत सुजनियाँ बनाईं। ये बहुत गर्म और टिकाऊ होती हैं। फटे हुए चिथड़े बेकार नहीं जाने चाहिए। उन्हें ठीक से धोकर रखना चाहिए। उनको कपड़ों पर पैबन्द आदि लगाने के काम में लाया जा सकता है। मैंने बरामदे में बांस की चिक लगी देखी। इनकी क्या जरूरत थी। बरामदे में ताजी हवा और धूप आनी चाहिए, इन चिकों को हटा देना चाहिए। बापू ने आगे लिखा कि –

ये सब छोटी-छोटी बातें मालूम पड़ती हैं, लेकिन छोटी-छोटी बातों से ही बड़ी चीज बनती है। मेरा पूरा जीवन छोटी-छोटी बातों से ही बना है।"

'बूंद बूंद से घट भरे' कहावत में बापू पूरा विश्वास रखते थे। सुमित्रा गांधी ने बापू की मितव्ययिता के बारे में लिखा है कि गांधीजी की दृष्टि में जितनी भी मितव्ययिता हो सके उतनी वे करते थे। उनके यहाँ हमारे हजारों पत्र आते थे। गांधीजी उन लिफाफों को फेंकते नहीं थे। उन लिफाफाओं को कैंची से काटकर रखा जाता था। और अच्छी हालत में हो तो उन्हें उल्टा करके पुनः प्रयोग में लाया जाता था। या फिर चिट पैड के तौर पर उनका उपयोग होता था। वैसे ही पैंसिल का हाल था। आजकल जब पैंसिल का टुकड़ा तीन इंच के करीब रह जाता है हम लोग उस पैंसिल को फेंक देते हैं पर गांधीजी उस पैंसिल को आखरी इंच तक पुराने होल्डर में लगाकर उपयोग करते थे। वैसे पैंसिल से लिखना उनको पसंद नहीं था। पैंसिल के अक्षर साफ नहीं होते, और उससे आँखों पर जोर पड़ता है, ऐसी उनकी मान्यता थी। वे चाहते थे कि हम लोग पैंसिल या फाउन्टेनपैन का उपयोग न करें।

इस संबंध की एक और घटना है। एक बार गांधीजी बहुत परेशान होकर किसी चीज की तलाश कर रहे थे। काका साहब ने पूछा, 'बापू, आप क्या ढूंढ रहे हैं?' गांधीजी ने उत्तर दिया, 'पैंसिल का टुकड़ा।' काका साहब ने अपनी पेटी से एक पैंसिल निकाल कर गांधीजी को दे दी। पर गांधी जी ने कहा, 'नहीं, नहीं मुझे यह नहीं चाहिए। मुझे वही पैंसिल का टुकड़ा चाहिए, जिसे मैं ढूंढ रहा हूँ।' काका साहब ने कहा, 'इस समय इसे ही इस्तेमाल कर लीजिए, आपकी पैंसिल मैं बाद को खोज दूंगा।' पर गांधीजी न माने। उन दोनों ने पैंसिल की तलाश की और वह मिल गई। यह पैंसिल का एक छोटा टुकड़ा था, लेकिन गांधीजी को तभी शांति मिली जब उन्होंने उसे खोज लिया। गांधीजी के लिए कोई भी चीज बहुत छोटी न थी।

सुमित्रा गांधी ने गांधीजी के मितव्ययी स्वभाव का एक सर्वोत्कृष्ट नमूना दिया है। बापू को भोजन के बाद लौंग खाने की आदत थी। दोपहर के भोजन के बाद वे आधी लौंग खाते थे। एक बार उन्होंने आश्रम की एक बहन से आधी लौंग माँगी। उस बहिन ने आधी लौंग तोड़कर दे दी। पर बापू ने कहा कि मुझे कल की आधी लौंग दो। अब उस बहन की बड़ी आफत आई। उसने पहली आधी लौंग को यूं ही कहीं फेंक दिया था। झूठ बोलते नहीं बनता था और लापरवाही तो हो ही गई थी। उस दिन गांधीजी ने सब हाजिर लोगों को यह तत्व समझाया था कि एक भी चीज का नुकसान नहीं होना चाहिए।

इसी प्रकार जब वे आगाखां जेल में थे, मनु बहन को पढ़ाते थे। रेखागणित की अभ्यास पुस्तिका मनु के पास नहीं थी। उसने जेल के सुपरिन्टेंडेंट से कापी मंगा ली। कापी दूसरे दिन आ गई। जब रोज की तरह चार बजे कापी लेकर मनु गांधीजी के पास गई तो गांधीजी ने पूछा, 'यह कापी मँगवाई थी या करेली साहब (सुपरिन्टेंडेंट) ने खुद ही लाकर दी है।'

मनु ने कहा, 'मंगवाई तो मैंने ही थी पर दाम मुझे नहीं देने पड़े, सरकारी खर्च से आई है।' गांधीजी ने हँसकर कहा, 'डाक्टर गिल्डर के कमरे में जाओ और उनकी अलमारी में पिछले साल के कुछ कलैंडर पड़े हैं उनमें से एक ले आओ। उनका पिछला हिस्सा कोरा है।'

इतने में जेल सुपरिटेंडेंट आ गए। गांधीजी ने पूछा, 'कापी कितने की है?' उन्होंने कहा, 'डेढ़ रुपये की।' गांधीजी ने कहा, 'सरकार लंदन से पैसा लाकर तो हम कैदियों पर खर्च नहीं करती। यह कापी आप लौटा दीजिए। हमारा काम इस कलैंडर से हो जाएगा।'

यू.आर. राय ने 'ऐसे थे बापू' शीर्षक में लिखा है कि कागजों पर लगी हुई आलपिन तक बापू फेंकते नहीं थे।

गांधीजी की मान्यता थी कि धन का सदुपयोग करना हमारा कर्तव्य है। बात सेवाग्राम की है। गांधी घूमने जा रहे थे और लोगों के साथ-साथ कमलनयन बजाज और उनकी माताजी भी थीं। गांधीजी किसी से बात करते हुए जा रहे थे कि उन्हें मार्ग में पूनी का एक छोटा सा टुकड़ा दिखाई दिया। इशारे से उन्होंने पूनी को उठाने को कहा। तुरंत एक लड़की ने पूनी को उठा लिया। इशारा कमलनयनजी की ओर था, इसलिए उन्होंने उस टुकड़े को लेना चाहा लेकिन छोटी-सी वस्तु होने के कारण माँग नहीं सके। गांधीजी लौटकर आश्रम पहुँचे। जब वह चर्खा कातने के लिए बैठे तब सहसा गांधीजी ने उस पूनी के टुकड़े को याद किया। जिस लड़की ने उसे उठाया था उसकी खोज हुई। वह आई। गांधीजी ने उस लड़की से वह पूनी का टुकड़ा मांगा। लड़की ने उसे कचरा समझ कर कचरे की टोकरी में फेंक दिया था। उसने समझा था कि कचरा गलत जगह पर पड़ा था इसलिए बापू ने उसे उठाने कें लिए कहा था। पर गांधीजी ने पूछा, 'यदि वहाँ पैसा पड़ा

होता तो क्या उसे भी उठाकर कचरे में डाल दिया जाता?' लड़की के 'नहीं' कहने पर, गांधीजी ने लड़की से कहा कि 'वह भी पैसा ही था। असली धन क्या है, यह पहचान आनी चाहिए। जिसने उस पूनी के टुकड़े को पूरा किए बिना छोड़ा, उसने तो धन फेंका ही, मैंने तुमसे उठाने को कहा तब भी तुम उस धन को नहीं पहचान सकीं।' वह लड़की बहुत लज्जित हुई। तुरंत जाकर कचरे में से उसने पूनी के टुकड़े को खोज निकाला। पूनी के टुकड़े पर मिट्टी और घास के टुकड़े लिपटे थे। वह कुछ फैल-सी गई थी। इसके बावजूद गांधीजी ने उसको पूरी तरह से कातने के काम में लिया। उससे जो धागा कता वह रंग में मैला था, लेकिन गांधीजी ने इस बात की तनिक भी चिन्ता न करते हुए कहा कि 'बुनने के बाद जब कपड़ा धुलेगा तब वह मिट्टी भी उसमें से दूर हो जाएगी।'

यही नहीं एक बार सेवाग्राम की गोशाला में गांधीजी चक्कर लगा रहे थे। सर्दियों के दिन थे। गोशाला में एक लड़का काम करता था। उसके पास केवल एक चादर थी। गांधीजी ने पूछा, 'क्या तुझे ठंड नहीं लगती?' लड़का चुप रहा।

गांधीजी ने तब कस्तूरबा गांधी से पुरानी साड़ियाँ मंगवाईं। फिर कस्तूरबा के साथ मिलकर रजाई का आवरण तैयार किया व उनमें पुराने अखबार एवं कुछ रुई भरकर टांके लगा दिए। यह रजाई उस लड़के को दी गई। दूसरे दिन गांधीजी पुनः गोशाला गए तो लड़के ने कहा, 'बापू रात को अच्छी नींद आई थी।'

तब बापू ने महादेव भाई से कहा, 'तुम्हारे पास पुरानी धोतियाँ होंगी। मैं उनसे अपने लिए एक रजाई बना लूँगा।' उन्होंने महादेव भाई की पुरानी धोतियों सीकर उसी प्रकार एक और रजाई तैयार की व रात को उसी का उपयोग करने लगे।

याद आती है इसी प्रकार की एक घटना की जो अण्डी से आते समय घटी। गांधीजी महादेव भाई की माताजी को देखने के लिए रुके थे। उसी समय किसी ने पीने को पानी माँगा। एक व्यक्ति एक लोटा पानी और एक पीतल का कटोरा लाया। अप्पा साहब पटवर्धन एक हाथ में लोटा और दूसरे हाथ में कटोरा लिए खड़े थे। इसी बीच एक महिला गांधीजी को एक रुपया देने का प्रयत्न कर रही थी। पटवर्धन जी के दोनों हाथ घिरे थे। इसलिए उन्होंने कटोरे में रुपया लेकर कार में रखे रुमाल पर रुपया लौट दिया और कटोरे में पानी भर कर पीने के लिए देने लगे। गांधीजी ने अपने सिर पर रखे भीगे गमछे को आगे कर दिया। और उस पर पानी डालने को कहा। पटवर्धन जी शोर में बस इतना ही सुन पाए कि कटोरे में रुपया था, पानी पीने लायक नहीं है। पटवर्धन जी को कटोरे के गंदे होने का ख्याल आया और उन्होंने कटोरे का पानी फेंक कर उसे दोबारा पानी से भर कर प्यासे व्यक्ति को पीने को दे दिया। गांधीजी को इससे बड़ा दुख हुआ कि पानी फेंक दिया गया था। वह पानी पीने योग्य नहीं था, पर गमछा गीला करने के काम जरूर आ सकता था। यह बापू की मितव्ययिता का एक विवेकपूर्ण नमूना है।

मनोहरजी दीवाण ने अपने संस्मरण में लिखा है कि एक बार पीने के पानी के ड्रम से बूंद-बूंद पानी टपक कर वह करीबन खाली हो गया। एक सज्जन पीने के लिए पानी लेने गए तो उन्हें निराश होकर वापस लौटना पड़ा। गांधीजी यह बात सुनकर बड़े दुखी हुए। संध्या समय प्रार्थना के पश्चात् उसी घटना पर उन्होंने प्रवचन दिया। इतने पर भी इस प्रसंग की इतिश्री नहीं हुई। दूसरे दिन पानी के ड्रम के पास एक तख्ती लगाई गई। उस पर लिखा था कि आवश्यकता से अधिक एक बूंद जल व्यर्थ फेंकना 'अपरिग्रह व्रत' के विरुद्ध आचरण होगा।

नोआखली की ऐतिहासिक यात्रा के समय दिसम्बर, 1946 में गांधीजी श्रीरामपुर में ठहरे हुए थे। उनके पास एक अंगोछा था। बीच में फट कर जर्जर हो गया था। मनु गांधी ने बहुत प्रयत्न किया पर उसमें जोड़ न लग सका। अन्त में उसने नया अंगोछा मंगाकर बापू को दिया। उसे देखकर गांधीजी बोले, "अभी पुराना अंगोछा ही काम देगा।" मनु ने उत्तर दिया, "इसे तो रफू करना भी असंभव है। इसे तो छुट्टी देनी ही पड़ेगी।" बापू हँसे और बोले, "इसे तो नया बनाकर मैं दो महीने और चलाऊंगा।"

गांधीजी ने उसे तुरन्त उसी हालत में डबल किया और ठीक चौकोर बनाकर जोड़ कर रफू कर दिया।

मनु ने इस पर कहा, "इसे तो मैं नमूने के लिए अपने पास रखूंगी। आप नया अंगोछा ही ले लीजिए।"

व्यक्ति और वस्तु की ओर वे जिस सूक्ष्म दृष्टि से देखा करते थे, उससे अधिक सूक्ष्म दृष्टि से वे हर क्षण के सदुपयोग का ध्यान रखते थे। एक क्षण भी व्यर्थ न जाए, ऐसी सावधानी रखने वाला उन जैसा अन्य व्यक्ति मिलना मुश्किल है।

गांधीजी के अपने कथन और लेखन में शब्दों की भी मितव्ययिता पूरी तरह व्याप्त है– शुरू में बोलने में संकोच, स्पष्ट अभिव्यक्ति संबंधी अयोग्यता, आदि, कारण कुछ भी रहा हो। वैसे गांधीजी ने इस प्रसंग में लिखा है कि–

> "मेरी स्वाभाविक संकोचशीलता से मुझे कोई हानि नहीं हुई। वास्तव में मैं देखता हूँ कि उल्टे इससे मुझे लाभ ही लाभ हुआ है। भाषण में जो संकोच पहले कभी एक परेशानी की बात थी, अब एक सुखद वस्तु बन गई है। सबसे बड़ा लाभ यह हुआ कि मैं इससे शब्दों की मितव्ययिता सीख पाया।"

विद्यार्थी जीवन से ही अपने सीमित धन को वे बड़ी सावधानी से खर्च करते थे। गांधीजी ने लिखा है कि–

> "मितव्ययिता और हिसाब रखने में सख्ती की जो आदत पड़ी, वह बराबर बनी रही, और मैं जानता हूँ कि इसके फलस्वरूप लाखों रुपयों के सार्वजनिक कोश रखने में और उसके वितरण में मैं पूरी तरह मितव्ययिता का पालन कर सका

और कर्ज होने की जगह हमेशा सभी आंदोलनों में जो मैंने चलाए, कुछ बचत रही।"

'सादगी और मितव्ययिता से गांधीजी के जीवन में कुछ नीरसता नहीं आई। इसके विपरीत गांधीजी ने कहा है कि–

'सादे जीवन से मेरे बाहरी और आंतरिक जीवन में समन्वय.सा हो गया। मेरा जीवन अधिक सत्यपूर्ण हो गया और मेरी आत्मा के आनंद का पारावार न रहा।'

विनोदप्रिय बापू अपने आप को बनिया कहने में सदैव आनन्द अनुभव करते थे। बनिया, पाई-पाई की जिस प्रकार चिंता करता है, उसी प्रकार प्रतिपल का, प्रत्येक वस्तु का, प्रत्येक व्यक्ति को सदुपयोग करना चाहिए—ऐसा बापू का मत था। एक बार वल्लभभाई पटेल ने हँसी में उनसे कहा, 'समय के बारे में आप बहुत कंजूस हैं। आपका बनियापन अभी भी नहीं गया है।' इस पर व्यंग्य करते हुए बापू ने कहा, 'यह कंजूसी नहीं है। मृत्यु को मात देने की यह विशिष्ट कला है।'

वास्तव में बापू पक्के बनिया थे। प्रत्येक चीज में से कुछ न कुछ फायदा हो, ऐसा वे देखते थे। पर बापू की मितव्ययिता का अर्थ मलिनता न था। अप्पा साहब पटवर्धन ने सेवाग्राम आश्रम में एक बार दो पुराने पड़े गत्तों से एक फाइल बना कर जब बापू को दी तो बापू ने उस फटी मलिन फाइल को लेने से भी इंकार कर दिया और कहा कि 'मुझे ऐसी फटी पुरानी मलिन चीजें नहीं चाहिए।' ऐसा था बापू का मलिनता और मिव्ययिता का नीर-क्षीर विवेक !

दरिद्रनारायण का यह पुजारी गांधी कैसे सहन कर पाता भोजन के कण, जीवन के क्षण, भाषा के रूप और जल की बूंद का आंखें मूंद कर व्यर्थ व्यय !

18
सच्चाई

प्लेटो ने सदियों पहले कहा था कि इस दुनिया में हमेशा ही कुछ दिव्य प्रतिभा वाले मानव होते हैं, जिनका परिचय और संपर्क समाज की अमूल्य निधि होती है। महात्मा गांधी इसी परम्परा की एक कड़ी थे। ऐसे महापुरुष अपने विचार और अपने आचरण में पुरुषोत्तम होते हैं। जिन्दगी के प्रत्येक पहलू पर इनकी अपनी छाप होती है, पर कुछ अंगों पर विशेष जोर होता है। बापू ने सच्चाई और अहिंसा का दामन पकड़ा था। वैसे बापू की विचारधारा में सत्य और अहिंसा एक ही सिक्के के दो पहलू हैं।

सुकरात का कहना हैं कि चेतना को सत्य के साथ जोड़ दीजिए, फिर हर काम आत्मशुद्धि का प्रयत्न होगा, आत्मसाक्षात्कार की भूमिका होगी। आत्मशुद्धि की प्रयोगशाला में कहीं भी विफलता या पराजय नहीं होतीं, क्योंकि वहाँ हर क्षण नये प्रकाश का देने वाला है। सच्चाई का सोना तो ऐसा है कि हर आंच में दमकता है, कुन्दन बनता है। गांधीजी का विचार-दर्शन भी सच्चाई के साथ साक्षात्कार की चेष्टा है और उनका सत्य ईश्वर के सिवाय और कुछ नहीं है। आचरण में सत्यनारायण की अभिव्यक्ति पर उनका जोर इसी दृष्टिकोण का परिचय देता है। गांधीजी ने अपनी आत्मकथा के अंत में स्पष्ट लिखा है कि—

> "ऐसे व्यापक सत्यनारायण के प्रत्यक्ष दर्शन के लिए प्राणिमात्र के प्रति आत्मवत् प्रेम की बड़ी जरूरत है। इस सत्य को पाने की इच्छा करने वाला मनुष्य ही जीवन के एक भी क्षेत्र से बाहर नहीं रह सकता। यही कारण है कि मेरी सत्य पूजा मुझे राजनीतिक क्षेत्र में घसीट लाई।"

बापू की आत्मकथा का अध्ययन करने से पता चलता है कि उनकी समूची जिन्दगी पूरी सच्चाई और लगन के साथ सत्य की ओर कठिनाइयों से भरी एक चढ़ाई थी। हर कदम पर बापू की विचारधारा व्यापक होती गई और धीरे-धीरे, पर दृढ़ता के साथ, वे जनसाधारण को महात्मा और पुरुषोत्तम प्रतीत होने लगे। बापू का जीवन खुली पुस्तक की तरह रहा। उसमें कोई बात गुप्त न थी, कहीं भी सच्चाई को छिपाने की कोशिश न थी। इसीलिए बापू के आचरण और विचारों ने करोड़ों स्त्री-पुरुषों को प्रेरणा दी।

सच्चाई बापू का खानदानी गुण था। परन्तु बचपन में एक घटना घटी जिसने उनको सत्य का पुजारी बना दिया। एक बार एक नाटक मंडली उनके शहर में आई। इस मंडलों

ने सत्यवादी हरिश्चन्द्र का नाटक दिखलाया। हरिश्चन्द्र की सत्य भक्ति और अपने वचन का पालन करने के लिए राजपाट, स्त्री-पुत्र सबको निछावर कर देने की बात ने उनके हृदय को छू लिया। उनके मन पर हरिश्चन्द्र की कथा ने अमिट प्रभाव डाला। हरिश्चन्द्र के कष्टों को याद करके वह रोए। बार-बार उन्होंने अपने मन में हरिश्चन्द्र की गाथा को दोहराया।

सत्य उनके लिए सबसे बड़ी चीज थी। इसीलिए उन्होंने कहा है कि, "सत्य ही मेरा ईश्वर है।" सत्य के लिए बापू को हर तरह के कष्ट उठाने पड़े परन्तु उन्होंने सत्य का दामन नहीं छोड़ा।

जीवन के अनेक तल होते हैं। उनमें कुछ एक की झलक व्यक्ति के आचरण और कार्य के दर्पण में बखूबी दीख सकती है। महात्मा गांधी और सच्चाई के प्रसंग में भी, उनके जीवन में आए उतार-चढ़ाव को देखना जरूरी है। अपनी 'आत्मकथा' को बापू ने *सत्य के प्रयोग* कहना ही ठीक समझा। बापू ने इस शीर्षक की व्याख्या करते हुए लिखा –

> "मुझे आत्मकथा कहाँ लिखनी है? मुझे तो आत्मकथा के बहाने सत्य के जो अनेक प्रयोग मैंने किए हैं, उनकी कथा लिखनी है। यह सच है कि उनमें मेरा जीवन ओत-प्रोत होने के कारण यह कथा एक जीवन वृत्तांत जैसी बन जाएगी। लेकिन अगर उसके हर पन्ने पर मेरे प्रयोग ही प्रकट हों, तो मैं स्वयं उस कथा को निर्दोष मानूंगा।"

उन्होंने यह भी साफ-साफ कहा कि "मुझे दुनिया को कोई नई चीज नहीं सिखानी है। सत्य और अहिंसा अनादि काल से चले आए हैं।"

झूठ और बेईमानी गांधीजी के स्वभाव के खिलाफ थी।

वे कहा करते थे कि ऐसी चीज जो हम झूठ और बेईमानी, धोखेबाजी और चालाकी से पाते हैं, ज्यादा दिन नहीं टिकती।

अपने विद्यार्थी जीवन से ही बापू ने सच्चाई और ईमानदारी की आदत बना ली थी।

बापू कहा करते थे, 'सबसे सीधा रास्ता ही सबसे छोटा होता है। ज्यामिती या रेखागणित से भी सिद्ध है कि सीधी रेखा दो बिन्दुओं के बीच की सबसे छोटी रेखा होती है।'

अपनी आत्मकथा में बापू ने एक प्रसंग का जिक्र किया है कि–

> "हाई स्कूल के पहले ही वर्ष की परीक्षा के समय की एक घटना उल्लेखनीय है। शिक्षा विभाग के इन्स्पेक्टर विद्यालय का निरीक्षण करने आए थे। उन्होंने पहली कक्षा के विद्यार्थियों को अंग्रेजी के पांच शब्द लिखाए। उनमें से एक शब्द 'केटल' था। मैंने उसके हिज्ज़े गलत लिखे थे। शिक्षक ने अपने बूट की नोक मार कर मुझे सावधान किया। लेकिन मैं क्यों सावधान होने लगा। मुझे तो ख्याल ही नहीं हो सका कि शिक्षक पासवाले लड़के की पट्टी देखकर हिज्ज़े सुधार लेने को

कहते हैं। मैंने यह माना था कि शिक्षक तो यह देख रहे हैं कि हम एक दूसरे की पट्टी देखकर चोरी न करें। सब लड़कों के पांचो शब्द सही निकले, अकेला मैं बेवकूफ ठहरा। शिक्षक ने मुझे अपनी बेवकूफी बाद में समझायी लेकिन मेरे मन पर उनके समझाने का कोई असर न हुआ। मैं दूसरे लड़कों की पट्टी में देखकर चोरी करना कभी सीख ही नहीं सका।"

एक और प्रसंग बापू के जीवन में बचपन से ही सच्चाई के अंकुर दिखाता है। भाई का कर्ज चुकाने के लिए सोने के कड़े से टुकड़ा काट कर दोनों भाइयों ने बेच दिया। घरवालों ने पूछताछ की तो कह दिया कि हमें नहीं मालूम। परन्तु उस रात बालक मोहनदास का मन अपने पाठ में नहीं लगा। दिमाग में उथल-पुथल मची थी। अन्त में उन्होंने माँ को सारी बात बता दी। मोहनदास को मां बहुत प्यार करती थी और अपने बेटे की गलती पर उसे बहुत दुख हुआ। माँ ने मोहनदास से कहा कि वह पिता के पास जाकर सब सच-सच बता दे।

बालक मोहनदास को पिता के सामने जाने का साहस नहीं हो रहा था। इस बारे में गांधी ने लिखा है कि–

"यह बात नहीं कि पिटाई होने का डर था। पिताजी ने तो बच्चों को कभी हाथ भी नहीं लगाया था। डर था उनका जी दुखाने का। लेकिन सच.सच तो उन्हें कहना ही होगा। अपराध स्वीकार किए बिना मन कैसे शुद्ध होगा? मुँह न खुलता था इसीलिए मैंने चिट्ठी में सब कुछ लिखने का निर्णय किया। मैंने पत्र लिखा और स्वयं अपने हाथ से उन्हें दिया। मैंने पत्र में अपने अपराध को स्वीकार किया उचित दण्ड देने का अनुरोध किया और अन्त में विनती की कि पिताजी अपना जी न दुखाएँ। प्रतिज्ञा की, फिर कभी चोरी न करूंगा।"

"पिताजी को पत्र देते समय मेरे हाथ कांप रहे थे। वह रोग-शैय्या पर पड़े थे, उनका बिस्तर तख्ते पर लगा था। मैं बैठ गया। उन्होंने पत्र पढ़ा। मोती जैसे आंसू की बूंदें उनके मुख पर बहती हुई कागज पर पड़ीं। उन्होंने काग़ज को फाड़ दिया। मैं भी रोया। पिताजी की पीड़ा को मैं समझ सका था। यदि मैं चित्रकार होता तो आज उस दृश्य को चित्रित कर देता। दृश्य आज भी हूबहू मेरी आंखों के सामने है। प्रेम के आंसुओं की मोती जैसी उन बूंदों ने मेरे मन को शुद्ध कर दिया। मेरा पाप धुल गया। जिसने ऐसा प्रेम पाया हो, वही जान सकता है उसकी शक्ति को।"

उस दिन से सच बोलना उनका स्वभाव बन गया। इसी प्रकार दक्षिण अफ्रीका में हिंदुस्तानियों की एक सभा के बारे में लिखा कि–

"इस सभा में मैंने जो भाषण दिया वह मेरे जीवन का पहला भाषण माना जा

> सकता है। मैंने काफी तैयारी की थी। मुझे *सच्चाई* पर बोलना था। मैं व्यापारियों के मुंह से यह सुनता आ रहा था कि व्यापार में सच्चाई नहीं चल सकती। मैं इस बात को तब भी नहीं मानता था और आज भी नहीं मानता। वह कहने वाले व्यापारी मित्र आज भी मौजूद हैं कि व्यापार के साथ सच्चाई का मेल नहीं बैठ सकता। वे व्यापार को व्यवहार कहते हैं सत्य को धर्म कहते हैं। और यह दलील देते हैं कि व्यवहार एक चीज है, धर्म दूसरी। उनका विश्वास है कि व्यवहार में सच्चाई चल ही नही सकती, उसमें तो सच्चाई यथाशक्ति ही बोली-बरती जा सकती है। अपने भाषण में मैंने इस बात का डटकर विरोध किया और व्यापारियों को उनके दोहरे कर्तव्य का स्मरण कराया। परदेश में आने से उनकी जिम्मेदारी देश की अपेक्षा अधिक हो गई है, क्योंकि यहाँ मुट्ठी भर हिन्दुस्तानियों की रहन-सहन से हिन्दुस्तान के करोड़ों लोगों को तोला जाता है।"

"गांधीजी ने आगे लिखा है कि"—

> "मैं स्वयं झूठ बोलूं और अपने शिष्यों को सच्चा बनने का प्रयत्न करुं तो वह व्यर्थ ही होगा। एक जैन मुनि ने एक बार मेरे सम्बन्ध में यह ठीक ही कहा था कि मैं अहिंसा का उतना अधिक भक्त नहीं हूँ जितना कि सच्चाई का हूँ। और मैंने सच्चाई को पहला स्थान दिया है तथा अहिंसा को दूसरा, क्योंकि उनके शब्दों में मैं सच्चाई के लिए अहिंसा की बलि दे सकता था। वास्तव में बात यह थी कि सत्य की उपासना करते-करते ही मुझे अहिंसा मिली है। हमारे शास्त्रों में यह कहा गया है कि 'सत्य से परे कोई धर्म नहीं है।' किन्तु उनका यह कहना भी है कि 'अहिंसा परम धर्म है।' मेरी राय में 'धर्म' शब्द का ऊपर के इन दो सूत्रों से भिन्न अर्थ है।"

गांधीजी कहा करते थे कि 'मैं केवल सत्य की ही उपासना और भक्ति करता हूँ। और मैं सत्य के सिवा अन्य किसी का अनुशासन नहीं मानता।' उनका यह भी कहना था कि—

> "सत्य ही मूल वस्तु है, पहले सत्य को पाना चाहिए, लेकिन सत्य 'शिव' और 'सुन्दर' होता है, अतः सत्य को प्राप्त कर लेने पर कल्याण और सौंदर्य तुम्हें मिल ही जाएंगे। ईसा को मैं महान् कलाकार मानता हूँ, क्योंकि उन्होंने सत्य की उपासना की, उसे ढूंढ़ा और अपने जीवन में उसे प्रकट किया। इसी तरह मुहम्मद भी एक बड़े कलाकार थे, कुरान अरबी साहित्य की सर्वश्रेष्ठ रचना है। कम से कम पंडित जन तो ऐसा ही कहते हैं। दोनों ने पहले सत्य की प्राप्ति का प्रयत्न किया, यही कारण है कि उनकी वाणी में अभिव्यक्ति का सौंदर्य अपने आप आ गया। लेकिन ईसा या मुहम्मद किसी ने भी कला पर कुछ नहीं लिखा। ऐसे ही सत्य और सौंदर्य की आकांक्षा मैं करता हूँ। मैं उसी के लिए जी रहा हूँ और

जरूरत पड़ने पर उसके लिए प्राण भी दे दूँगा। सत्य में या सत्य द्वारा ही मुझे सौंदर्य की अनुभूति होती है। सत्य की सभी अभिव्यक्तियां, केवल सच्चे विचार ही नहीं बल्कि वे चेहरे, वे चित्र और वे गीत जिनसे सच्चाई प्रकट होती है, बहुत सुन्दर हैं। आमतौर से लोग सत्य में सौंदर्य नहीं देख पाते, साधारण मनुष्य सच्चाई से भागता हैं और उसमें निहित सौंदर्य के प्रति अंधा बन जाता है। जब लोग सत्य में सौंदर्य देखने लगेंगे तभी सच्ची कला का अन्त होगा।"

सच्चाई के बारे में कितनी सच्चाई से बापू ने कहा कि–

"मैं एक सत्यान्वेषी मात्र हूँ। मेरा दावा है कि मैंने उस तक पहुँचने का रास्ता पा लिया है और मेरा यह दावा भी है कि मैं सत्य को प्राप्त करने के लिए लगातार प्रयत्नशील हूँ। लेकिन मैं यह स्वीकार करता हूँ कि अब तक मैं उसे पा नहीं सका हूँ। सत्य को पूर्णतः प्राप्त कर लेने का मतलब अपने आपको उन्नति के शिखर पर ले जाना, ईश्वर ने जिस उद्देश्य के लिए हमें रचा है उस उद्देश्य को प्राप्त कर लेना है। लेकिन मैं जानता हूँ और इस जानकारी से मुझे दुख भी होता है कि मुझमें कमियाँ हैं, लेकिन ऐसा बहुत ही कम होता है कि मनुष्य अपनी कमियों को पहचाने।

सच्चाई के अलावा मैं किसी का भक्त नहीं हूँ और सत्यानुशासन के अतिरिक्त मैं और कोई अनुशासन नहीं मानता।

मैं एक तुच्छ प्राणी हूँ और मैं निरन्तर प्रयास करता हूँ कि मैं अच्छा बनूँ। मन, वचन और कर्म से पूरी तरह सच्चा बनूँ। किन्तु मैं आदर्श तक जिसे मैं सही समझता हूँ, पहुँच पाने में अभी तक असफल रहा हूँ। मैं मानता हूँ कि यहाँ तक पहुँचना कष्टपूर्ण है लेकिन उस कष्ट में ही मेरे लिए आनन्द है। हर कदम मुझे अधिक शक्तिशाली और अगले कदम के लिए समर्थ बनाता है।

सत्य के आग्रह से जो बल प्राप्त हो सकता है, उसके अतिरिक्त और कोई बल मुझमें नहीं है।"

यंग इंडिया के 31 दिसम्बर, 1931 के अंक में गांधीजी ने लिखा है कि–

"लंदन की गोल मेज परिषद् से लौटते हुए स्विट्जरलैण्ड की एक सभा में पूछे गए एक प्रश्न के उत्तर में उन्होंने कहा था कि असल में अंग्रेजी शब्द ट्रुथ के लिए संस्कृत में जो शब्द है—यानी 'सत्य'—उसका शब्दार्थ ही है 'जो है'। इस कारण से और अन्य कई कारणों से, मैं आपको बता सकता हूँ, मैं इस नतीजे पर पहुँचा हूँ कि *सत्य ही ईश्वर है*, यह व्याख्या मुझे सबसे अधिक संतोष देती है। और जब आप सत्य को ईश्वर के रूप में पाना चाहते हैं, तब उसका एकमात्र अनिवार्य साधन प्रेम अर्थात् अहिंसा ही है। और चूंकि मैं मानता हूँ कि अंत में साधन और

साध्य समानार्थक शब्द हो जाते हैं, इसलिए मुझे यह कहने में संकोच नहीं होगा कि, ईश्वर प्रेम है।"

इस सिलसिले में गांधीजी ने लिखा है कि–

"आज से 40 बरस पहले जब मैं नास्तिकता और शंका-कुशंकाओं के तीव्र संकट से पार हो रहा था, मैंने टालस्टाय की पुस्तक *दि किंग्डम आफ गाड इज विदिन यू* (भगवान का राज्य तुम्हारे भीतर है) पढ़ी थी। उसका मुझ पर गहरा प्रभाव पड़ा। टालस्टाय के जीवन की जिस विशेषता ने मुझ पर गहरा असर डाला वह यह है कि उन्होंने जिस बात का उपदेश दिया, उसे स्वयं अपने व्यवहार में उतारा और सच्चाई की शोध में किसी भी त्याग को बहुत बड़ा नहीं माना।"

गांधीजी के विचार इस बारे में इतने पक्के थे कि, उन्होंने यहाँ तक कह डाला कि भारत सत्य का बलिदान करके स्वतंत्रता प्राप्त करे, इसकी अपेक्षा मैं यह कहीं ज्यादा पसंद करूंगा कि वह नष्ट हो जाए।'

जमनादास द्वारकादास जी ने अपने एक संस्मरण में लिखा है कि गांधीजी के साथ मेरा सैद्धान्तिक मतभेद भी हुआ। यहाँ प्रिंस ऑफ वैल्स आए थे। गांधीजी के अनुयायियों ने विदेशी कपड़ों की होली जलाने का काम शुरू किया और जो उसके खिलाफ थे उनको तरह-तरह से अपमानित किया। मुझे कुछ गुस्सा आया। मैंने गांधीजी को एक सख्त-पत्र लिखा। वह याद करते हुए मुझे आज शर्म आती है। मैंने लिखा था कि आप अपने मुँह पर सत्य-सत्य पुकारते हैं मगर उन कार्यों को रोकते नहीं हैं। मेरे मन में शंका होती है कि आपके हृदय में वह सत्य है भी या नहीं। गांधीजी का दूसरे दिन खुद के हस्ताक्षर में पत्र मिला–

"चिंरजीवी जमनादास, तुमने लिखा, अच्छा किया। हनुमान का हृदय जब फाड़कर देखा तो जो राम उनके होंठों पर था उसी राम को उनके हृदय के हरेक कोने में सबने देखा। ऐसे ही जब तुम मेरा हृदय चीर कर देखोगे तो जो सत्य मेरे होंठ पर है वही सत्य कोने कोने में देखोगे। मगर आज तो तुम्हारी अश्रद्धा का प्रहार मैं सहन करता हूँ, और कोई चारा नहीं है। मगर मेरे जीवन के दरम्यान जल्दी से या तो मेरे मरण के बाद वह समय जरूर आएगा जब तुम ही सबसे ज्यादा मेरी सत्य और अहिंसा की अटूट श्रद्धा के विषय में गवाही दोगे।"

गांधीजी और सच्चाई के संदर्भ में यह उपयुक्त उदाहरण ज्वलंत जवाब है।

19

सच्चाई का दार्शनिक पक्ष

गांधीजी एक अद्वैतवादी और आध्यात्मवादी दार्शनिक थे, वे सभी वस्तुओं और प्राणियों की एकता में विश्वास करते थे। यह एकता एक अपरिवर्तनीय नियम के द्वारा संचालित है और यह नियम स्वयं ईश्वर ही है। ईश्वर को गांधी जी ने सत्य कहा है। सत्य, ईश्वर या परमसत्ता की परिभाषा नहीं है। यह स्वयं सर्वोच्च सत्तामूलक यथार्थ है, इसलिए 'ईश्वर सत्य है' अथवा, 'सत्य ईश्वर है' इन दोनों कथनों में कोई अन्तर नहीं है। परम सत्ता को सत्य के रूप में बहुत कम ग्रहण किया गया है। और गांधीजी उन गिने-चुने चिंतकों में थे जिनकी अपनी सामाजिक और दार्शनिक धारणाएँ सत्योन्मुख हैं।

गांधीजी के चिन्तन में सत्य और वास्तविकता, दोनों समाहित हैं। सत्य सब वस्तुओं के सत् (भाव) का प्रथम नियम है।

अंग्रेजी भाषा में, सत्य शब्द का अर्थ प्रमुख रूप ज्ञान मीमांसात्मक है। ऐसा प्रतीत होता है कि गाथा जो 'सत्य ईश्वर है' कहकर यह बताना चाहते हैं कि सत्य केवल ज्ञान मीमांसात्मक न होकर सत्ता-मीमांसात्मक भी है, अर्थात् वह सर्वोच्च सत्ता है।

गांधीजी निरपेक्ष सत्य और सापेक्ष सत्य में स्पष्ट भेद करते हैं। निरपेक्ष सत्य वह सर्वोच्च नियम है, जिसमें अन्य अनेक नियम निहित हैं। यह समय और इतिहास से परे एक शाश्वत नियम है। यह साधारण प्रत्यक्ष और विचार से भी परे है। अतः अवर्णनीय हैं। यह सभी सापेक्ष, कालिक और अनुभवगम्य सत्यों की पूर्वमान्यता है। ठीक जिस प्रकार आभास, वास्तविकता पर आधारित है और परिवर्तन का अधिष्ठान स्थायित्व है, सभी खंडित और सापेक्ष सत्यों की पूर्वमान्यता निरपेक्ष सत्य है। वे उसके प्रकाश से प्रकाशवान होते हैं। गांधीजी इस प्रकार एक ऐसे मूर्त अध्यात्मवाद को स्वीकार करते जान पड़ते हैं जो अमूर्तकरण द्वारा दृश्य जगत का, सत्ता का अपहरण नहीं करती, बल्कि अद्वैत सत्य में उसे भी सम्मिलित कर लेता है।

सत्य की अनन्त संभावनाएँ हैं। मनुष्यों के लिए संपूर्ण सत्य को समझ पाना संभव नहीं है। किन्तु व्यावहारिक जगत में वह अहिंसा के रूप में अभिव्यक्त होता है। अहिंसा को गांधीजी ने प्रेम का सार्वभौम नियम माना है। हमारा अस्तित्व अहिंसा, सत्य पर निर्भर करता है न कि हिंसा, असत्य पर। हम सबमें और संसार में अहिंसा, संकेद्रित और सशक्तशील शक्ति है। अन्तिम सत्य की अनेक अभिव्यक्तियों में से यह एक है और

इसलिए सत्य की ही भांति इसे भी तत्व मीमांसात्मक दर्जा प्राप्त है। गांधी के दर्शन में अहिंसा और सत्य एक-दूसरे से अपृथक हैं। वे परस्पर इतने गुथे-बंधे हैं, कि उन्हें अलग कर पाना व्यावहारिक रूप से असंभव है। सत्य और अहिंसा का समीकरण, भारतीय तत्व मीमांसात्मक चिंतन की, गांधीजी की सर्वाधिक मौलिक देन है।

कुछ विचारक परम सत्य की वास्तविकता पर संशय करते हैं। वे उसे मानवी कल्पना की उड़ान मात्र मानते हैं। कुछ अन्य विचारक उसे स्वीकार तो करते हैं किन्तु उसे अज्ञेय समझते हैं। गांधीजी न तो अज्ञेयवादी हैं और न ही संशयवादी। निस्संदेह 'परम सत्य' सभी प्रकार के ज्ञान की पूर्वमान्यता होने के नाते, इन्द्रिय प्रत्यक्ष अथवा तर्कबुद्धि द्वारा वहाँ जाना जा सकता। वस्तुतः अपनी अभिव्यक्ति के लिए उसे किसी माध्यम की आवश्यकता नहीं हैं उसकी अभिव्यक्ति में ज्ञाता और ज्ञेय का विरोध तिरोहित हो जाता हैं। वह आत्म प्रकाशित और आत्मसंचारी है। व्यक्ति को उसे भीतर ही भीतर अन्तर्वाणी के रूप में सिद्ध करना होता है। अंतर्वाणी अंतरात्मा की आवाज है; यह जिस सहजता और आकस्मिकता से प्रकट होती है उससे यह नहीं समझना चाहिए कि यह बिना प्रयत्न के संभव हैं। इसके लिए कठिन आध्यात्मिक अनुशासन की आवश्यकता है। और यह अनुशासन सत्य, अहिंसा और ब्रह्मचर्य जैसे नियमों के पालन करने में है। गांधीजी इस प्रकार धार्मिक और आध्यात्मिक जागृति के लिए नैतिक शर्तों की उपेक्षा नहीं करते। इन्द्रियाँ और तर्क-बुद्धि का संक्रमण कर जाने वाली अंतर्वाणी अचूक तभी हो सकती है जब वह शुद्ध और अनुशासित जीवन से उद्भूत हो। सत्य इस प्रकार अहिंसा, ब्रह्मचर्य और अन्य नैतिक नियमों से अपृथक है। सत्तामूलक सत्य नैतिक सत्य से अलग नहीं देखा जा सकता। दोनों एक दूसरे में संघटित हैं।'

गांधीजी के सत्य की अवधारणा हमें उनकी ईश्वर की अवधारणा की ओर सहज ही ले जाती हैं। गांधीजी कहते हैं कि उनके ईश्वर सत्य और प्रेम हैं। ईश्वर नीति शास्त्र और नैतिकता है। ईश्वर जीवन और प्रकाश का स्त्रोत है और वह फिर भी उन सबसे परे है। अंतरात्मा है। सतही तौर से ऐसा प्रतीत होता है कि गांधीजी विवेक रूप से ईश्वर पर सभी गुण आरोपित कर देते हैं। किन्तु यदि हम सत्य के परिप्रेक्ष्य में उनकी ईश्वर की अवधारणा पर विचार करें तो उनके सभी कथनों की सार्थकता स्पष्ट हो सकेगी। सत्य के रूप में ईश्वर केवल एक बौद्धिक अवधारणा नहीं है, बल्कि वह सभी घटित और अस्तित्वानी वस्तुओं का निर्णायक है। उसकी अपनी सत्तामूलक वास्तविकता है और हमारे दृश्य जगत में वह प्रेम के नियम के रूप में संचालित है। अहिंसा का सात्विक सिद्धांत होने के रूप में संचालित हैं और अहिंसा का सात्विक सिद्धांत होने के नाते ही सह-नीतिशास्त्र और नैतिकता का स्त्रोत है। अहिंसा कायरों के लिए न होकर वीरों के लिए होती है। अभय, इस प्रकार अहिंसा में समाहित है। किन्तु अहिंसा का शाश्वत नियम केवल मानव जगत्

तक ही सीमित नहीं वस्तुतः वह मानवी और अमानवी सभी प्रकार के जीवन का अधिष्ठान है। इतना सब होते हुए सम्पूर्ण ईश्वर को अपनी संभावनाओं के दृश्य-जगत् में हम समाहित नहीं देते। यह इसके परे और ऊपर भी है। इसलिए उसे केवल इन्द्रिय प्रत्यक्ष और तर्कबुद्धि द्वारा नहीं समझा जा सकता। वह अपने सच्चे स्वरूप को केवल अन्तरात्मा के रूप में अभिव्यक्त करता हैं और यह अन्तरात्मा ही मनुष्य का सच्चा स्वरूप है। ईश्वर की परम वास्तविकता के इस प्रकार दो आयामं हैं, एक जो मानवी और प्राकृतिक जगत् के अनुरूप हैं और दूसरा, जो इस दृश्य-जगत् का अतिक्रमण कर जाता है।

20
शिक्षा

भारत में विदेशी शासन से पहले प्राचीन गुरु और आचार्यों के मार्गदर्शन में एक अच्छी और सुगम शिक्षा प्रणाली प्रचलित थी। सन् 1833 में पहले इस प्रणाली में परिवर्तन होने शुरू हुए, फिर भी थोड़ी बहुत व्यवस्था बनी रही, पर इसके पश्चात् सार्वजनिक शिक्षा की हालत शोचनीय बनती गई। किसी भी अच्छी व्यवस्था की नींव डालने के लिए उत्तम आचार्य की आवश्यकता होती है। पर, यह भी सत्य ही है कि किसी भी महान गुरु के दर्शन दुनिया में दीर्घ काल के बाद ही होते हैं। ऐसा गुरु अपने ही जीवन से पहचाना जाता है। गांधीजी ऐसे ही महान गुरु थे। आज की विकट परिस्थिति में गांधीजी के शिक्षा सम्बन्धी विचार अतीत की तरह ही सामयिक हैं। कालटर्न बाशवर्न ने *रीमेकर्स आफ मेनकाइण्ड* में लिखा है कि शिक्षा के ध्येय के बारे में बापू से जब पूछा गया कि भारत को स्वराज्य मिल जाएगा तब शिक्षा का आपका क्या ध्येय होगा? बापू का उत्तर था–

> "चरित्र निर्माण। मैं साहस, बल, सदाचार और बड़े लक्ष्य के लिए काम करने में आत्मोत्सर्ग की शक्ति का विकास कराने की कोशिश करूँगा। यह साक्षरता से ज्यादा महत्वपूर्ण हैं, किताबी ज्ञान तो उस बड़े उद्देश्य का एक साधनमात्र है।"

इसी बात को आगे बढ़ाते हुए जब प्रश्न किया गया कि 'क्या शिक्षा के जरिए आप किसी खास तरह का सामाजिक संगठन पैदा करने की कोशिश करेंगे?' बापू का उत्तर था–

> "मेरा ख्याल है कि अगर व्यक्ति का चरित्र निर्माण करने में हम सफल हो जाएंगे, तो समाज अपना काम आप संभाल लेगा। इस प्रकार जिन व्यक्तियों का विकास हो जाएगा, उनके हाथों में समाज के संगठन का काम मैं खुशी से सौंप दूंगा।"

बापू के शिक्षा सम्बन्धी विचार धीरे-धीरे पनपे। ये दिवास्वप्न नहीं थे। उन्होंने अपने विचारों को परखा और परीक्षण की कसौटी पर कसा था। बापू ने शिक्षा सम्बन्धी प्रयोग और परीक्षण दक्षिणी अफ्रीका में टालस्टाय फार्म पर शुरू किए। बापू ने ये प्रयोग वहाँ के निवासी बच्चों पर सीमित नहीं रखें, अपने चार पुत्रों को भी इसमें शामिल किया। भारत में गांधीजी ने साबरमती और सेवाग्राम आश्रम में शिक्षा सम्बन्धी अपने प्रयोगों को जारी रखा और समयानुकूल परिवर्तन कर, अपने विचारों को समाज के सामने रखा।

8 मई, 1937 के *हरिजन* अंक में बापू ने लिखा था–

> "मेरी राय में बुद्धि की सच्ची शिक्षा शरीर की स्थूल इन्द्रियों अर्थात् हाथ, पैर,

आँख, नाक, कान, वगैरह के ठीक.ठीक उपयोग और तालीम के द्वारा ही हो सकती है। दूसरे शब्दों में, बच्चे द्वारा इन्द्रियों का बुद्धिपूर्वक उपयोग उसकी बुद्धि के विकास का उत्तम और जल्द से जल्द तरीका है परन्तु शरीर और मस्तिष्क के विकास के साथ आत्मा की जागृति भी उतनी ही नहीं होगी, तो केवल बुद्धि का विकास घटिया और एकांगी वस्तु ही साबित होगा। आध्यात्मिक शिक्षा से मेरा मतलब हृदय की शिक्षा है। इसलिए मस्तिष्क का ठीक ठीक और सर्वांगीण विकास तभी हो सकता है, जब साथ-साथ बच्चे की शारीरिक और आध्यात्मिक शक्तियों की भी शिक्षा होती रहे। ये सब बातें अविभाज्य हैं। इसलिए इस सिद्धांत के अनुसार यह मान लेना घोर कुतर्क होगा कि उनका विकास अलग-अलग या एक दूसरे से स्वतन्त्र रूप में किया जा सकता हैं।"

इसी बात को आगे बढ़ाते हुए बापू ने 31 जुलाई, 1930 के *हरिजन* के अंक में फिर लिखा –

"शिक्षा से मेरा अभिप्राय यह है कि बच्चे और मनुष्य के शरीर और बुद्धि और आत्मा के सभी उत्तम गुणों का विकास किया जाए। पढ़ना-लिखना शिक्षा का अन्त तो है ही नहीं, वह आदि भी नहीं है। वह पुरुष और स्त्री को शिक्षा देने के साधनों में से केवल एक साधन है। साक्षरता स्वयं कोई शिक्षा नहीं है। इसलिए मैं तो बच्चे की शिक्षा का प्रारम्भ इस तरह करूँगा कि उसको कोई उपयोगी दस्तकारी सिखाई जाए और जिस क्षण से वह अपनी तालीम शुरू करें उसी क्षण से उसे उत्पादन का काम करने योग्य बना दिया जाए।'

"मेरे मतानुसार इस प्रकार की शिक्षा पद्धति में मस्तिष्क और आत्मा का उच्चतम विकास संभव है। इतनी.सी बात है कि आजकल की तरह प्रत्येक दस्तकारी केवल यांत्रिक ढंग से न सिखाकर वैज्ञानिक ढंग से सिखानी पड़ेगी। अर्थात् बच्चे को प्रत्येक प्रक्रिया का कारण जानना चाहिए।"

बापू के विचार में शिक्षा दस्तकारी की धुरी पर आधारित होनी चाहिए। बापू ने 9 अक्तूबर, 1937 के *हरिजन* के अंक में इसी बात पर जोर देते हुए लिखा–

"इस प्रकार कताई और धुनाई जैसे ग्रामोद्योग द्वारा प्राथमिक शिक्षा देने की मेरी योजना में कल्पना यह है कि यह एक ऐसी शान्त सामाजिक क्रान्ति का अग्रदूत बने, जिसमें अत्यन्त दूरगामी परिणाम भरे हुए हैं। इसमें नगर और ग्राम के सम्बन्धों का एक स्वास्थ्यप्रद और नैतिक आधार प्राप्त होगा और समाज की मौजूदा अरक्षित अवस्था और वर्गों के परस्पर विषाक्त सम्बन्धों की कुछ बड़ी से बड़ी बुराइयों को दूर करने में बहुत सहायता मिलेगी। इससे हमारे देहातों का दिन.दिन बढ़ने वाला ह्रास रुक जाएगा और एक ऐसी अधिक न्यायपूर्ण व्यवस्था

> की बुनियाद पड़ेगी, जिसमें गरीब अमीर का अप्राकृतिक भेद न हो और हर एक के लिए गुजर के लायक कमाई और स्वतन्त्रता के अधिकार का आश्वासन हो। और यह सच किसी भयंकर और रक्तरंजित वर्गयुद्ध अथवा बहुत भारी पूंजी के व्यय के बिना ही हो जाएगा। भारत जैसे विशाल देश का यंत्रीकरण किया गया, तो इन दोनों बातों में से एक तो जरूर होगी। मेरी योजना में विदेशों से मंगाई हुई मशीनरी या वैज्ञानिक और यांत्रिक दक्षता पर भी लाचार होकर निर्भर करने की जरूरत नहीं पड़ेगी। आखिरी बात यह है कि बड़े-बड़े विशेषज्ञों की बुद्धि की जरूरत न होने के कारण एक तरह से जनसाधारण के भाग्य का निपटारा स्वयं उन्हीं के हाथ में रहेगा।"

भारत की गुरुकुल व्यवस्था और बापू के शिक्षा सम्बन्धी विचारों में काफी साम्य है। शारीरिक श्रम और दस्तकारी दोनों में उतने ही महत्वपूर्ण हैं जितना साहित्य और बौद्धिक विकास। बापू की बुनियादी तालीम की यह भूमिका है।

पढ़ाई के माध्यम के बारे में भी बापू का दृढ़ विचार था कि शिक्षा का माध्यम मातृभाषा ही हो न कि विदेशी भाषा।

बनारस हिन्दू विश्वविद्यालय के उदघाटन समारोह पर 4 फरवरी, 1916 के ऐतिहासिक भाषण में महात्मा गांधी ने कहा था–

> "मुझे आशा है कि इस विश्वविद्यालय में विद्यार्थियों को उनकी मातृभाषा के माध्यम से शिक्षा देने का प्रबंध किया जाएगा। यदि आप मुझ से यह कहें कि हमारी भाषाओं में उत्तम विचार व्यक्त किए ही नहीं जा सकते, तब तो हमारा संसार से उठ जाना ही अच्छा हैं। क्या कोई व्यक्ति स्वप्न में भी यह सोच सकता है कि अंग्रेज़ी भविष्य में किसी दिन भारत की राष्ट्रभाषा हो सकती है? फिर देश के पाँवों में यह बेड़ी क्यों? ज़रा सोचिए, अंग्रेज़ी भाषा में अंग्रेज़ बच्चों से होड़ कराने में हमारे बच्चों पर कितना वजन पड़ता है? पूना के कुछ प्रोफेसरों ने मुझे बताया कि चूंकि हर भारतीय विद्यार्थी को अंग्रेज़ी की मार्फत ज्ञान अर्जित करना पड़ता है, इसलिए उसे अपनी जिन्दगी के बेशकीमती वर्षों में से कम से कम छः वर्ष अधिक नष्ट करने पड़ते हैं।. . . मान लीजिए, हमने पिछले पचास वर्षों में अपनी-अपनी भाषाओं के जरिए शिक्षा पाई होती तो हम किस स्थिति में होते।. . . तब पढ़े-लिखे लोग अपने ही देश में अजनबी न होते, बल्कि देश के हृदय को छूने वाली वाणी बोलते. . . प्रो. वसु और प्रो. राय तथा उनके शानदार आविष्कारों को ही लीजिए, क्या यह लज्जा की बात नहीं है कि आम जनता का उनसे कुछ लेना-देना नहीं है?"

बापू ने तो यहाँ तक कहा कि 'हमेशा से मेरी मान्यता रही कि ऐसे भारतीय जो अपने

बच्चों को बचपन से अंग्रेज़ी में सोचना और बोलना सिखाते हैं, अपने बच्चों के साथ और देश के साथ विश्वासघात करते हैं।'

इसका यह अर्थ नहीं कि बापू अंग्रेजी के विरोधी थी। बापू ने 9 जुलाई, 1938 के *हरिजन* के अंक में लिखा था कि–

"इससे यह हरगिज न समझना चाहिए कि मैं अंग्रेजी भाषा या उसके श्रेष्ठ साहित्य का महत्व घटाना चाहता हूँ। *हरिजन* मेरे अंग्रेजी प्रेम का पर्याप्त प्रमाण है। लेकिन उसके साहित्य की महत्ता भारतीय राष्ट्र के लिए उससे अधिक उपयोगी नहीं, जितना कि इंग्लैंड का समशीतोष्ण जलवायु या वहाँ के सुन्दर नैसर्गिक दृश्य हो सकते हैं। भारत को तो अपने ही जलवायु व नैसर्गिक दृश्यों के अनुरूप साहित्य में तरक्की करनी होगी, फिर चाहे वे अंग्रेजी जलवायु से, नैसर्गिक दृश्यों से और साहित्य से घटिया दर्जे के ही क्यों न हों। हमें और हमारे बच्चों को तो अपनी ही विरासत पर इमारत बनानी चाहिए अगर हम दूसरों की विरासत लेंगे, तो हमारी अपनी विरासत दरिद्र हो जाएगी। सच तो यह है कि विदेशी सामग्री पर हम कभी उन्नति नहीं कर सकते। मैं तो चाहता हूँ कि राष्ट्र न केवल अंग्रेजी भाषा का बल्कि संसार की अन्य भाषाओं का ज्ञान भंडार भी अपनी ही देशी भाषाओं में संचित करें। रवीन्द्रनाथ की अनुपम कृतियों का सौंदर्य जानने के लिए मुझे बंगाली पढ़ने की कोई जरूरत नहीं, क्योंकि सुन्दर अनुवादों के द्वारा मैं उसे पा सकता हूँ। इसी तरह टालस्टाय की संक्षिप्त कहानियों की कदर करने के लिए गुजराती लड़के-लड़कियों को रूसी भाषा पढ़ने की कोई जरूरत नहीं, क्योंकि अच्छे अनुवादों के जरिए वे उन्हें पढ़ सकते हैं। अंग्रेजों को इस बात का गर्व है कि संसार की सर्वोत्तम या साहित्यिक रचनाएँ प्रकाशित होने के एक सप्ताह के अन्दर-अन्दर सरल अंग्रेजी में उनके हाथों में आ पहुँचती हैं। ऐसी हालत में शेक्सपीयर और मिल्टन के सर्वोत्तम विचारों और रचनाओं के लिए मुझे अंग्रेजी पढ़ने की जरूरत क्यों हो। इनके अधिकृत सुन्दर अनुवाद अब प्रायः सभी भारतीय भाषाओं में उपलब्ध हैं।"

बापू प्राथमिक शिक्षा पर बड़ा जोर देते थे। उनका कहना था कि–

"भारत के लिए निःशुल्क और अनिवार्य प्राथमिक शिक्षा के सिद्धान्त में मेरा दृढ़ विश्वास है। मैं यह भी मानता हूँ कि इस लक्ष्य को सिद्ध करने का एकमात्र मार्ग यह है कि हम बालकों को कोई उपयोगी उद्योग सिखाएँ और उसके द्वारा उनकी शारीरिक, मानसिक और आध्यात्मिक शक्तियों का विकास सोचें। कोई ऐसा न माने कि शिक्षा के क्षेत्र में आर्थिक दृष्टि से विचारना निरा बनियापन है या ऐसे विचार का शिक्षा के क्षेत्र में कोई स्थान ही नहीं है। सच्चा अर्थशास्त्र कभी

उच्चतम नैतिक सिद्धांत के संघर्ष में नहीं आता, जैसे कि सच्चा नीतिशास्त्र अच्छा अर्थशास्त्र भी होना चाहिए।"

उच्च शिक्षा के बापू विरोधी नहीं थे, पर संभल-संभल कर कदम उठाने के पक्ष में जरूर थे। *हरिजन सेवक* के 9 जुलाई, 1938 के अंक में बापू ने इस बारे में लिखा था–

"मैं उच्च शिक्षा का विरोधी नहीं हूँ। लेकिन उस उच्च शिक्षा का मैं जरूर विरोधी हूँ, जो कि आज इस देश में दी जा रही है। मेरी योजना में सबसे अधिक संख्या में और अधिक अच्छे पुस्तकालय होंगे, अधिक संख्या में और अधिक अच्छी प्रयोगशालाएँ होंगी तथा अधिक अच्छी अनुसन्धानशालाएँ होंगी। मेरी योजना में हमारे पास ऐसे रसायनशास्त्रियों, इंजीनियरों तथा अन्य विषयों के विशेषज्ञों की एक बड़ी फौज होगी, जो राष्ट्र के सच्चे सेवक होंगे और उस जनता की दिनोंदिन बढ़ने वाली विविध प्रकार की आवश्यकताओं की पूर्ति कर सकेंगे, जो अपने अधिकारों तथा आवश्यकताओं के बारे में अधिकाधिक जाग्रत बनती जा रही है। और ये विशेषज्ञ अंग्रेजी भाषा नहीं बोलेंगे। वे लोग जो ज्ञान प्राप्त करेंगे वह सब लोगों की सामूहिक संपत्ति होगी।"

बापू ने साफ-साफ लिखा–

"अब मैं अपने उन निष्कर्षों को बता दूँ, जिन पर मैं कई बरसों से पहुँच चुका हूँ, और जब भी कभी मौका मिला है उन्हें अमल में लाने की मैंने कोशिश की है।"

उन्होंने आगे लिखा–

1. दुनिया में प्राप्त हो सकने वाली ऊँची से ऊँची शिक्षा का भी मैं विरोधी नहीं हूँ।
2. राज्य को, जहाँ भी इस शिक्षा का निश्चित उपयोग हो, वहाँ इसका खर्च उठाना चाहिए।
3. मैं राज्य के सामान्य राजस्व से किसी भी तरह की उच्च शिक्षा का खर्च चलाने के विरुद्ध हूँ।
4. मेरा यह पक्का विश्वास है कि हमारे कालेजों में जो विशाल मात्रा में तथाकथित शिक्षा दी जाती है, वह सब बिल्कुल व्यर्थ है और उसका परिणाम शिक्षित वर्गों की बेकारी के रूप में हमारे सामने आया है। यही नहीं, बल्कि जिन लड़के-लड़कियों को हमारे कालेजों की चक्की में पिसने का दुर्भाग्य प्राप्त हुआ है उनके मानसिक और शारीरिक स्वास्थ्य को भी इस शिक्षा ने चौपट कर दिया है।

विदेशी भाषा के माध्यम ने, जिसके जरिए भारत में उच्च शिक्षा दी जाती है, हमारे राष्ट्र को अपार बौद्धिक और नैतिक हानि पहुँचाई है। अभी हम अपने इस जमाने के इतने

ग्रास है कि इस नुकसान की भयंकरता का ठीक अन्दाज नहीं लगा सकते। इसके सिवा, ऐसी शिक्षा पाने वाले हमीं लोगों को इसके शिकार और न्यायाधीश दोनों बनना है, जो कि लगभग असंभव काम है।

शिक्षा के दायरे के बारे में बापू के विचार उदार थे। बापू संगीत की शिक्षा, विज्ञानों की शिक्षा, यहाँ तक काम-विज्ञान की शिक्षा के भी समर्थक थे, पर एक दायरे में। संगीत शिक्षा के बारे में बापू ने लिखा है कि–

> 'प्राथमिक शिक्षा के पाठ्यक्रमों में संगीत की शिक्षा को स्थान मिलना चाहिए। मैं इस का समर्थन करता हूँ। बच्चे के हाथ को शिक्षा देने में जितनी जरूरत है उतनी ही जरूरत उसके गले को शिक्षा देने की है। लड़के-लड़कियों के भीतर जो अच्छाइयाँ भरी रहती है उन्हें बाहर लाने के लिए तथा शिक्षा में उनकी दिलचस्पी पैदा करने के लिए कवायद, उद्योग, चित्रकारी और संगीत उन्हें साथ-साथ सिखाए जाने चाहिए।'

इसी प्रकार विज्ञान की शिक्षा के बारे में उन्होंने लिखा था कि–

> "मैं विभिन्न विज्ञानों में शिक्षा को महत्वपूर्ण मानता हूँ। हमारे बालक रसायनशास्त्र और भौतिक विज्ञान की जितनी भी शिक्षा ग्रहण करें उतनी थोड़ी ही है।"

काम-विज्ञान की शिक्षा के बारे में बापू ने कहा कि

> जिस काम–विज्ञान की शिक्षा के पक्ष में मैं हूँ, उसका लक्ष्य यही होना चाहिए कि इस विकार पर विजय प्राप्त की जाए और उसका दुरुपयोग न हो। ऐसी शिक्षा का स्वभावतः यह उपयोग होना चाहिए कि वह बच्चों के दिलों में मनुष्य और पशु के बीच का फर्क अच्छी तरह बैठा दे। बुद्धि मनुष्य में भावना को जाग्रत करती है और उसे रास्ता दिखाती है। पशु में आस्था सुप्तावस्था में रहती हैं। हृदय को जाग्रत करने का अर्थ है खोई हुई आत्मा को जाग्रत करना, बुद्धि को जाग्रत करना और बुराई-भलाई का विवेक पैदा करना।
>
> आज तो हमारे सारे वातावरण का–हमारे पढ़ने, हमारे सोचने और हमारे सामाजिक व्यवहार का–सामान्य हेतु कामेच्छा की पूर्ति करना होता है। इस बात को तोड़कर बाहर निकलना आसान काम नहीं है। परन्तु यह एक ऐसा काम है, जिसके लिए हमें ऊँचे से ऊँचा प्रयत्न करना चाहिए।

बापू के शिक्षा सम्बन्धी विचारों को लागू करने के लिए वर्तमान में दी जा रही औपचारिक शिक्षा की इस चलती लीक से हट कर कदम उठाना आवश्यक है। जितना शीघ्र यह हो सके, उतना ही अच्छा होगा।

21

युवक

गांधीजी ने कांग्रेस के सभापति पद के लिए, पण्डित जवाहरलाल नेहरू के नाम की सिफारिश करते हुए 29 जुलाई, 1929 से भी पहले युवा वर्ग के बारे में लिखा था कि–

> "बूढ़ों का कार्यकाल अब समाप्त हो चुका है। आगे आने वाले संग्राम में, जूझने का काम, नौजवान स्त्री.पुरुषों का है और इसलिए यह पूरी तरह उचित है कि उनकी रहनुमाई के लिए उन्हीं में से किसी को खड़ा किया जाए। (बूढ़ों को चाहिए कि वे जमाने की रफ्तार को समझें, नहीं तो जो कुछ वे उदारभाव से नहीं देंगे, वह उनसे जबर्दस्ती छीन लिया जाएगा।) जिम्मेदारी का बोझ आ पड़ने पर नौजवान अपने आप सौम्य और गंभीर हो जाएंगे और इस उत्तरदायित्व को उठाने के लिए तैयार रहेंगे जो उन्हें संभालना है।"

फिर, 3 अक्तूबर, 1929 को *यंग इंडिया* में इस सिलसिले में लिखा कि–

> "जब भाप अपने आप को एक मजबूत लेकिन छोटे से पात्र में कैद कर लेती हैं, तो वह महान शक्तिशाली बन जाती है, और बाद में नपे-तुले, किसी छोटे से, रास्ते से निकल कर, एक ऐसी प्रचंड गति उत्पन्न कर देती है कि उसके द्वारा बड़े.बड़े जहाज और भारी वजनदार गाड़ियाँ चलाई जा सकती हैं। इसी तरह देश के युवकों को भी स्वेच्छा से अपनी शक्ति को एक सीमा में आबद्ध कर लेने और उसे अंकुश में रखने की जरूरत है, जिससे मौका पड़ने पर युवक-वर्ग खुद, उसका उचित परिमाण में प्रयोग कर सकें।"

इससे पता चलता है कि बापू को युवक वर्ग की शक्ति की कितनी परख थी और उस पर कितना विश्वास था। उपर्युक्त उदाहरण से यह भी पता चलता है कि शक्ति को एक सीमा में बाँधकर और अंकुश में रखकर कैसे जबर्दस्त काम किए जा सकते हैं।

आज की प्रत्येक समस्या सारे संसार की समस्या बन गयी है। हमारी समस्याओं का एक पहलू युवकों से संबंधित है। युवकों का सवाल भी राष्ट्रीय या स्थानीय नहीं रहा। सारे के सारे प्रश्न पूरे संसार के प्रश्न बन गए हैं। इसलिए इनको समझने और हल करने के लिए सारे संसार को एक इकाई मान कर मानवीय दृष्टि से देखना होगा। आज कहा जाता है कि युवक विद्रोही बन गए हैं किसी की सुनते नहीं हैं। फ्रेन्च क्रान्ति को युवक विद्रोह कहा जाता है और यह माना जाता है कि इस क्रांति के शुरू होने पर इससे पहले

का इतिहास खत्म हुआ। इस क्रांति के बारे में यह भी कहा गया कि *इट डिमांड्स नॉट ओन्ली ब्रैड बट आलसो बटर* अर्थात् सिर्फ रोटी से काम नहीं चलेगा, बल्कि मक्खन भी चाहिए। बापू की क्रान्ति एक कदम आगे है। यह अहिंसक क्रांति है। बापू मानते थे कि युवक वर्ग को भी इसी अहिंसक क्रांति की दिशा में सोचना होगा कि आज के युग में शस्त्र निरपेक्ष वीरता या शौर्य के सिवाय पार पाने का कोई और चारा नहीं है।

युवकों को संबोधित करते हुए बापू ने कहा–

> "ईसाई, हिन्दू और संसार के अन्य धर्मों का अध्ययन करते हुए मैंने यह पाया कि सब धर्मों में, हम जो विभिन्नता देखते हैं, उन सबके बीच, एक आधारभूत एकता विद्यमान है और वह है सत्य तथा शुद्धता। शुद्धता का शाब्दिक अर्थ है हत्या और हिंसा न करना। और यदि तुम बालक हमेशा सत्य और सरलता पर दृढ़ रहोगे तो तुम अनुभव करोगे कि तुम्हारी नींव ठोस है।"

पर, साथ ही एक प्रकार से युवक वर्ग को चुनौती देते हुए, बापू ने 22 दिसम्बर, 1927 के *यंग इंडिया* में लिखा–

> "युवकों को, जो भविष्य के विधाता होने का दावा करते हैं, राष्ट्र का नमक यानी प्रमुख तत्व होना चाहिए। यदि नमक ही अपना खारापन छोड़ दे तो उसे खारा कैसे बनाया जाए।"

आज अशांत युवकों को तीन वर्गों में बाँटा जाता है। पहला 'कार्नर-बॉय सब कल्चर' जिसमें ऐसा नाराज युवक आता है जो एक प्रकार से क्रांतिकारी नहीं। वह इतना ही चाहता है कि समाज जैसा है वैसा ही रहे, परंतु समाज में उसे उपयुक्त स्थान और मान मिले। दूसरा 'ड्रा-आउट्स', जो पलायनवादी है और समाज से अलग होना चाहता है। तीसरा 'स्ट्रीट-कार्नर सब कल्चर' जिसका कहना है कि क्रांति हो, तब्दीली हो, और यह सब खुले आम रास्ते पर हो।

इन सब विचारधाराओं को संसार के सामने रखने वाले संयोजकों ने अपनी अपनी क्रांति के विश्लेषण दिए हैं। 1871 में फ्रांस में एक क्रांतिकारी युवकों का संगठन था। उसके उद्देश्यों को आज के क्रांतिकारी युवक अपने उद्देश्यों से मिलता-जुलता मानते हैं। संक्षेप में उन सबका मतलब है कि 'हम ऐसे समाज का निर्माण करना चाहते हैं, जिसका विश्वास सरकार, धर्म या सेना पर नहीं होगा।' मार्क्स ने कहा है कि 'धर्म अफीम का गोला है'। इन उद्देश्यों में और बापू के बताए गए उद्देश्यों के मूल में कोई फर्क नजर नहीं आता। धर्म संगठित होकर ईश्वर और संसार के विमुख हो जाता है। इसलिए एक धर्म के लोग दूसरे धर्म के लोगों से, यहाँ तक कि अपने धर्म के दूसरे संप्रदाय के लोगों से भी लड़ते हैं।' इसलिए गांधीजी ने सामूहिक प्रार्थना का क्रम बनाया और संकेत किया कि ईश्वर एक है।

बापू ने यह भी कहा है कि ईश्वर है, यह सच है। फिर बापू ने देखा कि प्रत्येक धर्म का

आदमी अपने ईश्वर को अलग मानता है। वैसे, जो ईश्वर के खिलाफ है, उसको सब एकमत होकर शैतान कहते हैं। हरेक धर्म का आदमी, ईश्वर के नाम पर, दूसरे धर्म के आदमी के खिलाफ अपने ईश्वर को खड़ा कर देता है। जब एक धर्म का ईश्वर खुद, दूसरे धर्म के ईश्वर के खिलाफ खड़ा हो जाए, तब वह खुद शैतान बन जाएगा। इसलिए बापू ने अपनी बात को फिर दूसरी तरह से कहा कि 'सत्य ही ईश्वर है।' आज के युवक को बापू की यह बात ठीक से समझनी होगी।

प्रोफेसर हरबर्ट माटक्यूस ने, जिनको युवक क्रांतिकारी वर्ग का नेता माना जाता था, युवकों के सिलसिले में अपनी एक पुस्तक में लिखा है कि *अवर मीन्स हैव प्रेज्यूडिस्ड अवर एम्स* यानी हमारे साधनों के कारण हमारे साध्य दूषित हो गए हैं। क्रांति की दुनिया में, बापू का दिया नया मोड़ भी यही है कि साधन साध्य के अनुरूप होना चाहिए।

बापू का कहना है कि अगर हमारे साधन साध्य के अनुरूप नहीं हैं, तो क्रांति के बाद जो कुछ मिलेगा, वह वास्तव में हमारा साध्य नहीं होगा। हमारा साध्य तो बिल्कुल अच्छे और ठीक साधनों से ही मिल सकता है। बापू ने लिखा है कि–

> "इसलिए मैं लड़के.लड़कियों से कहता हूं कि ईश्वर में विश्वास कभी मत खोओ और इसलिए स्वयं अपने अंदर का विश्वास भी मत खोओ और याद रखो कि यदि तुम एक भी बुरे या एक भी पापपूर्ण विचार को अपने मन में जगह देते हो तो इसका मतलब है तुम्हारे अंदर इस विश्वास की कमी है।"

बापू ने युवक वर्ग से आगे कहा कि–

> "झूठ, अनुदारता, हिंसा और इंद्रिय लोलुपता इन सब चीजों का इस विश्वास के साथ मेल नहीं बैठता। याद रखो कि इस दुनिया में हम स्वयं के जितने बड़े शत्रु हैं उतना और कोई नहीं। *श्रीमद्भगवद्गीता* के प्रायः हर श्लोक में यह बात कही गई है। यदि मैं *सरमन आन दि माउण्ट* की शिक्षा का सार निकालूँ तो मुझे यही उत्तर मिलेगा। कुरान का अध्ययन करने पर भी मैं इसी नतीजे पर पहुँचा हूँ। हम सब अपना जितना अनिष्ट कर सकते हैं उतना और कोई नहीं कर सकता। अतः यदि तुम लोग बहादुर हो, तो तुम इन सब बुरे विचारों के विरुद्ध जी-जान से तथा बहादुरी से संघर्ष करोगे। इस दुनिया में कोई भी पापपूर्ण काम, पापपूर्ण विचार की प्रेरणा के बिना कभी नहीं हुआ। तुम्हें अपने हृदय में उठने वाले हर विचार पर कड़ी निगरानी रखनी होगी।"

युवकों की ही बात करते हुए गांधीजी ने 9 जुलाई, 1925 के *यंग इंडिया* के अंक में लिखा–

> "मेरी आशा, देश के युवकों पर टिकी है। उनमें से जो बुरी आदतों के शिकार हैं, वे स्वभाव से बुरे नहीं हैं। बस, उन्हें इतना समझना चाहिए कि इससे देश के

युवकों का कितना नुकसान हुआ है। उन्हें यह भी समझना चाहिए कि कठोर अनुशासन द्वारा नियमित जीवन ही उन्हें और राष्ट्र को, संपूर्ण विनाश से बचा सकता है, दूसरी कोई चीज नहीं।"

बापू ने यह भी लिखा कि–

"सबसे बड़ी बात तो यह है कि उन्हें ईश्वर की खोज करनी चाहिए और प्रलोभनों से बचने के लिए ईश्वर की मदद मांगनी चाहिए। उसके बिना यंत्र की तरह केवल अनुशासन का पालन करने से लाभ नहीं है।"

हमें विरासत में, एक ग्रामीण सभ्यता मिली हैं। इस बारे में युवकों का ध्यान दिलाते हुए बापू ने *यंग इंडिया* 7 नवम्बर, 1929 के अंक में लिखा–

"यह मानकर कि हमें वर्तमान ग्रामीण सभ्यता को कायम रखना है और उसकी मानी हुई बुराइयों को दूर करने का प्रयास करते रहना है। मैं उन दोषों का इलाज बता सकता हूँ। यह तभी किया जा सकता है जब कि देश का युवक वर्ग ग्रामीण जीवन अपना ले और यदि वे ऐसा करना चाहते हों तो उन्हें अपना तौर-तरीका बदलना चाहिए और अपने जीवन को नए ढंग से ढालना चाहिए। अपनी छुट्टियों का प्रत्येक दिन अपने कालेज और स्कूल के आस-पास के गाँवों में बिताना चाहिए। जो अपनी शिक्षा पूरी कर चुके हों अथवा जो शिक्षा ले ही न रहे हों, उन्हें गाँवों में बसने की बात सोचनी चाहिए। वे गाँवों में जाएं तो उन्हें वहाँ सेवा, अनुसंधान तथा सच्चे ज्ञान का असीम क्षेत्र मिलेगा।"

आज बेरोजगारी मुँह बाये खड़ी है और युवा वर्ग परेशान मारा मारा डोलता है। इस सिलसिले में, *हरिजन* के 1 मार्च, 1935 के अंक में बापू ने लिखा कि–

"अगर शारीरिक श्रम के साथ अकारण ही जो शर्म की भावना जुड़ गई है, वह दूर की जा सके तो सामान्य बुद्धि वाले हर एक युवक और युवती के लिए, उन्हें जितना चाहिए उससे अधिक काम पड़ा हुआ है।"

बापू ने श्रीलंका में बड़े मार्मिक शब्दों में युवक वर्ग से कहा–

"अनेक लड़के-लड़कियों के या तुम चाहे तो कह सकते हो कि हजारों लड़कों और लड़कियों के पिता के नाते, मैं तुमसे कहना चाहता हूँ कि आखिर तुम्हारा भाग्य, तुम्हारे ही हाथों में है। यदि तुम केवल दो शर्तों का पालन करो तो तुम पाठशाला में क्या सीखते हो या क्या नहीं सीखते, इसकी मैं बिल्कुल परवाह नहीं करता। एक शर्त तो यह कि परिस्थिति कुछ भी क्यों न हो, तुम्हें भारी से भारी कठिनाइयों में भी पूरी निर्भयता के साथ सत्य का पालन करना चाहिए। सत्यनिष्ठ सच्चा वीर लड़का अपने मन में कभी किसी चींटी को भी चोट पहुँचाने का ख्याल नहीं आने देगा। वह अपनी पाठशाला के सारे कमजोर लड़कों का

रक्षक बनकर रहेगा और पाठशाला के भीतर या बाहर उन सब लड़कों की मदद करेगा जिन्हें उनकी मदद की आवश्यकता है। जो लड़का मन, शरीर और कार्य की पवित्रता की रक्षा नहीं करता, उसका पाठशाला में कोई काम नहीं, उसे पाठशाला से निकाल देना चाहिए। शूर-वीर लड़का हमेशा अपना मन पवित्र रखेगा और अपने हाथ पवित्र रखेगा। जीवन के इन बुनियादी उसूलों को सीखने के लिए तुम्हें किसी स्कूल में जाने की आवश्यकता नहीं। और यदि तुमने इस विचित्र पवित्रता को प्राप्त कर लिया, तो तुम यह मान लो कि तुम्हारे जीवन का निर्माण सुदृढ़ नींव पर होगा।"

जब सामाजिक स्वप्न और सामाजिक वास्तविकता मिल जाते हैं तो वह समय क्रांति का होता है, इसी समय के बारे में कहा जाता है कि *एण्ड दैट इज द मोमेंट आफ ऐक्सटेसी आफ हिस्ट्री* अर्थात् यह क्षण इतिहास के आनन्दोल्लास का क्षण होता है। यदि आज का युवक वर्ग बापू की बात मान कर चले, तो इतिहास में मोड़ लाने की, आनन्दोल्लास का क्षण लाने की पूरी क्षमता आज के इस युवक में है।

22
ग्रन्थ

महात्मा गांधी को श्रद्धांजलि देते हुए अलबर्ट आइन्सटाइन ने कहा था कि 'आने वाली पीढ़ियाँ मुश्किल से विश्वास करेंगी कि गांधी जैसा कोई हाड़ मांस का पुतला इस धरती पर कभी रहा होगा।' यह सत्य है और इसका रहस्य है बापू का बहुमुखी चिन्तन। शून्य हो या संबल, प्राणी हो या पुस्तक, प्रत्येक वस्तु और रहस्य पर बापू ने अपनी ऐतिहासिक छाप छोड़ी। प्रत्येक वस्तु से सीखा और प्रत्येक व्यक्ति को सिखाने का प्रयत्न किया।

न्यू टेस्टामेन्ट, टालस्टाय और रस्किन आदि द्वारा लिखी गई पुस्तकों ने और भारती!य गौरव ग्रंथों ने बापू के जीवन पर कम असर नहीं डाला। गांधीजी ने लन्दन में अपनी वकालत पढ़ने के समय में एडविन अर्नोल्ड द्वारा अंग्रेजी में अनूदित *गीता*, जो 1885 में प्रकाशित हुई, पढ़ी थी। मूल संस्कृत *गीता* उन्होंने इसके बाद पढ़ी। *गीता* के अनेक अनुवाद बाद में भी पढ़े। यरवदा जेल में उन्होंने *गीता* पर गुजराती में अनेक लेख लिखे और अपनी एक जेल यात्रा में *गीता* का, गुजराती में अनुवाद करके कुछ टिप्पणियाँ भी जोड़ीं। महात्मा गांधी *गीता* को अपनी 'कामधेनु' पथ-प्रदर्शिका और *ओपेन सीसेम* (जिस क्षेत्र में आप प्रायः प्रवेश नहीं कर पाते वहाँ प्रवेश की आशा) कहते थे। वे मानते थे कि *गीता* उनके लिए रोजमर्रा के जीवन का अर्थ समझने का संदर्भ ग्रंथ है।

17 जुलाई, 1924 के *यंग इण्डिया* में बापू ने लिखा था–

> "ईश्वरीय ज्ञान पुस्तकों से उधार नहीं लिया जाता। उसे अपने ही भीतर अनुभव करना पड़ता है। अधिक से अधिक पुस्तकों से मदद मिल जाती है, पर अक्सर वे रुकावट होती है। अच्छी पुस्तकों से बढ़िया साथी और क्या हो सकता है? स्वस्थ साहित्य पढ़ना अच्छी बात है, लेकिन इससे भी अच्छी यह है कि जो हम पढ़ें, उसे अपने जीवन में अपनाएं।"

फिर 27 अगस्त, 1925 में *यंग इंडिया* में बापू ने लिखा कि–

> "मैं लकीर का फकीर नहीं हूँ। इसलिए संसार की विभिन्न धार्मिक पुस्तकों के शब्दों के पीछे रहे आशय को समझने की कोशिश करता हूँ। अर्थ करने में मैं उन्हीं पुस्तकों की बताई हुई सत्य और अहिंसा की कसौटी से काम लेता हूँ। जो चीज इस कसौटी पर ठीक नहीं उतरती उसे अस्वीकार कर देता हूँ और जो ठीक उतरती है उसे अपना लेता हूँ।"

बापू ने आगे लिखा–

"तुलसीकृत *रामायण* के इतने जो संस्करण प्रकाशित हुए हैं, उनका अक्षर अक्षर सत्य है यह मैं नहीं मानता। पर इस ग्रंथ में, शुरू से आखिर तक, जो भावना है वह मुझे मंत्रमुग्ध कर देती है।"

इसी प्रकार *महाभारत* के बारे में 1 अक्तूबर, 1925 के *यंग इंडिया* में बापू ने लिखा था–

"*महाभारत* के कृष्ण सचमुच कभी हुए थे, इसकी मुझे कोई जानकारी नहीं है। मैं अपनी कल्पना के उस कृष्ण को मानता हूँ जो पूर्ण अवतार हैं, प्रत्येक अर्थ में निष्कलंक हैं, *गीता* के प्रेरक हैं और लाखों मानव प्राणियों के जीवन को प्रेरणा देते हैं। मेरे लिए *महाभारत* एक गहन धार्मिक-ग्रंथ है, जो बहुत कुछ रूपक के प्रकार का है और ऐतिहासिक ग्रंथ की तरह नहीं लिखा गया। वह हमारे भीतर सतत, चलने वाले द्वंद्व का वर्णन है और वह इतने सजीव ढंग से किया गया है कि हम थोड़ी देर के लिए यह समझने लगते हैं कि उसमें, जिन कार्यों का वर्णन किया गया है, वे सचमुच मानव-प्राणियों द्वारा किए गए थे। मैं यह भी नहीं समझता कि जो *महाभारत* आजकल हमें मिलता है वह मूल पुस्तक की निर्दोष प्रतिलिपि है। इसके विपरीत मेरा ख्याल है कि उसमें अनेक परिवर्तन हुए हैं।"

12 नवंबर, 1925 के *यंग इंडिया* में बापू ने लिखा था–

"धार्मिक पुस्तकों का सही अर्थ समझने के लिए भक्तिपूर्ण अध्ययन और अनुभव अत्यंत आवश्यक है। यह आदेश कि प्रत्येक व्यक्ति धार्मिक पुस्तकों का अध्ययन न करे, बिल्कुल निरर्थक नहीं है। बहुत संभव है कि वह वेदों और दूसरी धार्मिक पुस्तकों का गलत अर्थ लगाए। हर एक आदमी बीजगणित के सवाल नहीं कर सकता। पहले कुछ अध्ययन करना अनिवार्य है।"

इसलिए जो आदमी पुस्तकों का अर्थ करे, उसमें आध्यात्कि अनुशासन होना ही चाहिए। उसे यम-नियम* आदि आचरण के शाश्वत सिद्धांतों का पालन अवश्य करना चाहिए। इन नियमों का ऊपरी अभ्यास बिल्कुल व्यर्थ होता है। शास्त्रों और अन्य धार्मिक पुस्तकों ने गुरु की जरूरत पर जोर दिया परन्तु आजकल गुरु दुर्लभ होते हैं। इसलिए, ऋषियों ने भक्ति सिखाने वाली आधुनिक पुस्तकों का अध्ययन सुझाया है। जिनमें भक्ति नहीं है, जिनमें श्रद्धा का अभाव है, वे धार्मिक पुस्तकों और धर्मशास्त्रों का अर्थ करने के योग्य नहीं हैं। पंडित लोग उनमें से लंबे.चौड़े अर्थ निकाल सकते हैं। परंतु वह सच्चा अर्थ नहीं होगा।

---

* *यम*–अहिंसा, सत्य, अस्तेय, ब्रह्मचर्य, अपरिग्रह। *नियम*–शौच, सन्तोष, तप, स्वाध्याय, ईश्वर प्रणिधान।

धार्मिक पुस्तकों का सच्चा अर्थ अनुभवी लोग ही कर सकेंगे।

परंतु अनुभवहीन लोगों के लिए भी कुछ नियम हैं। जो अर्थ सत्य के विपरीत हो, वह सही नहीं होता है। उससे कोई बहस नहीं कर सकता।"

हरिजन के 3 दिसंबर, 1937 के अंक में, श्री बेसिल मैथ्यूज के एक प्रश्न के उत्तर में गांधीजी ने लिखा था–

"मैं *गीता* सहित प्रत्येक धार्मिक पुस्तकों के बारे में अपने विवेक से काम लेता हूँ। मैं धार्मिक पुस्तकों के किसी भी वचन को अपनी बुद्धि की उपेक्षा नहीं करने दे सकता। मेरा यह विश्वास तो है कि मुख्य धर्म पुस्तकें ईश्वर प्रेरित हैं, लेकिन उनमें दोहरी छपाई का दोष भी है। पहले तो वे किसी मानव संदेशवाहक के द्वारा आती हैं और फिर उन पर टीकाएँ लिखी जाती हैं। उनमें से कोई भी बात ईश्वर से सीधी नहीं आती। एक ही वचन का 'मैथ्यू', एक अर्थ करेगा तो 'जान' दूसरा करेगा। ईश्वरीय प्रेरणा को स्वीकार करते हुए भी मैं अपने विवेक को तिलांजलि नहीं दे सकता। और सबसे बड़ी बात तो यह है कि 'शब्द' जीवन का नाश करते हैं, जब कि उनके पीछे रहा हुआ, 'अर्थ' और 'भावना' जीवन देती है।"

विद्यार्थियों को संबोधित करते हुए महात्मा गांधी ने लिखा हैं–

"ईसाई, हिन्दू तथा संसार के अन्य महान धर्मों की पुस्तकों का अध्ययन करते हुए मैंने यह पाया है कि सब धर्मों में जो भिन्नता देखते हैं उन सब के बीच एक आधारभूत एकता है।"

बापू ने आगे कहा है–

"याद रखो कि इस दुनिया में हम स्वयं अपने जितने बड़े शत्रु हैं, उतना और कोई नहीं। *गीता* के प्रायः हर श्लोक में यह बात कही गयी है। यदि मैं *'सरमन आन दि माउण्ट'* शिक्षा का सार निकालूँ तो मुझे यही उत्तर मिलेगा। कुरान का अध्ययन करने पर भी मैं इस नतीजे पर पहुँचा हूँ।

"धार्मिक शिक्षा का सबसे अच्छा ढंग क्या है, यह जानने के लिए मैंने प्रयोग किए हैं और मैंने यह देखा है कि किताबी शिक्षा से जहाँ कुछ मदद मिलती है वहाँ अकेली, किताबी शिक्षा बेकार है। मैंने देखा कि धार्मिक शिक्षा, अध्यापकों के धर्मानुकूल आचरण से दी जाती है। मैंने यह भी देखा कि लड़के शिक्षकों के आचरण से जितना सीखते हैं उतना उन पुस्तकों से, जिनको अध्यापक पढ़ाते हैं अथवा उनके व्याख्यानों से नहीं सीखते। आपकी सारी विद्वता, आपका शेक्सपियर तथा वर्डस्वर्थ का सारा अध्ययन बेकार हो जाएगा यदि आप साथ-साथ अपना चरित्र-निर्माण नहीं करते और अपने विचारों तथा कार्यों पर पूर्ण

नियंत्रण नहीं प्राप्त कर लेते।"

अंग्रेजी पत्रिका *ऐजुकेशन* के मार्च, 1947 के अंक में दिए गए पाठ्य-पुस्तकों के बारे में गांधीजी के विचारों के अनुसार सदैव परिवर्तित हो रही पाठ्य-पुस्तकों की सनक शिक्षा की दृष्टि से अच्छा लक्षण नहीं है। पाठ्य-पुस्तकों को शिक्षा के माध्यम के रूप में माना जाए, तो अध्यापक के द्वारा कहे गये शब्दों का बहुत कम महत्व रह जाता है। एक अध्यापक जो पाठ्य-पुस्तकों से पढ़ाता है, वह अपने विद्यार्थियों को मौलिकता प्रदान नहीं कर सकता। वह खुद ही पाठ्य-पुस्तकों का गुलाम बन जाता है और उसके पास मौलिक बनने का अवसर ही नहीं होता। इस प्रकार ऐसा प्रतीत होता है कि पाठ्य-पुस्तकों का कम होना, शिक्षक एवं शिष्य दोनों के लिए ही अच्छा है। पाठ्य-पुस्तकें व्यापार की वस्तु बन गई हैं। लेखक और प्रकाशक जो लिखने और प्रकाशित करवाने को पैसा कमाने का माध्यम बनाते हैं, वह पाठ्य-पुस्तकों के नित्य परिवर्तन में रुचि रखते हैं। यह निस्संदेह उनके हित में है कि उनकी पुस्तकों की बिक्री हो। और फिर 'पुस्तक चयन बोर्ड' भी ऐसे ही व्यक्तियों से निर्मित होता है। इस प्रकार यह एक दोषपूर्ण चक्र बन जाता है। माता-पिता के लिए यह बहुत कठिन हो जाता है कि वे हर वर्ष नई पुस्तकों के लिए धन का प्रबन्ध करें। यह बहुत करुणाजनक है कि लड़के और लड़कियाँ, स्कूल जाते हुए पुस्तकों के इतने बोझ से लदे होते हैं, जितना उनको उठाना भी मुश्किल होता है। सम्पूर्ण प्रणाली के निरीक्षण की आवश्यकता है। व्यापारिक प्रवृत्ति को समाप्त करने की आवश्यकता है। इस प्रश्न को केवल विद्यार्थियों के हित की दृष्टि से देखना चाहिए। तब शायद ज्ञात होगा कि 75 प्रतिशत पाठ्य-पुस्तकों को रद्दी की टोकरी में डालना है।"

बापू ने कहा है—

> "यदि मेरी बात मानी जाए तो मैं चाहूँगा कि पुस्तकें विद्यार्थियों के लिए नहीं, वरन् शिक्षकों की सहायता के लिए हों। ऐसी पुस्तकें जो विद्यार्थियों के लिए निश्चित रूप से आवश्यक हैं, उनका विद्यार्थियों में बहुत वर्षों तक के लिए उपयोग होना चाहिए ताकि उनका मूल्य मध्यम वर्ग के परिवारों द्वारा आसानी से सहन हो सके। इस क्षेत्र में प्रथम कदम राज्य द्वारा पाठ्य-पुस्तकों के मुद्रण एवं प्रकाशन को, अपने हाथ में लेना है। इससे अपने आप ही अनावश्यक वृद्धि रुक जाएगी।"
>
> "लगभग प्रारम्भ से ही पाठ्य-पुस्तकें ऐसी वस्तुओं से संबंध नहीं रखतीं, जिनको विद्यार्थी हमेशा अपने घरों में इस्तेमाल करते हैं वरन् ऐसी वस्तुओं से सम्बन्धित होती हैं जिनसे वे अपरिचित होते हैं। पुस्तकों द्वारा विद्यार्थियों को इस प्रकार कभी नहीं पढ़ाया जाता कि उन्हें अपने परिवेश के प्रति गर्व हो। जितना वे आगे बढ़ते जाते हैं उतना ही वे अपने घर से दूर होते जाते हैं और इस प्रकार वे अपनी

शिक्षा के अन्त में अपने परिवेश से उदासीन हो जाते हैं। इन पुस्तकों से प्राप्त शिक्षा के फलस्वरूप उनकी अपनी सभ्यता उनको सभी व्यावहारिक उद्देश्य की दृष्टि से निरर्थक प्रतीत होती है। इन पाठ्य-पुस्तकों पर आधारित शिक्षा परम्परागत संस्कृति से दूर करती है। यदि शिक्षित युवकों का समूह पूरी तरह उदासीन नहीं होता तो ऐसा इसलिए है कि प्राचीन संस्कृति इतनी गहराई से उनमें जमी है कि उसकी जड़ें विपरीत शिक्षा से भी पूरी तरह उखाड़ी नहीं जा सकतीं।

इसलिए बापू का कहना था कि यदि मेरी बात मानी जाये तो मैं ज्यादातर पाठ्य-पुस्तकों को नष्ट कर दूँ और ऐसी पाठ्य-पुस्तकों के लिखे जाने की व्यवस्था करूँ जो घरेलू जीवन के अनुकूल विषयों से संबंध रखती हों।

21 फरवरी, 1925 को एक नर्सरी स्कूल का उद्घाटन करते हुए बापू ने कहा–

"एक पुस्तकालय का अर्थ न पुस्तकों से भरा हुआ भवन है, न उसमें रखी पुस्तकें और न ही निरुद्देश्य आने वाले ऐसे व्यक्तियों से है जो पुस्तकों को नहीं पढ़ते। यदि नर्सरी स्कूल का भवन अच्छा है और उस पर बहुत धन खर्च हुआ हो तो क्या हम कह सकते हैं कि वह स्कूल उन्नति करेगा? नहीं। यह तभी संभव होगा जब वह स्कूल ऐसे लोगों की सेवाए प्राप्त करता है जो इसे विवेकशील मार्ग पर ले जाएं।"

बापू ने आगे कहा कि –

"किसी पुस्तकालय का अस्तित्व धनवान व्यक्तियों के सहयोग पर निर्भर नहीं करता यह तो उन पर निर्भर करता है जो उसका उपयोग करते हैं।"

12 जुलाई, 1925 को पुस्तकों के बारे में गांधीजी ने कहा था कि–

"अच्छी पुस्तकों से बढ़िया साथी और क्या हो सकता है? स्वस्थ पुंस्तकें पढ़ना अच्छी बात है, लेकिन इससे भी अच्छा यह है कि जो हम पढ़े उसे अपने जीवन में अपनाएं"।

कितना सार्थक है बापू का यह कथन!

23
विधवा विवाह

शताब्दियों से हिन्दू समाज में विधवाओं की स्थिति बहुत ही जटिल समस्या बनी हुई है और वह हिन्दू समाज में महिलाओं के स्तर से सम्बन्धित मुख्य समस्या से जुड़ी हुई है। बहुत से धर्मों में शादी एक मनचाहा सम्बन्ध है। इसलिए इन धर्मों में विधवाओं के पुनर्विवाह पर विशेष पाबंदियाँ नहीं लगायी गईं। दूसरी ओर हिन्दू समाज में विवाह एक संस्कार माना जाता है। इसी कारण विधवाओं के बारे में बहुत-सी भ्रांत धारणाओं को जन्म मिला है और यही कारण है कि पुरुष प्रधान सामाजिक ढांचे में उन्हें अनेक समस्याओं से जूझना पड़ा है। विधवाओं की दयनीय दशा को सुधारने के लिए सुधारकों ने बड़े-बड़े प्रयत्न किए हैं। वर्तमान शताब्दी में गांधीजी ऐसे ही एक समाज सुधारक थे जिन्होंने इस दिशा में महत्वपूर्ण योगदान किया है।

विधवाओं और महिलाओं के प्रति पूर्वाग्रहों की बाढ़ को रोकने के लिए गांधीजी को कुछ धर्म ग्रन्थों पर भी करारी चोट करनी पड़ी। बाल-विवाह, विधवाओं पर लगाई गई पाबंदियाँ तथा अन्य बुराइयों का उद्‌गम स्मृतियों में वर्णित निषेधों में निहित नहीं है। महिलाओं को ऐसे स्तर पर रखने से हिन्दू समाज का बहुत ह्रास हुआ है। स्मृतियों में जहाँ कहीं अपूर्णता अथवा जहाँ कहीं उनमें क्षेपक जोड़े गए हैं, वे हिन्दू समाज के पतनकाल में जोड़े गए हैं और ऐसे स्मृति-कारों ने उस समय इन अंशों को स्मृतियों में जोड़ दिया।

विधवाओं के पुनर्विवाह पर चर्चा करते हुए गांधीजी ने 'बाल-विधवा' और 'बालिग-विधवाओं' की अलग-अलग व्याख्या की है। वे बाल-विधवा की कुप्रथा के विरुद्ध थे। उनके मत में ऐसे विवाह गैर-कानूनी विवाह होते हैं और इन विवाहों को विवाह की संज्ञा देना उचित नहीं है। अतः बाल-विधवा वास्तव में विधवा नहीं होती अपितु वह अविवाहित ही मानी जानी चाहिए।

महात्मा गांधीजी कहा करते थे कि–

> "हम धर्म के नाम पर गौरक्षा के लिए आवाज उठाते हैं, लेकिन बाल-विधवा रूपी मानवीय गाय की रक्षा करने से हम इन्कार कर देते हैं। धर्म में जोर-जबर्दस्ती का हमें विरोध करना चाहिए। लेकिन हम अपनी बाल-विधवाओं पर, जो विवाह संस्कार में महत्व को भी नहीं समझ पाती, धर्म के नाम पर जबर्दस्ती वैधव्य लादते हैं। छोटी-छोटी लड़कियों पर जबर्दस्ती वैधव्य लादना एक पाशविक

अपराध है जिसके लिए हम हिन्दू लोग प्रतिदिन महंगी कीमत चुका रहे हैं। यदि हमारा अन्तःकरण सचमुच जागृत हो गया होता तो क्या 15 वर्ष की आयु से पहले शादियाँ होतीं? बाल-विधवाओं की तो बात ही क्या, उसके बारे में हम यह घोषणा करते कि धार्मिक दृष्टि से उनका विवाह कभी हुआ ही नहीं। इस तरह के वैधव्य की किसी भी शास्त्र में व्यवस्था नहीं है। दूसरी ओर जब कोई स्त्री, जिसने अपने जीवन साथी के स्नेह का अनुभव किया, विधवा होने पर जान बूझकर स्वेच्छा से वैधव्य स्वीकार करती है तब उससे जीवन में शालीनता तथा गरिमा आ जाती है, घर पवित्र हो जाता है, और स्वयं धर्म का उत्थान होता है।"

गांधीजी ने आगे कहा है कि–

"जब तक हमारे समाज में हजारों विधवाएं मौजूद हैं, तब तक हमें समझना चाहिए कि हम ऐसी सुरंग पर बैठे हैं जो किसी भी समय फट सकती है। यदि हमारी आत्मा स्वच्छ है तो हम हिन्दूवाद को बचा सकते हैं। हम पर थोपे गए इस वैधव्य के जहर से हमें छुटकारा पाना होगा। यह सुधार उन लोगों को अपने दोनों हाथों से साहस बटोर कर आरंभ करना होगा जिनकी विधवा लड़कियाँ हैं। उन्हें यह देखना होगा कि उनके संरक्षण में पली बाल-विधवाओं का पुनर्विवाह नहीं, भली-भांति विवाह हो जाए क्योंकि उनका वास्तव में कभी विवाह हुआ ही नहीं।"

गांधीजी के अनुसार बाल-विधवाओं के पुनर्विववाह पर कोई सामाजिक अथवा धार्मिक पाबन्दी नहीं होनी चाहिए। गांधी जी चाहते थे कि बालिग विधवा, जिनकी गोद में बच्चे हों, वे पुनर्विवाह के बजाय अपने विवाह के समय उठाई गयी कस्मों और प्रथम प्रणय के प्रति निष्ठावान रहें। गांधीजी का कहना था कि यह बात पुरुष और महिला, दोनों पर लागू होनी चाहिए। फिर भी यदि एक विधवा अकेली नहीं रहती या नहीं रहना चाहती तो उसे पुनर्विवाह करने की पूरी स्वतंत्रता होनी चाहिए। इसमें समाज को कोई आपत्ति नहीं होनी चाहिए। उनके विचार में पुरुष अथवा महिला के न्यायसंगत इच्छा को दबाने के बजाय उसका पुनर्विवाह करना ही उचित है और समाज और शास्त्र यदि उसे इस बात की स्वीकृति नहीं देते तो उनका बहिष्कार कर देना चाहिए।

गांधीजी बार-बार कहते थे कि–

"जो महिलाएं स्वेच्छा से पुनर्विवाह नहीं करना चाहती और अपने पति के प्रति निष्ठा और प्रेम के कारण पसंद नहीं करतीं उससे तो जीवन का गौरव ही प्रदान होता है। इसमें जहाँ उनका आत्म-बलिदान ध्वनित होता है वहाँ इससे धर्म भी ऊपर उठता है किन्तु जहाँ कहीं धार्मिक व्यवस्था या रीति रिवाज के कारण ऐसी नारी के ऊपर वैधव्य जबरन थोपा जाता है तो उससे उत्पन्न हमें गुप्त पापों के

कारण घर तो नष्ट होता ही है इससे धर्म भी पतित होता है।"

एक सज्जन थे, जिनके कई स्वजन क्वेटा के भूकम्प में मर गए। 17 वर्ष की एक युवती की दशा का वर्णन करते हुए एक बड़ा हृदय-विदारक पत्र उन्होंने बापू को लिखा। यह युवती अपने पति, दो महीने का बच्चा, ससुर और देवर, यानी ससुराल के सभी स्वजनों को क्वेटा के भूकम्प में गँवा बैठी थी।

उसके उत्तर में बापू ने कहा—

"मैं नहीं जानता कि जहाँ सदियों पुराने पूर्वाग्रहों को दूर करने का सवाल है उनके विषय में मेरी कलम या आवाज का क्या असर पड़ सकता है। मैंने यह बीसियों बार कहा है कि प्रत्येक विधुर को पुनर्विवाह करने का जितना अधिकार है, उतना ही अधिकार प्रत्येक विधवा को भी है। हिन्दू धर्म में स्वेच्छा से पाला हुआ वैधव्यव्रत जहाँ अमूल्य आभूषण-स्वरूप है, वहाँ मजबूरन पाला गया वैधव्य व्रत अभिशाप-स्वरूप है और मुझे तो यह लगता है अनेक तरुण विधवायें, यदि वे भय से मुक्त हों, बिना किसी संकोच के अपना पुनर्विवाह करना चाहेंगी और यहाँ जिस भय से मुक्ति का असली सवाल है वह यह नहीं कि उन्हें विवाह करने से जबर्दस्ती रोका जाएगा बल्कि वह तो हिन्दू समाज के लोकापवाद का भय है। इसलिए क्वेटा की इस दुखिया बहन की सी स्थिति में जो अभागिनी तरुण विधवायें हैं, उन्हें पुनर्विवाह करने के लिये हर तरह से समझाना चाहिए, और उन्हें ऐसा अभयदान दे देना चाहिए कि अगर वे फिर से विवाह करना चाहती हों तो समाज में उनकी जरा भी निन्दा नहीं होगी। इतना ही नहीं, बल्कि उनके लिए योग्य वर खोज देने का भी पूरा प्रयत्न होना चाहिए। यह काम किसी संस्था के लिए नहीं हो सकता। यह तो खुद उन सुधारकों को करना चाहिए, जिनके कुटुम्ब या संबंधियों में स्त्रियाँ विधवा हो गई हों। उन्हें अपने-अपने दायरे में संयम और गुरुता के साथ जोरदार प्रचार का कार्य करना चाहिए। और जहाँ. जहाँ उन्हें इस काम में सफलता मिले, वहाँ उन्हें उसे अधिक से अधिक प्रकाश में लाना चाहिये। भूकम्प में जो स्त्रियाँ विधवा हो गई हैं, उन्हें सच्ची राहत केवल इसी तरह दी जा सकती है। यह मुमकिन है कि इस विपत्ति का स्मरण जब तक लोगों के मन में ताजा बना हुंआ है, उसी बीच उनकी सहानुभूति आसानी से प्राप्त की जा सकती हैं और एक बार अच्छे बड़े पैमाने पर यह सुधार आरंभ हो जाए, तो ऐसी भीषण विपत्ति के अतिरिक्त बीमारी आदि के कारण अपने पति को खो बैठने वाली बहनों के लिए, यदि उनकी इच्छा हो तो पुनर्विवाह आसान हो जाएगा।"

हरिजन 20 मार्च, 1937 के अंक में गांधीजी ने जूलियस सीजर के समकालीन

डियोडरस, द्वारा लिखित पुस्तक *यूनिवर्सल हिस्ट्री* का हवाला देते हुए भारत में वैधव्य पर टिप्पणी की है। प्राचीन भारत में ही एक प्रथा के अनुसार लड़का और लड़की अपनी इच्छानुसार अपने मां-बाप की सलाह लिए बिना शादी कर सकते थे। लेकिन इन शादियों में शीघ्र निर्णय लेने से भूल हो सकती है क्योंकि दोनों पक्षों की अपरिपक्वता और जल्दबाजी में शादी होने के कारण उनमें से बहुत से बाद में पछताते हैं। यह पाया गया है कि इन लड़कियों की एक बढ़ती हुई संख्या को ऐसी शादी करने से छुटकारा पाने का प्रयास करना पड़ा। ऐसी परित्यक्ता नारी भी एक प्रकार की विधवा ही मानी गई है। इस प्रकार की घटनाओं ने ऐसा रूप धारण किया कि इसके प्रभाव को रोकने के लिए एक कानून जैसा चलन लागू किया कि माँ या होने वाली माँ को छोड़ कर प्रत्येक विधवा को अपने पति की चिता पर स्वयं को जलाना पड़ेगा। लेकिन यदि वह इस कार्य को करने से इन्कार करती है तो उसे समाज में बिना अधिकार और धार्मिक अवसर से विरक्त एक विधवा का कठोर जीवन जीना पड़ेगा।

महात्मा गांधी ने कहा था कि–

> "इस अमानवीय कानून की समाप्ति के लिए भगवान का बहुत-बहुत धन्यवाद ! यदि एक लड़की शादी का महत्व नहीं समझती तो समाज द्वारा लागू यह जबर्दस्ती की विधवा प्रणाली सहायता नहीं करेगी। इसमें दो संशोधन होने ही चाहिए। एक तो जनता में जागृति जगाई जाए और दूसरे माता-पिताओं को इन विधवाओं की शादी की पुनः आवश्यकता को स्वीकार करने पर पुनः बाध्य किया जाए। नाबालिग लड़कियों को शादी के लिए पुनः राजी करना चाहिए लेकिन बालिग विधवाओं के मामले में ऐसा करना मुश्किल होता है। उसको स्वयं अपने आपको समझना चाहिए कि वह भी किसी अविवाहित लड़की की तरह ही पुनर्विवाह करने का अधिकार रखती है।"

गांधीजी ने लिखा कि यदि लड़कियाँ या युवा औरतें समझती हैं कि शादी के हार या अंगूठियां आभूषण हैं और कैद करने वाले उन्हें ये आभूषण दे देते हैं तो उनको उनके बन्धनों से छुड़वाने के लिए कुछ भी नहीं किया जा सकता। वास्तव में गांधीजी ने विधवाओं के पुनर्विवाह जैसे मामलों पर सम्बन्धित व्यक्तियों द्वारा अपनी मर्जी से निर्णय लेने के लिए जोर दिया। लेकिन उसके साथ ही उनका विश्वास था कि विधवाओं को इस विषय में पूरी सहानुभूति और समझबूझ के साथ शिक्षित किया जाना चाहिए।

गांधीजी ने कहा–

> "उन सुधारवादियों का सबसे पहला प्रयास यह होना चाहिए कि वह अधिक से अधिक स्त्रियों को जागृत करें और उनकी वर्तमान हालत के कारणों से उन्हें अवगत कराएं। मैं उन लोगों में से नहीं हूँ जो यह विश्वास करते हैं कि ऐसा

> कार्य केवल शिक्षा के प्रसार द्वारा किया जा सकता है। बिना पढ़ाए भी कम से कम प्रारम्भिक स्तर पर हम उनकी वर्तमान यथार्थता से उन्हें सुपरिचित करा सकते हैं।'

विधवाओं के पुनर्विवाह के सम्बन्ध में तथा आमतौर से सामान्य स्त्रियों के सम्बन्ध में गांधीजी के विचार मानवीय दृष्टिकोण पर आधारित थे। उन सबसे पता चलता है कि वे स्त्रियों का कितना अधिक सम्मान करते थे। एक बार उन्होंने कहा था कि स्त्रियाँ पुरुषों की सच्ची संगिनी हैं। उनका मानसिक सामर्थ्य भी आदमियों के बराबर ही है। बापू के मतानुसार जो बात स्त्रियों पर लागू की जाती है वह बात पुरुषों पर भी इसी तरह लागू होनी चाहिए। और जब पुरुष अपनी पत्नी की मृत्यु के बाद अकेला न रहकर और दूसरी शादी कर सकता है तो यदि कोई विधवा अकेली न रह सके, अथवा अकेली न रहना चाहे, तो उसे पुनर्विवाह करने का पूर्ण अधिकार है और समाज को ऐसे विवाह को हीन दृष्टि से नहीं देखना चाहिए।

इसी सिलसिले में बापू ने *यंग इंडिया* के 21 जुलाई, 1921 के अंक में यहाँ तक लिखा है कि–

> "मैं विधवा को देखकर काँप उठता हूँ और जब किसी पति को विधुर बनते ही पाशविक उपेक्षा के साथ पुनर्विवाह करते देखता हूँ तो क्रोध के मारे काँपने लगता हूँ। मुझे उन माता-पिताओं की अपराधपूर्ण उपेक्षा पर दुःख होता है जो अपनी लड़कियों को सर्वथा अज्ञान में और निरक्षर रखते हैं।"

पिछले समय की सती प्रथा को, जबकि विधवाओं को जबरन जलने पर विवश कर दिया जाता था और उनको मृत पति के साथ ही चिता में जल जाना होता था, या आज की विधवाओं को जिन्हें सामाजिक उपेक्षा और प्रताड़नाओं का शिकार बनना होता है—यह सब सोचकर मन काँप उठता है। वर्तमान समय में मुक्ति के मार्ग पर अग्रसर नारी को पुनर्विवाह और तलाक का समान अधिकार प्राप्त हो चुका है और इसके साथ ही स्त्रियों के जागरूक संगठन उनके कल्याण पर पूरा ध्यान दे रहे हैं। इसका अधिकांश श्रेय गांधीजी को जाता है, क्योंकि वर्तमान समय में नारी उत्थान के लिए जितना कार्य गांधीजी ने किया उतना शायद ही किसी और ने किया हो।

. . . बैन, प्रेम लपेटे अटपटे

24
विविध आयाम

24.1 राम-नाम की महिमा

एक व्यक्ति ने लगभग 75 वर्ष पहले गांधीजी से पूछा था कि क्या उन्होंने यह माना है कि उन्हें तीन बार 'राम-नाम' ने बचाया है, जैसा कि *सौराष्ट्र* (पत्र) में छपा है। उस व्यक्ति को गांधीजी की इस बात पर शंका हुई और उसने अपने भाई के हाथ वह 'शंका' गांधीजी तक पहुँचाई ताकि वे स्वयं उसका समाधान करें। गांधीजी ने 1925 के *नवजीवन* में उनकी शंका का समाधान किया।

गांधीजी ने संक्षेप में बताया—

> "मेरे प्रयोग आध्यात्मिक हैं। मैंने अपने जीवन में उनका अभ्यास किया है। मैं इस सूक्ति से प्रेरित हुआ 'यथा पिण्डे तथा ब्रह्माण्ड'—मेरा विचार था कि जो मुझ पर लागू होता है, वह सब पर लागू होना चाहिए। मेरे जीवन की वे तीन घटनाएँ, जब मुझे राम-नाम ने बचाया, इस प्रकार हैं—
>
> पहली घटना में, मेरे मित्र मुझे एक जगह ले गए। मुझे पता नहीं था कि वहाँ बाजारू औरतें रहती है। मैं तो भीतर घुसते ही काँपने लगा क्योंकि मुझे कभी ऐसी औरतों के पास बैठने तक का साहस नहीं हुआ था। जैसे ही उसने मुझे क्रोध में कुछ शब्द कहे, मैं तो अपनी बेवकूफी पर पछताया और उल्टे पैरों उसके घुड़कते ही भाग खड़ा हुआ। बाद में मुझे महसूस हुआ कि 'राम' ने मुझ से वैसा आचरण कराया। वरना मैं बदनाम स्त्री के सामने रहते कैसे अपने पर काबू कर पाता?
>
> दूसरी घटना तब की है जब मैं पहले जैसा भोला भाला न था। पर मुझे अपनी माँ को दिए गए वचन याद थे। यह घटना इंग्लैंड की है। मैं उस समय भरपूर जवानी में था। हम दो व्यक्ति उस मकान में रहते थे। हमने वह मकान थोड़े ही समय के लिए लिया था। मकान की मालकिन बदचलन थी। हम ताश खेलने बैठे। मैं तो समय बिताने के लिए मौज के लिए ताश खेल रहा था। पहले तो ताश का खेल चलता रहा पर थोड़ी देर बाद उस महिला ने इशारेबाजी शुरू की। मेरे दोस्त का तो संयम टूटने लगा। मेरा जिस्म भी संयम तोड़ने को था।

मेरा चेहरा लाल हो गया। पर जिस पर 'राम' की कृपा होती है उसका कोई क्या बिगाड़ेगा? 'राम' का तो मेरे दिल में बसेरा था। मेरी जिह्वा पर तो वासना थी पर दिल में 'राम' था। मेरे दोस्त ने देखा कि वह भोला भाला लड़का, जो कभी वासना का शिकार नहीं बना, आज आपे से बाहर हो जाएगा ! वह बोल उठा, "मोनिया (इस नाम से मुझे मेरी माँ, पिता और भाई संबोधित करते थे।) होशियार, मैं तो गिर गया पर तुम्हें नहीं गिरने दूँगा। याद करो तुमने अपनी मां से क्या वादा किया था ! यह जगह तुम्हारे लिए नहीं है। भागो-छोड़ो ये पत्ते !" मुझे नहीं मालूम मेरा क्या जवाब था, जवाब कुछ भी हो, 'राम' ने मुझे बचा लिया।

मैं बिस्तरे पर लेटा और राम-नाम बार-बार जपने लगा। अगर मुझ से कोई कहे कि भगवान् नहीं है तो मैं कहूँगा कि वह झूठा है। अगर 'राम' ने मुझे न बचाया होता तो आज मैं इंस अवस्था तक न पहुँच पाता। आज जब मैं सैकड़ों महिलाओं से अपने को घिरा पाता हूँ तो उन्हें लगता है जैसे वे किसी निरीह बच्चे को घेरे बैठी हैं। मैं तो इसे केवल राम की कृपा समझता हूँ।

तीसरी घटना जहाज़ की है। जहाज़ रुकता तो जहाज़ का कप्तान और कुछ साथी बन्दरगाह में घूमने जाते और वेश्याओं की तलाश में रहते। एक बार कप्तान ने मुझे अपने साथ चलने की दावत दी। मुझे पता नहीं था कि वह मुझे कहाँ ले जाना चाहता है। हम तीन लोग थे। वे दोनों तो दो महिलाओं के साथ एक कमरे में घुसे और थोड़ी देर बाद बाहर निकल आए। पर मुझे वह तीसरी महिला देखती व मुस्कराती रही। उन दो मित्रों ने मुझे घुड़की दी और चलने को कहा। उन दोनों ने मेरा बहुत मज़ाक उड़ाया। मुझे तीनों ने दुनिया का सबसे बड़ा मूर्ख समझा। उसके बाद जब कभी जहाज़ लंगर डालता तो न तो कप्तान और न दूसरे लोग मुझ जैसे बेवकूफ को अपने साथ चलने को कहते। भले ही कोई कुछ कहे मैं डंके की चोट से कहता हूँ कि मुझे राम ने बचाया।

एक बात और, अगर तुम्हारे मुँह में राम राम है और तुम जपते भी बार बार हो पर तुम्हारे दिल पर रावण का राज्य है तो क्या लाभ?

पाठक यह समझ लें कि राम नाम दिल का विषय है। जहाँ मन और वाणी में सामंजस्य नहीं, वहाँ वाणी मिथ्या है। भले ही आप दुनिया को धोखा दे दें पर राम को धोखा नहीं दे सकते। वह तो घटघट वासी हैं।

24.2 सर्वोदय क्रान्ति

मनुष्य समाज में सुधार के लिए समय-समय पर विभिन्न रूपों में क्रान्तियाँ होती रही हैं। जो प्रायः राजनीति प्रेरित थी। उनमें कुछ रक्त क्रान्तियाँ भी थीं। साम्यवादी क्रान्ति इसी प्रकार की है। इसके बाद समाजवादी क्रान्ति आती है यह समाजवादी क्रान्ति रक्तहीन क्रान्ति है।

हमारे देश में महात्मा गांधी ने समाज में जागृति लाने के लिए जिस क्रान्ति को चुना वह थी 'सर्वोदय क्रान्ति'। सर्वोदय की आधुनिक विचारधारा गांधीजी की देन है। इसका विचार गांधीजी को अंग्रेज लेखक रस्किन की *अनटु दिस लास्ट* नामक पुस्तक के पढ़ने से प्राप्त हुआ। सबसे पहले गांधीजी ने *अनटु दिस लास्ट* का अनुवाद गुजराती भाषा में *सर्वोदय* नाम से किया। पीछे यह पुस्तक इतनी प्रसिद्ध और उपयोगी मानी गई कि भारत की प्रायः सभी भाषाओं में इसके अनुवाद प्रकाशित हुए। इतना ही नहीं इस पुस्तक में वर्णित जिस सिद्धान्त का विवेचन किया गया वह 'सर्वोदय' के नाम से एक, बाद, या प्रक्रिया कहलाने लगा। गांधीजी की विचारधारा और कार्यप्रणाली से ही जानी पहचानी जाती है। कहना होगा कि यही सर्वोदय प्रणाली गांधीजी द्वारा विकसित सामाजिक क्रान्ति है। इस प्रणाली में समाज रचना के स्वरूप का विवेचन सब का उदय, अस्त किस का भी नहीं' इस प्रकार किया गया है।

महात्मा गांधी आजीवन सर्वोदय की दृष्टि से विचार तथा कार्य करते रहे। सर्वोदय के आदर्श के बारे में गांधीजी ने कहा है—

> "सबका ज्यादा से ज्यादा भला करना ही एक सच्चा, गौरवयुक्त और मानवतापूर्ण सिद्धान्त है और यह सिद्धान्त अधिकतम स्वार्थ त्याग से ही अमल में लाया जा सकता है।'

व्यक्तिगत तथा सामाजिक विषयों की तरह राष्ट्रीय और अन्तर्राष्ट्रीय समस्याओं के लिए भी सर्वोदय सत्य और अहिंसा के उपयोग का आदेश करना है। राजनीति में छल कपट, झूठ, जबर्दस्ती, सब जायज मानी जाती है। राजनीतिज्ञों का सिद्धान्त **कंटके नैव कंटकम्** रहा है। किन्तु सर्वोदय में यह बात नहीं हैं। महात्मा गांधी ने स्पष्ट घोषित किया है—

> "मेरे नजदीक धर्म-विहीन राजनीति कोई चीज नहीं है। नीति शून्य राजनीति सर्वथा त्याज्य है।"

गांधीजी के नेतृत्व में भारत का स्वाधीनता आन्दोलन अधिकांश में अहिंसक ही रहा। उसमें 'सर्वोदय' की नीति का ही पालन किया गया।

गांधीजी ने सन् 1930 में, जब कि वे नरवदा जेल में थे, ग्यारह व्रतों की व्यवस्था की। उन व्रतों को सर्वोदय क्रान्ति का मुख्य तत्व कहा जा सकता है। वे हैं – (1) सत्य, (2) अहिंसा, (3) ब्रह्मचर्य, (4) अस्वाद, (5) अस्तेय, (6) अपरिग्रह, (7) अभय, (8) अस्पृश्यता-निवारण, (9) शारीरिक भ्रम, (10) सर्वधर्म समभाव, और (11) स्वदेशी भावना।

इनमें सत्य और अहिंसा सर्वोदय के मूल आधार हैं। इस सम्बन्ध में गांधीजी का कथन है कि सत्य ही परमेश्वर है। बिना अहिंसा के सत्य की प्राप्ति नहीं हो सकती, सत्य और अहिंसा दोनों एक ही सिक्के के दो पहलू हैं।

इस प्रकार सर्वोदय ही गांधी जी की सामाजिक क्रान्ति है। ऊपर बताए हुए ग्यारह व्रतों का यदि पूरी निष्ठा से पालन किया जाए तो समाज का काया पलट हो सकता है। गांधी जी की दृष्टि में 'सर्वोदय' ही सच्ची 'सामाजिक क्रान्ति' है।

24.3 धार्मिक सहनशीलता

गांधीजी ने *यंग इंडिया* के 2 और 9 अक्तूबर, 1930 के अंक में धार्मिक सहनशीलता पर अपने विचार व्यक्त किए। उन्होंने बताया कि सहनशीलता तथा अहिंसा दो शब्द हैं। जब मैं सहनशीलता शब्द का प्रयोग करता हूँ तो मुझे लगता है कि जैसे इस शब्द से यह आभास होता है कि आप का धर्म या विश्वास किसी दूसरे धर्म या विश्वास से कमतर है। लेकिन अहिंसा हमें सिखाती है कि हम दूसरे के विश्वास या धर्म को भी वैसा ही सम्मान दें जैसा अपने विश्वास या धर्म को। इस प्रकार हम उसकी अपूर्णता को स्वीकार करते हैं। और अगर मानव के बताए सभी धर्म अपूर्ण हैं, तो उनके गुणों की तुलना का प्रश्न ही नहीं उठता। सभी विश्वासों में सत्य का उद्घाटन निहित है, परन्तु सभी अपूर्ण हैं और सब में भूल की संभावना है। दूसरे धर्मों के आदर का अर्थ यह नहीं कि हम उसके भूलों की तरफ से आंख मूंद लें। हमें अपने धर्म की भूलों के बारे में भी जागरूक रहना चाहिए पर इस आधार पर उसे छोड़ना नहीं चाहिए, बल्कि उनको सुधारने का प्रयत्न करना चाहिए। जब हम सभी धर्मों के प्रति बिल्कुल एक जैसा दृष्टिकोण अपनाएँगे तब हम इस बात में बिल्कुल नहीं हिचकेंगे कि हम दूसरे धर्मों के माननीय पहलुओं को अपने धर्म में भी मिलाएँ। फिर सवाल उठता है कि अलग अलग धर्म क्यों हों? आत्मा तो एक है पर आत्मा अलग अलग शरीरों में स्पन्दित होती है। हम शरीरों की संख्या को कम नहीं कर सकते पर आत्मा की एकता को मानते हैं। जैसे पेड़ का तना एक है पर उसकी बहुत-सी शाखाएँ, प्रशाखाएँ हैं, ठीक ऐसे ही सच्चा धर्म एक है जो कि पूर्ण भी है और सत्य भी है परन्तु जब वह अलग अलग व्यक्तियों के माध्यम से फैलता है तो इसमें अनेकता आ जाती है। वह सच्चा धर्म तो वाणी से परे हैं। अपूर्ण मनुष्य अपने अपने ढंग से उसे अलग अलग भाषा का जामा पहनाते हैं और उस भाषा का अर्थ अलग अलग लोग अलग अलग तरीके से करते हैं। तब किसकी व्याख्या को सच मानें? हर आदमी अपने अपने नज़रिए से उसकी व्याख्या करता है। अतएव सहनशीलता की आवश्यकता है लेकिन इसका यह मतलब नहीं है कि आप अपने धर्म के प्रति ज्यादा विवेक तथा शुद्धतर प्रेम दर्शाएँ। सहनशीलता हमें आध्यात्मिक दृष्टि देती है जो कि कट्टरवादिता से इतनी ही दूर है जितना उत्तरी ध्रुव से दक्षिणी ध्रुव। धर्म का सच्चा ज्ञान होने पर धर्मों के बीच की दीवारें ढह जाती हैं। दूसरे धर्मों के प्रति सहनशीलता से हम अपने धर्म को और अच्छी तरह समझ पाएँगे।

सहनशीलता का अर्थ भले-बुरे या सही-गलत के भेद को समाप्त करना नहीं है।

उक्त व्याख्या में विश्व के प्रमुख धर्मों का हवाला दिया गया है। उन सबका आधार समान मूल तत्व हैं। सभी धर्मों में महान् सन्त पैदा हुए हैं। जब मैं फोनिक्स में था तो वहाँ भी साबरमती की तरह हमारी प्रार्थना में सभी प्रमुख धर्मों के भजन आदि होते थे। सभी लोग मुसलमान, पारसी, ईसाई, हिन्दू आदि भजन बड़े मनोयोग से गाते थे।

रुस्तम जी सेठ तो सुधबुध ही खो बैठते। एक बार तो उन्होंने सुझाव दिया कि राम की जगह होमज़ि का नाम लो। सभी ने तत्काल स्वीकार किया। दाऊद सेठ के लड़के हुसैन को तो मैं कैसे भूलूँ? मैंने अपने जीवन में हुसैन जैसा जवान कभी नहीं देखा जिसका सत्य के प्रति इतना निष्ठावान आचरण हो। जोज़ैफ रॉयपिन तो 'वैष्णवजन' वाले भजन पर फ़िदा ही थे। एक बार उन्होंने इस भजन में 'वैष्णवजन' की जगह 'क्रिश्चियनजन' गाकर समा बाँध दिया। सभी बड़े आनन्दित हुए। मैंने सभी धर्मों के ग्रन्थों का अध्ययन किया है और मैं उन से अच्छी तरह परिचित भी हो गया हूँ। सभी को पढ़ने के बाद मैंने सभी धर्मों के प्रति समान धारणा बनायी है। उन धर्मों का अध्ययन न करते समय मुझे कभी किसी धर्म की आलोचना करने की तनिक भी इच्छा नहीं हुई। मैंने प्रत्येक ग्रन्थ के प्रति आदरभाव रखा। मुझे महसूस हुआ कि सभी धर्मों के मूलतत्व एक हैं, सभी में एक जैसी नैतिकता है। एक बात मैं ज़रूर कहूँगा कि इस निर्णय पर कभी जल्दी-जल्दी मत पहुँचिए कि अगर आपकी समझ में कोई बात न आई हो तो वह गलत है। कई बातें जो मैं पहले नहीं समझ पाया था बाद में समझ गया। इसके पीछे तटस्थ भाव से, निर्वैर भाव से चिन्तन है।

धर्मों की समानता का अर्थ आप अधार्मिकता न समझ बैठें। मेरा अभिप्राय यह नहीं है कि आप अधार्मिकता के प्रति भी वैसी ही सहिष्णुता दर्शाएं। एक बात तो साफ़ है कि अगर हम 'प्रेम' का सिद्धान्त अपनाते है तो हम किसी अधार्मिक व्यक्ति के प्रति भी घृणा नहीं दिखाएँगे। हम उससे प्रेम करेंगे तब क्या होगा? या तो वह हमारी बात मानने लगेगा या हम उसकी बात मानने लगेंगे या फिर मतभेद के बावजूद एक दूसरे के प्रति सहनशील बन जाएंगे। अगर दूसरा व्यक्ति प्यार का सिद्धान्त नहीं मानता तो हमारा एकतरफा सच्चा प्यार उसकी कड़वाहट पर हावी हो जाएगा। हम इस स्वर्णिम सिद्धान्त को मान लें कि जिन व्यक्तियों को हम गलत मानते हैं, उनके साथ उतावलापन न बरतें बल्कि प्रेम के व्यवहार से खुद कष्ट उठाने को तैयार रहें।

प्रसिद्ध सेनापति जनरल डगलस मैकआर्थर ने गांधीजी को श्रद्धांजलि देते हुए लिखा था : 'अगर मानव सभ्यता को जीवित रहना है तो उसे गांधीजी के इस विश्वास को अन्ततः मानना होगा कि विवादों को हल करने में बल प्रयोग न केवल गलत है, क्योंकि उसमें आत्म विनाश के कीटाणु निहित हैं।'

24.4 सच्ची सभ्यता

गांधीजी ने *इंडियन ओपीनियन* में प्रश्नोत्तरी के रूप में भारतीय सभ्यता के विषय में लिखा कि भारत में जिस सभ्यता का विकास हुआ, उसकी तुलना किसी भी सभ्यता से नहीं की जा सकती। रोम गया, यूनान की भी वही हालत हुई, फराओ की शक्ति लुप्त हो गयी, जापान तो यूरोप के रंग में रंग गया, चीन के बारे में कुछ कह नहीं सकते। अब भी यूरोप के लोग यूनान और रोम के प्राचीन ग्रन्थों से ज्ञान की प्यास बुझाते हैं। पर भारत का प्राचीन ज्ञान अब भी अक्षुण्ण हैं। भारत के बारे में कहा जाता है कि भारतीय सभ्य नहीं हैं, उन्हें तब्दीली मंजूर नहीं, पर भारत ने युग युगों तक जिन बातों को समय की कसौटी पर खरा पाया, उन्हें अपनाया और बरकरार रखा।

सभ्यता आचरण का वह तौर-तरीका है जो आदमी को कर्तव्य की ओर मोड़ता है। कर्तव्य-पालन तथा नैतिक आचरण अन्योन्याश्रित हैं। नैतिक आचरण का मतलब अपने मन और वासना पर काबू पाना है। अगर यह परिभाषा ठीक है तो भारत को किसी देश से सीखने की आवश्यकता नहीं है। जितना अधिक हमें मिलता है उतनी ही हमारी तृष्णा बढ़ती है। इसीलिए हमारे पूर्वजों ने हमारी इच्छाओं की सीमा निर्धारित कर दी। **सतुभवति दरिद्रो यस्य तृष्णा विशाला, मनसि च परितृप्ते को ऽर्थवान्—को दरिद्रः** हमारे पूर्वज जानते थे कि सच्चा स्वास्थ्य और सुख अपने हाथ-पैरों के ठीक ठीक इस्तेमाल में है। वे जानते थे कि राजाओं की तलवारें भी नैतिकता की तलवार के सामने घटिया हैं। इसीलिए भारत में ऋषियों और फकीरों को राजा महाराजाओं से अधिक सम्मान मिला। भला ऐसे राष्ट्र को किस से क्या सीखना है? पर हमारा आचरण तो वैसा हो।

कई लोग आलोचना करते हैं कि भारत की सभ्यता में छोटी कन्याएँ विधवा हो जाती हैं, तेरह साल की बच्ची मां बन जाती है, नियोग की प्रथा है, धर्म के नाम पर बलियाँ चढ़ाई जाती हैं। गांधीजी ने इसका उत्तर देते हुए कहा कि ये सब कुछ प्राचीन भारतीय सभ्यता में कभी नहीं था। ये बुराइयाँ कालान्तर में घुसीं और सुधारकों ने इन्हें दूर करने के लिए भरसक कोशिशें भी कीं। हमारी सभ्यता हर्गिज़ इन बुराइयों की स्वीकृति नहीं देती। दुनिया में किसी भी सभ्यता तथा राष्ट्र में सभी लोग पूर्णतः दोषरहित नहीं हैं। भारतीय सभ्यता भी इसीलिए मनुष्य की नैतिकता को ऊँचा उठाने के लिए प्रवृत्त है जबकि पाश्चात्य सभ्यता अनैतिकता के प्रसार की ओर झुकी है। इन बातों को विचार कर हर भारत प्रेमी का अपनी प्राचीन सभ्यता के प्रति वैसा ही लगाव होना चाहिए जैसे छोटे शिशु को अपनी माँ के स्तनों से।

24.5 गीता और रामायण

अनेक लोग भरसक प्रयत्न करने पर भी जब पाप में लिप्त हो जाते हैं तो वे निराशा में

डूब जाते हैं और पाप में और अधिक डूबने लगते हैं। कभी-कभी उन्हें पाप में भी अच्छाई नज़र आने लगता है।

मैं ऐसे लोगों को प्रायः यही सलाह देता हूँ कि वे बार-बार *गीता* तथा *रामायण* पढ़ें। पर लोग है कि इनमें कुछ रस पाते ही नहीं। ऐसे लोगों के लिए मैं यहाँ एक युवक (नाम नहीं दिया गया) का हवाला दे रहा हूँ। उस युवक ने लिखा कि वह पाप में गले तक डूब गया था और उसका सुधार होना असंभव था पर *रामायण* और *गीता* ने उसके जीवन की दिशा ही बदल दी। मेरी मान्यता है कि जो व्यक्ति *रामायण* और ऐसे दूसरे ग्रन्थों को पढ़ता है और जो उन ग्रन्थों में दिए गए अनुभवों में श्रद्धा रखता है, वह उनसे प्रभावित हुए बिना नहीं रह सकता। वह जानता है कि उसके आदर्श पात्रों ने कैसे अपनी वासनाओं पर विजय पाई। जब हम साधारण विषयों के अध्ययन में इतने साल गुज़ारते हैं, तो जिन ग्रन्थों ने हमारा लोक-परलोक सुधारना है, उन्हें क्यों न कुछ समय दें। गांधीजी ने बताया कि जिस व्यक्ति का ऊपर उल्लेख किया गया है वह मानता है कि जब कभी उस पर वासना सवार हुई उसे उन ग्रन्थों की सूक्तियों ने ललकारा। जब कभी हम सोचें कि हमारा मन पवित्र है तो हम तभी सजग हो जाएँ कि कहीं कोई वासना सेंध तो नहीं लगा रही है। अतः मन की पवित्रता के लिए सद्ग्रन्थों का पारायण जरूरी है। 'राम नाम' भी तो इसी की दवा है। जिस मन में राम का निवास है वहाँ वासना घुसने का साहस नहीं कर सकती। जब आप शुद्ध मन से 'राम नाम' जपेंगे तो आपका हृदय एक अभेद्य दुर्ग बन जाएगा जहाँ अपवित्रता का प्रवेश असंभव है। साहस कीजिए कि अपवित्रता आपके पास न फटके। जब आप में श्रद्धा जगेगी तो अपवित्रता आप को छुएगी भी नहीं। गांधीजी ने लिखा है–

"*गीता* ने ज्ञान की महिमा तो बखानी है पर यह ज्ञान अकेली बुद्धि के परे है। यह मुख्यतः हृदय से संबंधित है और केवल सहृदय व्यक्ति इसे समझ सकते हैं।"

श्री कृष्ण कहते हैं–

> "इस ज्ञान के कोश को उन्हें मत सौंपो जिनमें बलिदान की भावना, भक्ति नहीं है, जिनमें इस ज्ञान की चाह का अभाव है और जो मुझे नकारते हैं। दूसरी ओर जो इस ज्ञान के भंडार को मेरे भक्तों को देंगे, वे निश्चय ही मुझे प्राप्त होंगे। जो लोग ईर्ष्या-द्वेष से रहित होंगे, श्रद्धा तथा इच्छा से इस ज्ञान का अवगाहन करेंगे वे मुक्त होकर उसी पद को प्राप्त होंगे जहाँ सत्पुरुष मृत्यु के उपरान्त जाते हैं।"

24.6 हिन्दी और हिन्दुस्तानी

गांधीजी हिन्दी के प्रबल समर्थक थे। यह अजीब बात है कि भारत के मूर्धन्य नेता जिन्होंने हिन्दी की पैरवी की, वे ग़ैर हिन्दी भाषी थे– सुभाषचन्द्र बोस ने आजाद हिन्द

फौज के माध्यम से हिन्दी-हिन्दुस्तानी का जोरदार प्रसार-प्रचार किया। ऋषि दयानन्द गुजराती थे, उनसे सबसे पहले एक बंगाली प्रसिद्ध नेता श्री केशवचन्द्र सेन ने हिन्दी में बोलने और लिखने की प्रार्थना की। गुरुदेव रवीन्द्रनाथ ठाकुर ने भी हिन्दी को राष्ट्रभाषा बनाने की पैरवी की। उन्होंने 1938 में श्रीमन्नारायण अग्रवाल से कहा था, "मुझे दुःख है मैंने अब तक हिन्दी नहीं सीखी। मैं आपसे हिन्दी ही बोलना पसन्द करता पर लाचार हूँ. . . हिन्दी का तो राष्ट्रभाषा के रूप में ही प्रचार करना ठीक है।"

महाराष्ट्र के लोकमान्य तिलक हिन्दी के प्रबल पक्षधर थे। अब से लगभग दो सौ साल पहले असिस्टेंट रेज़ीडेन्ट आफ देहली मैटेकाफ़ ने 29 अगस्त, 1906 को अपने शिक्षक गिलक्रिस्ट को लिखा था–

> "मुझे जिस भाग में भी काम करना पड़ा है, कलकत्ता से लाहौर तक, कुमाऊं से नर्मदा तक, सभी लोगों में यानी अफगानों, मराठों, राजपूतों, जाटों, सिखों में और सभी जगह जहाँ मैंने यात्रा की है, मैंने उस भाषा का आम व्यवहार देखा है, जिसकी शिक्षा आपने मुझे दी थी।. . . भारत भर में मुझे ऐसे लोग मिल जाएँगे जो हिन्दुस्तानी बोलते हों।"

हिन्दी को अपनाने के विषय में आज से 193 साल पूर्व एक अंग्रेज़ का दिया यह प्रमाण पत्र स्वयंसिद्ध है–

बनारस हिन्दू विश्वविद्यालय में 1916 में बोलते हुए गांधीजी ने कहा था–

> "मुझे आशा है कि इस विश्वविद्यालय में विद्यार्थियों को उनकी मातृभाषा में शिक्षा देने का प्रबंध किया जाएगा। हमारी भाषा हमारा ही प्रतिबंध है और इसलिए यदि आप मुझ से यह कहें कि हमारी भाषाओं में उत्तम विचार व्यक्त किए ही नहीं जा सकते, तब तो हमारा संसार से उठ जाना अच्छा है। क्या कोई व्यक्ति स्वप्न में भी यह सोच सकता है कि अंग्रेजी भविष्य में किसी दिन भारत की राष्ट्रभाषा हो सकती है। फिर राष्ट्र के पाँव में यह बेड़ी क्यों?. . ." उन्होंने आगे कहा था, "राष्ट्रभाषा के बिना देश गूंगा है।"

गांधीज़ी ने यह भी कहा था–

> "यदि अंग्रेजी राष्ट्रभाषा होने वाली हो तब तो भविष्य जान लेना आसान होगा क्योंकि वह तो मुट्ठी भर लोगों का ही प्रजातंत्रात्मक राज्य होगा। हमारे विशाल जनसमूह की एक भाषा अंग्रेजी हो ही नहीं सकती।. . . मेरे दिल में अंग्रेजी भाषा और अंग्रेज लोगों के भारी गुणों के प्रति बड़ी इज्जत है लेकिन अंग्रेजी भाषा और अंग्रेज लोगों ने आज हमारे जीवन में एक ऐसी जगह बना ली है जो हमारी प्रगति को रोके हुए है, इसमें मुझे ज़रा भी संदेह नहीं है।"

उन्होंने 27 जून, 1936 के *हरिजन* में लिखा था–

"यदि आप की सीमाएं उत्तर में श्रीनगर, दक्षिण में कन्याकुमारी, पश्चिम में कराची और पूर्व में दरभंगा तक विस्तृत हैं, तो आप के लिए इसके अतिरिक्त कोई चारा नहीं है कि आप हिन्दी पढ़ें।"

भारतीय साहित्य परिषद्, मद्रास (चेन्नई) में बोलते हुए गांधीजी ने कहा था–

"हमारे यहाँ 90 प्रतिशत से अधिक लोग अशिक्षित हैं। हमें उनके साथ एक कोरी स्लेट के समान शुरुआत करनी होगी। हम उन्हें एक सामान्य लिपि से ही शिक्षित क्यों न बनाएँ। इससे यह मत समझ बैठिए कि मैं प्रांतीय भाषाओं के विरुद्ध हूँ। तमिल, तेलुगू, मलयालम और कन्नड़ आदि प्रांतीय भाषाएं तो रहनी ही चाहिए और वे रहेंगी भी। लेकिन इन भागों के अशिक्षित लोगों को उनकी प्रांतीय भाषाओं का ज्ञान देवनागरी लिपि में ही क्यों न कराएं? राष्ट्रीय एकता के हित में देवनागरी लिपि का अपनाना बहुत आवश्यक है। यहाँ पर केवल संकीर्णता और प्रान्तीयता की भावना को समाप्त करने का ही प्रश्न है, इसके अतिरिक्त अन्य कोई कठिनाई नहीं है।"

हरिजन के 27 जून, 1936 के अंक में गांधीजी ने लिखा–

"कुछ लोगों का मत है कि अंग्रेजी अन्तर्प्रान्तीय संबंधों के लिए उचित माध्यम है। यदि यह हमारे कुछ पढ़े-लिखे लोगों की बात होती तो निस्संदेह अंग्रेजी यह कार्य कर सकती थी लेकिन मुझे विश्वास है कि इस से कोई भी व्यक्ति सन्तुष्ट नहीं होगा। आप और मैं करोड़ों लोगों से अन्तर्प्रान्तीय संबंध स्थापित करना चाहते हैं और अंग्रेजी द्वारा वह कार्य कई पीढ़ियों तक संभव नहीं है। इस बात का भी कोई कारण नहीं दिखाई देता कि सब लोग अंग्रेजी ही पढ़ें। फिर हिन्दी पढ़ने में उतनी परेशानी भी महसूस नहीं होती जितनी अंग्रेजी पढ़ने में।"

गांधीजी ने हिन्दी अपनाने के लिए जीवनभर प्रचार-प्रसार किया क्योंकि वे महसूस करते थे कि भारत जैसे विशाल देश में अधिक से अधिक लोगों द्वारा बोली व समझी जाने वाली भाषा ही सम्पर्क भाषा का काम कर सकती है।

24.7 बा

गांधीजी ने लार्ड वेवल को एक पत्र में लिखा था–

"हालांकि कस्तूरबा के दुनिया से विदा होने पर उन्हें महान् कष्ट से मुक्ति मिली। पर मुझे उनकी विदाई कितनी कचोट रही है, मैंने कभी सोचा भी नहीं था। हम कोई सामान्य कोटि के दम्पत्ति नहीं थे। सन् 1906 में हमने आपसी सहमति और परीक्षणों के बाद आत्म संयम को अपने जीवन का एक नियम बना लिया। मुझे अचरज हुआ कि हमारा यह संकल्प निभ गया। अब हम दो पृथक

व्यक्तित्व नहीं रह गए थे। भले ही मैंने यह नहीं चाहा पर उन्होंने अपना अस्तित्व मुझ में विलीन कर लिया। परिणाम यह हुआ कि वे मेरी 'बैटर हाफ़' (श्रेष्ठ अर्धांगिनी) बन गईं। वे दृढ़ संकल्प वाली महिला थीं जिसे मैं शुरू-शुरू में जिद्दी समझने की भूल कर बैठा था। लेकिन उनकी इस दृढ़ संकल्प शक्ति ने अनजाने ही उन्हें अहिंसक असहयोग की कला की मेरी गुरु बना दिया।"

24.8 अंतिम उपवास

गांधीजी के 21 दिन के उपवास के दौरान, लगभग सभी बड़े डाक्टरों ने, जिनमें डॉ. बी.सी. राय जैसे सुप्रसिद्ध चिकित्सक भी थे, केवल 10-12 दिन बाद ही घोषणा की कि गांधीजी का जीवित रहना असंभव-सा है जब तक कि वे दवा न लें। भला कौन हिम्मत जुटा पाता कि गांधीजी को दवा लेने पर मजबूर करे। फिर भी डॉक्टरों ने गांधीजी से दवा लेने पर अनुरोध किया। गांधीजी सीधा-सादा उत्तर दिया, "क्या आप लोगों के पास कोई अचूक दवा है जिसे लेकर मैं नहीं मरूँगा?" भला, इस बात का किसी के पास क्या जवाब होता, सिवाय इसके कि डॉक्टर निरुत्तर हो गए। तब निर्भीक महात्मा बोले, "हाँ, मेरे पास राम बाण दवा है — वह है राम-नाम. . ." और सचमुच गांधीजी ने इस दवा के बलबूते पर 21 दिन का उपवास पूरा किया। उनकी स्वास्थ्य की जांच करने वाले सर्नत्र जनरल कैंडी ने लिखा था, "I don't care what happens to the Congress. Gandhi is much above the Congress. He cannot die. We will not let him die. He must live." (मुझे तनिक भी परवाह नहीं कि कांग्रेस का हश्र होता है ! गांधी कांग्रेस से कहीं ऊँचा है। वह नहीं मर सकता। हमें उसे नहीं मरने देंगे। उसे तो जीवित रहना पड़ेगा।)

वे गांधीजी से बोले, "डॉक्टर की हैसियत से मेरा कर्तव्य है कि मैं बता दूँ कि आपके उपवास रखने की क्षमता समाप्त हो चुकी है।" वह गोरा अंग्रेज डॉक्टर था पर उसके भीतर एक इन्सान* था जो गांधीजी के सामने फूट पड़ा। तब विडम्बना देखिए, गांधी बोले, "आप क्यों फिक्र करते हैं। मैं तो राम के हाथ में हूँ।"

24.9 कुछ अनमोल वचन

जैसे ही विदेशी राज्य समाप्त हुआ था और हमें स्वतंत्रता मिली, गांधीजी ने कहा कि अगर हम वस्तुतः देश को महान् बनाना चाहते हैं तो हमें कुछ मार्गदर्शक सिद्धान्तों का पालन करना होगा। ये सिद्धान्त आज भी उतने ही प्रासंगिक हैं जितने तब थे जब महात्मा जी ने उन्हें राष्ट्र के सामने रखा था। यहाँ गांधीजी के ही शब्दों में वे सिद्धान्त दिए जा रहे हैं।

---

* इन्सान अरबी शब्द है जो 'उन्स' से बना है। उन्स का अर्थ है 'प्यार'।

"मैं अपने सपने के नये भारत को चाहूँगा कि वह देश के प्राकृतिक वातावरण के अनुरूप नये जीवन की आधारशिला रखे।"

"दो राज्यों के बीच मानवीय झगड़ों अथवा एक ही राष्ट्र के लोगों के आपसी झगड़ों को तय करने के लिए सभी अच्छी शक्तियों को मिलकर प्रयत्न करना चाहिए कि वे उन्हें तय करने में अब तक प्रचलित हिंसा के तरीके को छोड़ दें।"

"अगर हमें प्रगति करनी है तो अधिकारों को पाने व उन पर अड़े रहने के लिए ताकत का प्रयोग छोड़ दें। यह लोकतांत्रिक स्वतंत्र भारत का पहला पाठ होगा।"

"स्वतंत्रता का यह अर्थ बिल्कुल नहीं है कि आप जो चाहें आपको वैसा करने की छूट है। स्वतंत्रता का अर्थ है—स्वेच्छा से संयम बरतना और अनुशासन का पालन करना, कानून को स्वेच्छा से मानना, जिस कानून को बनाने में, अपने चुने हुए प्रतिनिधियों के माध्यम से, उनका हाथ है। लोकतंत्र के पास एक ही ताकत है और वह है जनता की राय।"

"अगर भारत में कोई अल्पसंख्यक, यानी अपने धर्म के आधार पर अल्पसंख्यक, केवल इस नाते अपने को हीन महसूस करता है तो मैं कहूँगा कि यह भारत मेरे सपनों का भारत नहीं है। भारत में जिसके निर्माण में मैंने अपना पूरा जीवन लगा दिया है, प्रत्येक व्यक्ति चाहे उसका धर्म कुछ भी हो, का स्थान समान है।"

"मैं भारत से यह अपेक्षा रखता हूँ कि यहाँ प्रत्येक व्यक्ति को अपना धर्म मानने में स्वतंत्रता हो। हम तभी महान् बन सकते हैं, क्योंकि यही संभवतः एक ऐसा राष्ट्र है जिसने सांस्कृतिक लोकतंत्र को मान्यता दी है जिससे यह अभिप्रेत है कि ईश्वर तक पहुँचने के अनेक रास्ते हैं पर लक्ष्य एक है। ईश्वर तो एक ही है।"

"अगर हिन्दू बहुसंख्यक अपने धर्म और कर्तव्यों को सँजोए हुए हैं तो ठीक है पर साथ ही उन्हें अल्पसंख्यकों की सीमाओं और गलतियों के प्रति उदार दृष्टिकोण अपनाना है क्योंकि न्याय के लिए वे किसका मुँह ताकेंगे?. . . जो लोग यह सोचते हैं कि हम अपनी इच्छाओं को अल्पसंख्यकों पर थोप सकते हैं, वे बेवकूफ हैं और बहुत ग़लती पर हैं।"

"अल्पसंख्यकों को यह महसूस कराना चाहिए कि वे भी उस राज्य के, जहाँ वे रह रहे हैं, उतने ही उपयोगी नागरिक हैं जितने बहुसंख्यक।"

"क्या भारत संघ को धर्म का राज्य बनाया जाना है और गैर-हिन्दुओं पर हिन्दू धर्म के सिद्धान्त थोपे जाने हैं? अगर ऐसा है तो भारत का भविष्य और आशा

अंधकारमय हो जाएँगे, जिसकी ओर पूरा एशिया और अफ्रीकी जातियाँ भी, इतना ही नहीं वस्तुतः पूरी दुनिया (आशा से) देखती है।"

"संसार भारत से तुच्छता और कट्टरवादिता की आशा नहीं रखता। वह भारत से भलाई और महानता की आशा रखता है जिससे पूरी दुनिया सबक सीख सके और वर्तमान अंधकार में प्रकाश की किरण बन सके।"

"आप को सन्देह पर काम नहीं करना चाहिए। बिना विश्वास के दुनिया नहीं चल सकती। अल्पसंख्यकों को यह महसूस करना चाहिए कि वे उस राज्य के प्रति वफ़ादार हों, जहाँ वे रहते हैं। अगर वे वफ़ादार साबित नहीं होते तो उनके विरुद्ध कार्यवाही की जा सकती है। लेकिन पहले से ही उनके प्रति धारणा बनाना ठीक नहीं है। मौत से पहले क्यों मरें?"

"अगर अल्पसंख्यकों को अपने हिस्से से कुछ ज्यादा मिल जाता है या ज्यादा फायदा पहुँचता है तो इसका महत्व है। अल्पसंख्यकों को पूरा-पूरा न्याय अवश्य मिलना चाहिए। पर कार्यकुशलता व योग्यता को तरजीह मिलनी ही चाहिए। नये भारत में कोई विशेष अधिकार नहीं मिलने चाहिए।"

"हमें निश्चय ही विशेष ध्यान उपेक्षितों, दलितों और कमज़ोरों पर देना चाहिए।"

"हिन्दुस्तान उन सबका है जो यहाँ पैदा हुए हैं, पले हैं, बड़े हुए हैं और जिन्हें किसी और देश की तरफ नहीं देखना है इसलिए पारसियों, यहूदियों, भारतीय ईसाइयों और मुसलमानों का यह देश उतना ही है जितना हिन्दुओं का।"

"स्वतंत्र भारत हिन्दू राज नहीं होगा, यह भारतीय राज होगा जो किसी धर्म की बहुसंख्यक जाति या सम्प्रदाय पर आधारित नहीं होगा, बल्कि बिना धर्म के भेदभाव के सभी लोगों के प्रतिनिधित्व पर आधारित होगा। मैं मिले-जुले समुदाय के बारे में सोच सकता हूँ जिसमें हिन्दू अल्पसंख्यक हो सकते हैं। वे अपनी सेवा और योग्यता के रिकार्ड के आधार पर चुने जाएँगे। धर्म व्यक्तिगत मामला है जिसका राजनीति से कोई संबंध नहीं होना चाहिए।"

"अगर सरकार के अधिकारी वर्ग और जनता के लोग पूरे दिल से सर्वधर्म समभाव वाले राज्य बनाने का उत्तरदायित्व लें, तभी हम नए भारत का निर्माण कर सकते हैं जो कि विश्व की शान होगा।"

गांधीजी की हत्या के कुछ ही दिन पहले, गांधीजी ने साम्प्रदायिक एकता के विषय में कहा था–

"अपनी जवानी के आरंभिक दिनों में राजनीति के विषय में कुछ भी जानने से पहले, मैंने दिलों की सामूहिक एकता का सपना देखा था। अगर इसी जीवन में मेरा यह सपना पूरा हो जाता है तो मैं अपने जीवन के संध्याकाल में (खुशी से) बच्चे की तरह उछल पड़ूँगा। लेकिन यह कल्पना मुझे इतनी अधिक शानदार लगती है कि यह शायद ही पूरी हो। जैसे किसी प्रसिद्ध चित्रकार द्वारा तैयार की गई तस्वीर के लिए बच्चा मचल उठता है, वैसे ही मैं भी उसे लिए बिना सन्तोष नहीं पाऊँगा। मैं इससे छोटे लक्ष्य के लिए नहीं जीता हूँ और न जीना चाहता हूँ।"

25
मील के पत्थर

गांधीजी का जीवन ऐसे अजूबों से अटा पड़ा है कि उनका चयन करते समय आदमी इस द्विविधा में फँस जाता है—'क्या छोड़ूँ, क्या लूँ।' यही वजह है कि उनके जीवन-सागर से लोगों ने अपनी-अपनी रुचि से मोती चुने और उन्हें शब्द-बद्ध किया। हम भी उनके जीवन के अनगिनत प्रसंगों में से कुछ प्रेरक प्रसंग दे रहे हैं।

25.1 मातृ-भक्त

महात्मा गांधी के पिता करमचन्द गांधी पोरबन्दर के और बाद में राजकोट के दीवान थे। उनकी माता का नाम पुतलीबा था। पुतलीबा के सबसे छोटे पुत्र का जन्म 2 अक्तूबर, 1869 को हुआ। उसका नाम रखा गया मोहनदास। यही बालक बाद में महात्मा गांधी नाम से विख्यात हुआ। गांधीजी प्रायः कहते थे—

"जो भी धार्मिकता आप मुझ में देखते हैं, मैंने अपनी मां से पायी है।"

तेरह वर्ष की उम्र में उनका कस्तूरबा से विवाह हुआ। कुछ समय बाद पिता चल बसे। मैट्रिक परीक्षा में उत्तीर्ण हुए। तभी उनके पिता के मित्र ने उन्हें बैरिस्टरी पढ़ने के लिए इंग्लैंड भेजने का प्रस्ताव रखा। माँ को डर था कि लड़का विलायत जाकर मांस-मदिरा लेने लगेगा। इस पर बालक मोहनदास ने कहा, "तू मेरा विश्वास नहीं करेगी? मैं तुझे धोखा नहीं दूँगा। शपथ खाकर कहता हूँ कि मैं इन बातों से दूर रहूँगा।" पर इंग्लैंड पहुँचने पर खाना-पीना, रहन-सहन सभी विचित्र। कई बार तो करीब करीब भूखे रहने की नौबत आ गई। लड़के चिढ़ाते कि अनपढ़ मां के सामने ली गई शपथ का क्या मूल्य है? पर वे टस-से-मस नहीं हुए। कुछ समय बाद उन्होंने *प्ली फार वेजीटेरियनिज्म* पुस्तक पढ़ी और स्वयं उसके प्रचार में लग गए। उनके कुछ हितैषी तो डर गए कि मोहनदास कहीं पागल न हो जाएं। उन्हें सुधारने की कोशिश की पर सब बेकार।

कुछ समय तक फिर 'सभ्य' बनने की धुन में बढ़िया कपड़े, सोने की चेन, टाई इस्तेमाल करने लगे पर उनकी अन्तरात्मा व अध्ययन ने उन्हें झकझोर दिया। ठाठ-बाट छोड़ पढ़ाई में लग गए। कहाँ तो पहले पन्द्रह पौंड खर्च करते थे और कहाँ पांच-छः पर उतर आए। खुद खाना बनाने लगे और पैदल चलने लगे। उन्हें बड़ी तसल्ली मिली कि वे अपने मां को दिए गए वचनों पर अडिग रहे।

25.2 जब गांधीजी ने अपने एक विद्यार्थी को पीटा

"मेरे विद्यार्थियों में एक बड़ा अड़ियल, गुस्ताख, झूठा और झगड़ालू था। एक बार तो वह लड़का बेहद गुस्ताखी पर उतर आया। मैं निराश हो गया। मैं कभी अपने विद्यार्थियों को सज़ा नहीं देता था लेकिन इस बार मैं बेहद निराश हो गया। मैंने उसे समझाने-बुझाने की कोशिश की लेकिन मेरी किसी बात का उस पर कोई असर नहीं पड़ा और वह बुरी तरह पेश आने लगा। अन्त में, मैंने एक डंडा, जो पास में ही पड़ा था, उठाया और उसके हाथ पर जड़ दिया।

ज्यों ही मेरा डंडा उस पर पड़ा, मैं कांपने लगा और मेरा ख्याल है उसने यह देख लिया। हम सबके लिए यह एक सर्वथा नया अनुभव था। लड़का ज़ोर-ज़ोर से रोने लगा और बार-बार कहे जा रहा था, "मुझे माफ़ कीजिए. . . " मेरे पीटने की वजह से वह नहीं रोया. . . . वह तो अगर चाहता उल्टा मुझ पर हाथ उठा सकता था। वह सत्रह साल का मज़बूत काठी का लड़का था। उल्टा, उसने महसूस किया कि मैं जिस हद तक गया हूँ उसके लिए मुझे नीचे गिरना पड़ा। उस दिन के बाद तो उसने कभी मेरी आज्ञा का उल्लघंन नहीं किया।

मैं आज भी पछताता हूँ और मुझे भय होता है कि आत्मा की बजाय अपने अन्दर छिपी पाशविक वृत्ति को मैं उसे दिखा पाया।" (यूनेस्को द्वारा 1968 में प्रकाशित गांधीजी के लेख *दि राइट टु बी ए मैन* पर आधारित)

25.3 सिद्धान्तों में अत्यन्त कठोर

जिन दिनों गांधीजी दक्षिण अफ्रीका जोहनिसबर्ग में रहते थे, उन्होंने वहाँ अपने घर को आश्रम-जैसा बना डाला था। कस्तूरबा को आश्रम का सामूहिक जीवन अच्छा नहीं लगता था।

प्रारंभ में वे डरबन में रह रहे थे। घर की बनावट पश्चिमी ढंग की थी यानी वहाँ पेशाब के लिए एक बर्तन रखा जाता था। यह बरतन उठाने का काम खुद गांधीजी और कस्तूरबा करते थे। एक बार एक ईसाई मेहमान आया जिसके मां-बाप दलित थे। कस्तूरबा उसका बर्तन न उठा सकी। गांधीजी को क्रोध आ गया। उन्होंने हुक्म दिया कि बर्तन उठाओ पर बा बोली, "नहीं उठाऊँगी।"

गांधीजी ने कहा, "मेरे घर में यह सब नहीं चलेगा।"

"तो अपना घर अपने पास रखो।"

गांधीजी आग-बबूला हो गए और बा को घसीट कर दरवाज़े तक लाए। कठोर स्वर में बोले, "जाओ"।

कस्तूरबा रो पड़ी। बोली, "आपको शर्म नहीं आती, मैं कहाँ जाऊं? मैं आप की पत्नी

हूँ। कोई देख लेगा तो आप की इज्जत मिट्टी में मिल जाएगी।"

गांधीजी का मुँह लाल हो गया। वे शर्मिंदा हो गए। धीरे-धीरे बा भी सामूहिक जीवन स्वावलम्बन और सादगी की अभ्यस्त हो गई।

क्या ऐसा महान् व्यक्ति जिसे दुनिया संत कहती है, भगवती देवी जैसी पत्नी के साथ, एक दलित के पीछे ऐसा दुर्व्यवहार कर सकता है? जरा वे लोग अपने गरेबाँ में झाँके जो दलितों के उद्धार का दंभ भरते हैं।

25.4 शेर की दहाड़

महामना पण्डित मदनमोहन मालवीय जी ने हिन्दू विश्वविद्यालय (वाराणसी) के उद्‌घाटन समारोह में गांधीजी को भी आमंत्रित किया। विश्वविद्यालय की इमारत का शिलान्यास भारत के वायसराय लार्ड हार्डिंज को करना था। अध्यक्षता कर रहे थे दरभंगा रियासत के महाराजा। अनेक राजा-महाराजा बेशकीमती हीरे-जवाहरातों से सजे विराजमान थे।

काठियावाड़ी अंगरखा, फेंटा और मोटी धोती पहने गांधीजी मंच पर आकर बोले–

> "मुझे अपने ही देश में अपने ही लोगों में अंग्रेजी में बोलना पड़ रहा है, इसके लिए मैं बहुत लज्जित हूँ... हम चाहे जितने भाषण दें, स्वराज्य प्राप्त नहीं कर सकते इसके लिए हमें अपने दोष दूर करने की जी-जान से कोशिश करनी चाहिए . . हम ने देखा जब वायसराय शिलान्यास कर रहे थे, हीरे-जवाहरातों का ऐसा अद्‌भुत प्रदर्शन था कि जिसे देखकर पेरिस के जौहरी भी दाँतों तले उँगली दबा लेते। ऐसे आभूषणों से सुसज्जित राजा-महाराजाओं की तुलना जब मैं अपने देश के करोड़ों गरीबों से करता हूँ, तब कहने की इच्छा होती है जब तक यह आभूषण उतारकर गरीबों के उपयोग में नहीं लाते, तब तक भारत का उद्धार होने वाला नहीं है।"

गांधीजी ने वायसराय के सामने सरकार की इतनी तीखी आलोचना की कि सभी राजे-महाराजे डर गए, यहाँ तक कि कुछ उनमें से उठ कर चल दिए। श्रीमती एनी बेसेन्ट से नहीं रहा गया और बोल उठीं, "बंद कर दीजिए इन सब को।" गांधीजी ने अध्यक्ष की ओर देख कर कहा, "मैं आपके हुक्म की प्रतीक्षा कर रहा हूँ. . . ." श्रोतागण और विद्यार्थी बोले, "आप बोलते रहिए।" गांधीजी ने अपना भाषण अधूरा छोड़ दिया।

पूरे देश में गांधीजी के अद्‌भुत भाषण की चर्चा फैल गई। यह घटना 1916 की है उस दुबली काठी में शेर का दिल था।

25.5 दुनिया की एक बेजोड़ मिसाल

सत्याग्रह को स्थगित करने की वजह से गांधीजी के विरुद्ध जबर्दस्त प्रतिक्रिया हुई

गांधीजी को अनेक नेताओं का कोपभाजन बनना पड़ा। तभी इंग्लैंड में भी गांधीजी की गिरफ्तारी की माँग ने जोर पकड़ा। 10 मार्च, 1922 को वे गिरफ्तार कर लिए गए। अहमदाबाद के जिला और सेशन जज ब्रूमफील्ड की अदालत में उनका मुकदमा पेश हुआ। उन पर राजद्रोह का अभियोग लगाया गया। उनके साथ *यंग इंडिया* के प्रकाशक शंकरलाल बेंकर भी गिरफ्तार कर लिए गए।

दुनिया भर में यह मुकदमा अपनी किस्म का अकेला ही था क्योंकि इस मुकदमे में अभियुक्त और न्यायाधीश दोनों ने एक दूसरे के प्रति शिष्टाचार दिखाया। न्यायाधीश ने कुर्सी पर बैठने से पहले कठघरे में खड़े अभियुक्त को सिर झुका कर नमन किया। सरोजिनी नायडू अदालत में उपस्थित थीं। उनकी आँखों में यह दृश्य देखकर आँसू झलक आए।

जज ने पूछा, "आप कुछ कहना चाहते हैं?"

"मैं बयान देना चाहता हूँ।" गांधीजी ने जवाब दिया।

गांधीजी ने फिर कहा–

> "मुझे मालूम था कि मैं आग से खेल रहा हूँ फिर भी मैंने यह खतरा मोल लिया। अगर मैं छूट गया तो फिर भी मैं वही करूँगा जो करता आया हूँ. . .मैंने अपना सर्वोच्च कर्त्तव्य निभाया है, उसके लिए जो बड़ी से बड़ी सज़ा दी जा सकती है वही आप मुझे दीजिए . . ."

फैसले में न्यायाधीश ने कहा–

> "कानून किसी व्यक्ति विशेष का सम्मान नहीं करता पर मैं यह नहीं भूल सकता कि आप उन सभी व्यक्तियों की अपेक्षा सर्वथा भिन्न श्रेणी में हैं जिन के मुकदमे मेरे सामने हैं . . . अपने देशवासियों की नजर में आप महान् देशभक्त और महान नेता हैं। आपसे मतभेद रखने वाले लोग तक आपको ऊँचे आदर्श का व्यक्ति मानते हैं. . . पर आपने स्वयं अपराध स्वीकार कर लिया है. . . मैं आप को छः साल की सादी सज़ा देता हूं।"

न्यायाधीश ने अंत में कहा, ". . . अगर सरकार समय से पहले किन्हीं खास कारणों से आप को रिहा कर दे, तो इससे मुझ से अधिक खुशी किसी को नहीं होगी।"

इसके बाद उनकी वकालत की सनद छीन ली गई।

25.6 इस सदी का मसीहा

श्रीमती मीराबेन ब्रिटिश एडमिरल स्लेड की सुपुत्री थीं। उनका लालन-पालन शाही ढंग से हुआ था। उनका नाम स्लेड था पर गांधीजी ने उन्हें नया नाम दिया था 'मीराबेन'। बचपन में संगीत और ललित कलाओं की ओर उनका रुझान था।

जब उन्होंने संगीत विशारद बीथ।५¬। की जीवनी पढ़ी तो वे उससे अत्यन्त प्रभावित हुईं और सीधी ही उसके लेखक नोबल पुरस्कार विजेता रोम्यांरोलां के पास पहुँचीं और उन्हें बताया कि वे संगीतज्ञ के जीवन से अभिभूत हो गईं। उन्होंने वह जीवनी इंगलिश में पढ़ी थी। रोम्यांरोलां ने उसे फ्रेंच में लिखा था। अतः उन्होंने फिर फ्रेन्च में वह जीवनी पढ़ी और रोम्यांरोलां से उसकी भूरि-भूरि प्रशंसा की। तभी नोबल पुरस्कार विजेता बोले कि 'उन्होंने एक और जीवनी लिखी है।' मिस स्लेड के पूछने पर उन्होंने बताया कि 'दूसरी जीवनी गांधी की है।' मिस स्लेड चकित रह गईं और बोली, 'कौन है यह गांधी? मैंने तो कभी यह नाम सुना ही नहीं।'

रोम्यांरोलां ने जो उत्तर दिया वैसा उत्तर संसार में गांधी के बारे में किसी ने शायद ही दिया हो। उन्होंने बताया कि 'गांधी इस सदी का मसीहा है।' बस, अब क्या था। उन्होंने गांधीजी की जीवनी पढ़ ली। उनकी जीवनी पढ़ कर तो वे पूर्णतः बदल गईं। उन्होंने अपना रहन-सहन बिल्कुल गांधीवादी ढंग का बना लिया। अन्त में उन्होंने गांधीजी से भारत आने की अनुमति चाही।

श्रीमती मीराबेन ने अपनी जीवनी में (पृष्ठ 66) गांधीजी के प्रथम दर्शन का इतना सुन्दर तथा हृदयस्पर्शी वर्णन किया है मानों पुत्री अपने पिता की अभय शरण में पहुँच गई हो। उन्होंने कहा, "अब से तुम मेरी बेटी बन गईं।" स्मरण रहे कि गांधीजी का मीराबेन पर इतना जबर्दस्त प्रभाव पड़ा कि अपने साथ वे यूरोप जाते समय एक शाकाहारी गढ़वाली (ब्रह्मचारी) रसोइया ले गईं। और तो और, वे वस्त्र भी गेरुआ पहनने लगीं।

गांधीजी के निधन के बाद वे नये तंत्र में वह सब कुछ न देख पाईं जिसका गांधीजी सपना देखते थे। इसीलिए हताश होकर वे यूरोप चली गई थीं, जहाँ उन्होंने अपनी इह लीला समाप्त की।

25.7 नोआखाली

मुस्लिम लीग ने 16 अगस्त, 1946 को 'सीधी कार्यवाही' के दिन का ऐलान किया। उस दिन कलकत्ते में भारी मार-काट हुई। लगभग पाँच हज़ार लोग मारे गए और पंद्रह हजार घायल हुए। चार दिन तक पूरा कलकत्ता गुंडों के कब्जे में रहा। फिर तो हिन्दुओं ने भी जवाबी कार्यवाही की। बहुत लोग मारे गए। कलकत्ता में ऐसा कांड कभी पहले देखने में नहीं आया था। मुसलमानों ने इसका बदला पूर्वी बंगाल के नोआखली में लिया। वहाँ हिन्दुओं के सैकड़ों घर जला दिए गए। मंदिर तहस-नहस हो गए। हज़ारों हिन्दुओं की औरतों का अपहरण किया और उनसे जबरन शादियाँ की। लोग डर के मारे अपने घर और गाँव छोड़ छोड़ कर भागने लगे।

गांधीजी को नोआखाली के हत्याकांड की खबरें मिलीं। वे बहुत दुःखी हुए। अब तक

की यह मारकाट शहरों में होती थी अब देहातों में भी होने लगी। गांधीजी का दिल दहल गया। गांधीजी ने दिल्ली के अपने सारे कार्यक्रम रद्द कर दिए और नोआखाली के (हिन्दुओं के लिए) लिए चल पड़े हालाँकि उनका स्वास्थ्य अच्छा नहीं था। उनकी सलाह की दिल्ली में बराबर जरूरत पड़ती थी पर वे न माने और जब उन्होंने औरतों के अपहरण की बात सुनीं तो बोले, "इससे बेहतर था कि वे आत्महत्या कर लेतीं।"

हालाँकि बिहार में भी भारी मारकाट हो रही थी पर सभी नेताओं ने आश्वासन दिया कि वे हर कीमत पर बिहार में शान्ति रखेंगे। इस पर "एक पथिक जर्जर शरीर नंगे पांवों, उर भरे पीर, माता का शत शत प्यार लिए आगे बढ़ता जाता था।"

नोआखाली में उन्होंने पहले श्रीरामपुर नामक एक गाँव में पड़ाव डाला। वे गाँव-गाँव घूमे। लगभग 6 सप्ताह घूमे। उनके नंगे पाँव कभी-कभी लहू-लुहान भी हो जाते थे। शुरू में तो सुहरावर्दी भी उनके साथ थे पर बाद में उनके साथ उनकी पोती मनु और परशुराम स्टेनोग्राफर था। गांधीजी ने अपने दल के और लोगों को अलग-अलग गाँवों में भेजा। गांधीजी नित्य लगभग सोलह घंटे काम करते थे। न खाने की सुध न सोने की सुध। घर-घर में जाकर पूछते, सेवा-टहल करते।

भारत का जैसा सपना देखते थे वह सब मटियामेट हो गया। वे खुद अपनी आँखों से यह देख रहे थे। वे पूछते, "यह सब क्या चल रहा है?"

जब उनकी पैदल यात्रा शुरू हुई थी, उस समय रवीन्द्रनाथ टैगोर का यह गीत गाया गया– 'जदि तोर डाक शुने केउ ना आशे तबे एकला चलो रे।' अर्थात्–

अगर तुम्हारी पुकार सुनकर कोई न आए तो तुम अकेले चलते रहो।

डॉ. पट्टाभि ने लिखा है –

> 'भीषण संकट की भयावह घड़ी में, अनेक परिवार तबाह हुए, गाँव के गाँव स्वाहा हो गए, महिलाओं पर बलात्कार हुआ, उनकी जबरन शादियाँ की गईं जिसके सामने कुख्यात अरमेनियन संहार भी फीका पड़ जाता है। जर्मन द्वारा यहूदियों का भीषण संहार भी तुच्छ है—इन सब में एक क्षीण प्रकाश की रेखा, अकेला एक व्यक्ति बिना संगी साथी के हृदय में पीड़ा और प्यार लिए, निर्भय होकर, आशा और शान्ति का पैगाम पहुँचा रहा था। उन्हें निर्भय होकर डटे रहने को कह रहा था क्योंकि यह व्यक्ति मानव की अन्तर्निहित भलाई और घृणा पर प्रेम की विजय में विश्वास रखता था।"

गांधीजी की इस तपस्या का फल अच्छा ही हुआ। भागकर गए कई हिन्दू धीरे-धीरे लौटने लगे और मुसलमानों ने भी उनका स्वागत किया।

25.8 भारत का बंटवारा—गांधीजी का विरोध

लार्ड वेवेल के बाद भारत के अन्तिम वायसराय के रूप में लार्ड माउंटबेटन को भेजा गया। वे राजपरिवार के थे और महारानी विक्टोरिया के पड़पोते थे। उन्होंने दिल्ली पहुँचते ही सबसे पहले गांधीजी को चर्चा के लिए बुलाया। गांधीजी उन दिनों बिहार में हिन्दू-मुस्लिम दंगों को शान्त करने के लिए पद-यात्रा कर रहे थे। वायसराय का तार मिलते ही उन्होंने अपने कार्यक्रम रद्द किए और दिल्ली पहुँच गए। 31 मार्च से 12 अप्रैल तक गांधीजी के साथ कई बैठकें हुईं। वायसराय ने लीग और कांग्रेस के बीच विवाद के बारे में गांधीजी को बताया। गांधीजी ने सलाह दी कि मिली-जुली सरकार को भंग कर दें और सरकार बनाने के लिए जिन्ना को आमंत्रित करें। वायसराय ने इस सुझाव पर विचार किया और पंडित जवाहरलाल नेहरू व सरदार पटेल से भी इसका जिक्र किया। पर सब ने इसे अस्वीकार कर दिया। दरअसल, दोनों ही नेता लीग के अड़ियल रुख से तंग आ चुके थे और अपनी मूल भूमिका से हट गए थे। वे बँटवारे के लिए तैयार हो गए थे लेकिन उतना हिस्सा नहीं देना चाहते थे जितना जिन्ना की मांग थी।

माउंटबेटन ने निश्चय कर लिया कि 15 अगस्त, 1947 को देश का बँटवारा हो। प्रशासन तंत्र को भी इस काम गें लगा दिया परन्तु गांधीजी को इस बारे में पहले इसलिए नहीं बताया गया क्योंकि सब जानते थे कि गांधीजी इसके विरुद्ध हैं। पर क्या उनकी सम्मति के बिना विभाजन हो सकता था?

जब गांधीजी को वायसराय ने यह बात बताई तो गांधीजी ने डटकर विरोध किया। वायसराय ने दबे शब्दों में कहा, "आप को शायद मालूम होगा कि कांग्रेस आज आपके साथ नहीं, बल्कि मेरे साथ है।"

गांधीजी ठगे-से रह गए पर बोले कि 'देश मेरे साथ है।' उस स्थिति का वर्णन करते हुए किसी ने कहा था कि वास्तव में गांधीजी अंतिम लड़ाई लड़ना चाहते थे पर उनके पास साथियों को देने के लिए जेल के सिवा और क्या था? गांधीजी ने पूरी कोशिश की पर कांग्रेस बँटवारे पर अड़ी रही। गांधीजी के निजी सचिव श्री प्यारेलाल लिखते हैं कि गांधीजी बुदबुदा रहे थे—

> "आज मैं अकेला पड़ गया हूँ। यहाँ तक कि सरदार और जवाहरलाल भी समझते हैं कि मैं वृद्धावस्था के कारण सठिया गया हूँ। जो हो मुझे जो सही मालूम होगा वही मैं करता रहूँगा। मैं साफ देख रहा हूँ कि हम लोग यह सारा काम गलत ढंग से कर रहे हैं। इतनी बड़ी कीमत देकर पाई हुई आज़ादी का भविष्य अंधकारमय होगा . . . आनेवाली पीढ़ियाँ इतना तो जान लें कि यह बूढ़ा बँटवारे के विचार से कितने संताप में पड़ा था! कोई यह न कहे कि गांधी ने भारत का बंटवारा करने

में हिस्सा लिया था।"

14 और 15 जून, 1947 को अखिल भारतीय कांग्रेस कमेटी की बैठक हुई। बाबू पुरुषोत्तम टंडन का भाषण मर्मस्पर्शी था। उन्होंने विभाजन का घोर विरोध किया। गांधीजी ने भी विभाजन के विरुद्ध अपने विचार रखे। 153 मत पक्ष में और 29 विपक्ष में थे और प्रस्ताव पास हुआ।

उनके ये शब्द कितने मार्मिक हैं–

> "... मेरी आयु के कितने वर्ष अब बाकी हैं? ऐसी हालत में वर्तमान नेतृत्व को दुर्बल करना या देश को नेतृत्वहीन छोड़ना अनुचित होगा। इसलिए मैंने यह कड़वी घूंट पी है।"

उनके भाषण के अन्तिम शब्द कुछ इस तरह के थे–

> "मैं विभाजन का विरोध करता पर उसका मतलब विद्रोह हो जाता। आज मैं अपने में उतनी शक्ति नहीं पाता। अन्यथा मैं अकेले ही विद्रोह की घोषणा करता।"

लार्ड माउंटबेटन ने जब देखा कि गांधीजी ने कलकत्ता की साम्प्रदायिक आग बुझा दी है तो उन्होंने लिखा–

> "हम पंजाब में 55000 सिपाहियों को तैनात करने के बावजूद भारी दंगों को न दबा सके जबकि एक व्यक्ति सीमा दल (*वन मैन बाउंडरी फोर्स*) ने कमाल कर दिखाया।"

इस तरह विभाजन के सबसे प्रबल विरोधी महात्मा गांधी, मौलाना आज़ाद, पुरुषोत्तमदास टंडन और खान अब्दुल गफ्फार खां के तीव्र विरोध के बावजूद देश का बँटवारा हुआ।

यह कौन नहीं जानता कि खान अब्दुल गफ्फार खां ने आज़ादी के बाद, पाकिस्तान की जेल में भारी जुल्म सहे। उन्होंने ताने देते हुए कहा था कि 'कांग्रेस ने हमें भेड़ियों के हवाले कर दिया है।' एक शायर ने उन सरीखे नेताओं के बारे में क्या खूब कहा–

"गुलशन को ज़रूरत थी तो लहू हम ने दिया।
जब बहार आई है तो कहते हैं तेरा काम नहीं।"

25.9 ऐतिहासिक उपवास

गांधीजी ने आगाखां पैलेस में 10 फरवरी, 1943 में 21 दिन का उपवास आरंभ किया। उपवास का कारण भारत सरकार द्वारा गांधीजी तथा कांग्रेस पर हिंसा भड़काने तथा तोड़-फोड़ कराने का आरोप लगाया था। गांधीजी ने इसका विरोध किया और सरकार को चुनौती दी कि वह इस आरोप को सिद्ध करे अन्यथा वे आमरण अनशन शुरू कर देंगे और भगवान ही केवल इसका न्याय कर सकता है। गांधीजी ने स्पष्ट किया कि भयंकर

मारकाट, तोड़-फोड़ तथा हिंसा का मूल कारण वे नहीं है बल्कि भारत सरकार द्वारा चलाया गया भीषण दमन-चक्र है। गांधीजी ने खुलासा किया कि 'नौ अगस्त की प्रातः जो कांग्रेस नेतृत्व पर कार्रवाई की और जिसके अन्तर्गत भारत भर में कांग्रेसी नेताओं की धर पकड़ की गई, और अखिल भारतीय कांग्रेस कमेटी तथा कार्य समिति आदि को ग़ैर कानूनी करार दिया गया – इसके फलस्वरूप ही भारत भर की आम जनता भड़क गई। मैंने कोई आन्दोलन नहीं चलाया। न मेरा इरादा था कि कोई आंदोलन चलाऊँ बल्कि मेरा इरादा वायसराय से मिलकर कोई कारगर हल निकालना था।"

सरकार ने गांधीजी के उक्त पत्र का संतोषजनक उत्तर नहीं दिया। वायसराय ने कई विकल्पों पर विचार के बाद कहा कि उपवास के परिणाम के केवल गांधीजी ही उत्तरदायी होंगे–सरकार नहीं। गांधीजी की हालत ग्यारहवें दिन इतनी खराब हो गई कि डॉक्टरों ने सुझाया कि उनको पानी में मौसमी का अधिक अंश मिलाया जाए। लेकिन ऐसा नहीं किया जा सका। जब गांधीजी की हालत बेहद खराब हो गयी तो डॉक्टरों की सलाह पर उनके अंतिम संस्कार के लिए चन्दन की लकड़ियों का प्रबंध किया गया तथा शव-यात्रा का भी तय कर लिया गया। इसके लिए एक बड़ा पुलिस अधिकारी मुम्बई (बम्बई) से भेजा गया। सभी संभावित परिणामों तथा सुझावों पर विचार-विमर्श हुआ। गवर्नरों को भी सूचित किया गया कि गांधीजी के बचने की कोई आशा नहीं है जैसा कि सभी डाक्टरों की राय है। उन्हें गांधीजी के विषय में सूचना तार द्वारा भेजी जाएगी जिसमें Rubican (र्यूबीकन) लिखा होगा जिसका अर्थ होगा – गांधीजी का निधन हो गया। परन्तु सबसे अधिक आश्चर्य तब हुआ जब छः डॉक्टरों ने घोषित किया कि वे अब अधिक समय नहीं जी पाएंगे। हालांकि उनकी हालत बहुत खराब हो गई थी और डॉक्टरों ने भी उनके जीने की आशा छोड़ दी थी। तब भी सभी आशंकाओं के विपरीत गांधीजी ने 21 दिन का उपवास पूरा किया। प्रमुख डॉक्टरों में मुम्बई के सर्वत्र-जनरल कैंडी, डॉ. बी.सी. राय, डॉ. जीवराज मेहता थे। यह ध्यान देने योग्य बात है कि कई लोगों ने डॉ. सुशीला नैयर पर यह आरोप लगाया कि उन्होंने गुप्त रूप से गांधीजी को मौसमी का अधिक रस पिलाया, आदि। अन्यथा यह असंभव था कि गांधीजी जीवित रह पाते। वरना उनका बचना सर्वथा असंभव था। डॉ. नैयर ने इस पर कहा था कि 'गांधीजी ऐसी पवित्रात्मा हैं कि कोई भी आदमी न तो गांधीजी को धोखा देने की जुर्रत कर सकता है और न कोई उनसे झूठ बोल सकता है।' सब डॉक्टरों ने दाँतों तले उँगली दबा ली कि यह अनहोनी कैसे हुई !

गांधीजी को सारे यूरोप में बदनाम किया गया। लेकिन सबसे आश्चर्यजनक बात यह थी कि गांधीजी के कट्टर आलोचक फील्ड मार्शल स्मट्स ने कहा कि–

"गांधी के खिलाफ गलत प्रचार बंद किया जाना चाहिए। गांधी दुनिया के

महापुरुषों में से है और वह कभी हिंसा को प्रोत्साहन नहीं दे सकता। मैं भारत सरकार द्वारा लगाए गए आरोप को गलत समझता हूं।"

दक्षिण अफ्रीका के गांधी साहित्य के ज्ञाता तथा गांधी जीवन-दर्शन के जिज्ञासु श्री हासिम सीदात ने श्री गिरिराज किशोर से बातचीत के दौरान यह कहा था कि–

"उन्हें इस बात का गर्व है कि संसार का सबसे बड़ा हीरा हमारी खानों से निकला लेकिन हम ने उस से भी बेशुमार कीमती और पानीदार हीरा गांधी के रूप में आप लोगों को वापस किया।"

25.10 गांधीजी की क्षीण मुस्कराहट

15 अगस्त को संसद भवन में 'महात्मा गांधी की जय' के तुमुल घोष के साथ पण्डित जवाहरलाल नेहरू और डॉ. राजेन्द्र प्रसाद महात्मा गांधी के नेतृत्व की भूरि-भूरि प्रशंसा कर रहे थे। पण्डित नेहरू ने कहा कि–

"आज के दिन हम सब का ध्यान राष्ट्रपिता तथा स्वतंत्रता के पुरोधा महात्मा गांधी की ओर जाता है जो भारत की प्राचीनता के प्रतीक हैं और जिन्होंने आजादी की मशाल को अक्षुण्ण रख और हमारे इर्दगिर्द के अंधेरे को दूर कर हमें आलोकित किया। हम प्रायः उन के अयोग्य अनुयायी रहे हैं क्योंकि हम उनके बताए मार्ग से भटक गए हैं पर आगे वाली पीढ़ियाँ भारत के इस महान् पूत का संदेश याद रखेंगी, जो अपने विश्वास, शक्ति, साहस तथा नम्रता में महान् था।"

परन्तु जिस महान् व्यक्ति के बारे में भारत की राजधानी दिल्ली में यह सब कहा जा रहा था, वह व्यक्ति दिल्ली से दूर बैठा कलकत्ता में साम्प्रदायिक आग को बुझाने के लिए उपवास कर रहा था। 15 अगस्त को जब गांधीजी को स्वतंत्र होने का समाचार दिया गया तो उनके चेहरे पर हल्की-सी मुस्कुराहट फैल गई। वे थोड़े-से समय के लिए देश के भीषण हत्याकांड को जैसे भूल गए। गांधीजी ने वह दिन उपवास और प्रार्थना में बिताया। स्मरण रहे उस दिन उनके साथ मुस्लिम लीग के नेता और बंगाल के भूतपूर्व मुख्यमंत्री सुहरावर्दो थे।

26

सर्वोदय और गाँधीजी – दो रूपक

(1)

कुछ लड़ाई की ध्वनियाँ। कराहने की आवाजें।

भारत माता: यह सब क्या है? कैसा कोलाहल? मेरे आंगन में गांधीजी ने क्रीड़ा की थी, बीज बोये थे सर्वोदय के, सर्वधर्म समभाव स्वरूप के।

वाचक: आज भारत मां विचलित है। बेलची से लेकर पारसबीघा तक। नहीं, नहीं, यह सब नहीं होगा। एक दूसरे को नही सताएगा कोई। सर्वत्र शान्ति का साम्राज्य होगा।

स्वर 1: शांति ! कहाँ की शान्ति !! आदमी घुट रहा है। गल रहा है।

स्वर 2: सड़ रहा है। कराह रहा है। त्राहि-त्राहि कर रहा है। भूखा है, प्यासा है। कहाँ से दोगे उसे शान्ति?

समवेत स्वर: ये सिद्धान्त केवल पुस्तकों की धरोहर हैं।

वाचक: नहीं, नहीं, मेरे मित्रों, राष्ट्रपिता की बात तुमने नहीं मानी। काश ! विश्व उनके पदचिह्नों पर चल पाता, तो आज धरती का नक्शा कुछ और होता। बापू ने घृणा को प्यार में बदलने को कहा था। तुमने घृणा नहीं छोड़ी ! बापू ने पतित और दलित को गले लगाने को कहा था लेकिन तुम उसके पास भी न फटके। बापू की क्रांति की बात तुमने सुनी अनसुनी कर दी।

स्वर 1: यानी सबै भूमि गोपाल की।

स्वर 2: हाँ, हाँ तब विश्व कुटुम्ब बन जाता।

स्वर 1: रघुपति राघव राजा राम।

स्वर 2: पतित पावन सीता राम।

स्वर 1: ईश्वर अल्लाह तेरे नाम।

स्वर 2: सबको सम्मति दे भगवान।

वाचक: बापू की इस राम धुन में सर्वोत्तम झाँकने लगता है। बापू के राम पतित पावन हैं। ईश्वर भी है तो अल्लाह भी। सबके लिए सद्‌बुद्धि की कामना है।

सर्वोदय सबका उदय। समान रूप से प्रगति का परिचायक। मानव-मानव के बीच समानता का सूचक।

गांधीजी ने स्वप्न देखा था–

स्वर 1: सर्वोदय समाज होगा।

स्वर 2: जिसमें अगणित गाँव होंगे, इनका स्वप्न होगा।

स्वर 1: पानी तरंगों के घेरों के समान।

स्वर 2: जीवन मीनारों की भाँति ऊँचा होगा जिनमें एक के ऊपर दूसरा स्वर होता है और जिनमें सबसे नीचे वाले स्तर पर ऊपर के सभी स्तरों का बोझ पड़ जाता है।

स्वर 1: वह समुद्र या तालाब की गोल-गोल, एक से दूसरी बड़ी तरंगों के समान होगा जिसका केन्द्र बिन्दु होगा व्यक्ति! व्यक्ति-केवल व्यक्ति।

स्वर 2: पर गांधीजी ने कहा है–

गांधीजी का स्वर:

कोई भी गुण ऐसा नहीं है, जिसका लक्ष्य एक ही व्यक्ति की भलाई हो या जिसे एक ही व्यक्ति की भलाई से संतोष हो जाए। इसी प्रकार एक भी अपराध ऐसा नहीं है जिसका वास्तविक अपराधी के अलावा दूसरे अनेक लोगों पर असर न पड़ता हो इसलिए कोई व्यक्ति अच्छा है या बुरा, सिर्फ उसके विचार का ही विषय नहीं है बल्कि सारे समाज की–नहीं, सारी दुनिया की चिन्ता का विषय है।

स्वर 1: व्यक्ति ग्राम के लिए। ग्राम, ग्राम समूह के लिए मिटने के लिए हमेशा तैयार रहेगा।

स्वर 2: और इस प्रकार सम्पूर्ण समाज ऐसे व्यक्तियों का बना हुआ होगा जो सत्ता के मद में कभी किसी पर आक्रमण नहीं करेंगे। विनम्र रहेंगे। सम्पूर्ण समुद्र के गौरव के भागीदार होंगे जिनके वे आविभाज्य अंग हैं।

वाचक: गांधीजी ने 28 जुलाई, 1946 के *हरिजन* के अंक में इन घेरों को स्पष्ट करते हुए लिखा था–

गांधीजी का स्वर –

अर्थात् सबसे बाहर का घेरा अपनी शक्ति का उपयोग भीतर वालों को कुचलने में नहीं करेगा बल्कि अन्दर वाला सबको ताकत पहुँचाएगा और खुद उनसे बल ग्रहण करेगा। युक्लिड के व्याख्यागत बिन्दु का चित्र मनुष्य भले ही न बना सके, किन्तु उसका शाश्वत मूल्य तो है ही। उसी प्रकार मानव समाज को जीवित रखने के लिए इस चित्र का अपना निश्चित महत्व

है। इस चित्र में चित्रित आदर्श तक पहुँचना भले ही संभव नहीं फिर भी भारत में जीवन का उद्देश्य यही होना चाहिए।

समवेत स्वर : हाँ, भारत के जीवन का ध्येय यही होना चाहिए था।

वाचक: हम क्या चाहते हैं, इसका सही-सही चित्र तो हमारे पास अवश्य होना चाहिए। तभी तो हम उसके नजदीक पहुँच सकेंगे यदि कभी भारत के एक-एक गाँव में सच्चा गणतन्त्र स्थापित कर सकें, तो मेरा दावा है कि मैं इस चित्र को सच्चा सिद्ध कर बता सकता हूँ जिसमें पहला और अन्तिम तंत्र एक समान होंगे।

स्वर 1: जिसमें पहला और अन्तिम तंत्र एक समान होंगे।

स्वर 2: यानी न तो कोई पहला होगा और न कोई अन्तिम।

भारतमाता: मेरा लाल दूसरों को जिन्दा रखने के खातिर खुद मरने को सदा तैयार रहा और अन्त में अपनी बलि दे दी पर डिगा नहीं।

स्वर 1: बापू अहिंसा के पुजारी थे। उन्होंने सदा कहा—

गांधीजी का स्वर:

अहिंसा का पुजारी अधिक से अधिक लोगों की अधिक से अधिक भलाई के उपयोगितावादी सूत्र को स्वीकार नहीं कर सकता बल्कि यह सबकी अधिक से अधिक भलाई का प्रयत्न करेगा और इस आदर्श की सिद्धि के प्रयत्न में प्राण भी दे देगा इसलिए वह दूसरों को जिन्दा रखने के खातिर खुद मरने के लिए तैयार रहेगा। वह खुद मरकर दूसरों के साथ-साथ अपनी भी सेवा करेगा। अन्त में तो सबकी अधिक से अधिक भलाई में अधिक से अधिक लोगों की भलाई शामिल ही है और इसलिए बहुत-सी बातों में उसका और उपयोगितावादी का मेल ही रहेगा।

स्वर 2: बापू ने यह भी तो कहा—

गांधीजी का स्वर –

मैं नहीं मानता. . . कि कोई व्यक्ति तो आध्यात्मिक प्रगति करता रहे और उसके पड़ोसी कष्ट भोगते रहें। मेरा अद्वैत में विश्वास है। मैं मनुष्य जाति की ही नहीं प्राणिमात्र की एकता को मानता हूँ। इसलिए यदि एक आदमी को आध्यात्मिक लाभ होता है, तो उसके साथ-साथ सारी दुनिया को भी होता है और अगर एक मनुष्य गिरता है तो उस हद तक समस्त जगत का भी पतन होता है।

हमें सत्य, अहिंसा, इन्द्रिय विग्रह का पालन करना चाहिए। देश में निर्मित वस्तुएं ही हमारे लिए उपयोगी हैं विदेशी नहीं।

वाचक : बापू ने स्वदेशी को अपनाने पर बार-बार बल दिया था हमने कितना अपनाया अपने जीवन में उसे? बापू ने सत्य, अहिंसा, असत्य और इन्द्रिय विग्रह की बात की। हमने कितना समझा इस सबको।

*(कुछ और साक्षात्कार)**

स्वर 1 : सर्वोदय त्याग है।
स्वर 2 : सर्वोदय ट्रस्टीशिप है।
स्वर 1 : सर्वोदय सबको समान देखता है।
स्वर 2 : सर्वोदय नारी को समान अधिकार देता है।
स्वर 1 : सर्वोदय में धार्मिक सहिष्णुता होगी।
स्वर 2 : वर्ग सत्ता समाप्त होगी।
स्वर 1 : अधिक समानता होगी।
स्वर 2 : श्रम का सम्मान होगा।
स्वर 1 : अर्थात् बुद्धिजीवी और शारीरिक श्रम को समान सम्मान मिलेगा।
स्वर 2 : और प्रत्येक को उसकी आवश्यकता के अनुसार सुख-सुविधा मिलेगी।
वाचक : बापू ने सर्वोदय का स्वप्न लिया था रस्किन के *अन टू दिस लास्ट* से।

एक गृहस्थ सुबह अपने अंगूर के बगीचे के लिए मजदूर जुटाने निकला। उसने मजदूरों से एक पैसा रोज मजदूरी तय कर ली और उन्हें अपने बाग में भेज दिया।

लगभग तीन घण्टे के बाद वह फिर निकला और कुछ अन्य लोगों को मंडी में बेकार खड़े देखा।

उसने उनसे कहा, "तुम भी बाग में चले जाओ। जो उचित होगा तुम्हें मिलेगा। वे चले गए।"

छठे और नवें घण्टे के करीब वह फिर बाहर गया और उसने ऐसा ही किया। ग्यारहवें घंटे के लगभग वह फिर निकला और उसने देखा कि दूसरे कुछ लोग बेकार खड़े हैं।

उसने उनसे कहा– "यहाँ दिन भर बेकार क्यों खड़े रहते हो?"

वे उससे कहने लगे, क्योंकि हमें किसी ने मज़दूरी में नहीं लगाया।" उसने उनसे कहा, "तुम भी अंगूर के बाग में चले जाओ, जो उचित होगा तुम्हें मिल जाएगा।"

---

* प्रस्तुतकर्ता आवश्यकतानुसार रूपक प्रस्तुति के समय डालें।

इस प्रकार जब शाम हुई तो बाग के उस मालिक ने अपने मुनीम से कहा, "मजदूरों को यहाँ बुला लो और आखिरी से शुरू कर के सबसे पहले दल तक को मजदूरी चुका दो।

जब वे लोग आए, जो ग्यारहवें घण्टे में रखे गये थे तो उन्हें फी आदमी एक पैसा मिला।

जब सबसे पहले दल के लोग आये तो उन्होंने सोचा कि उन्हें ज्यादा मजदूरी मिलनी चाहिए लेकिन उन्हें भी दूसरों की तरह फी आदमी एक पैसा ही मिला जब उन्हें एक पैसा मिल गया, तो वे उस भले गृहस्थ के खिलाफ बड़बड़ा लगे।

कहने लगे, "इन्होंने सिर्फ एक ही घण्टा काम किया और तुमने इन्हें भी हमारे बराबर मजदूरी दी, हमने तो दिन भर बोझा ढोया और गरमी बर्दाश्त की है।"

परन्तु उस गृहस्थ ने उनमें से एक को उत्तर दिया और कहा, "भाई, मैंने तेरे साथ अन्याय नहीं किया। क्या तूने एक पैसा लेकर काम करना स्वीकार नहीं किया था? . . ."

जो तेरा है, तू ले ले और अपने रास्ते चला जा। मैं इस आखिरी आदमी को भी उतना ही दूँगा जितना मैंने तुझे दिया है।

स्वर 1: इसीलिए तो बापू का सर्वप्रिय भजन था—

वैष्णव जन तो तेने कहिए, जे पीर पराई जाणे रे,
पर दुख उपकार करे तो, ये मन अभिमान न आणे रे।
सकल लोकमां सहुने बंदे, निन्दा न करे केनी रे,
वाच वाछ मन निश्चल राखै, धन-धन जननी तेनी रे।

स्वर 2: और बापू के प्रिय विनोबा का सर्वोदय भी यही है—

स्वर 1: शोषण मुक्त समाज की रचना

समवेत स्वर : शोषणमुक्त समाज,
सबका उदय
बापू का सर्वोदय। सर्वोदय।

(2)

(रघुपति राघव राजाराम से आरंभ)

नारी स्वर: बापू की इस राम धुन में सभी के कल्याण की कामना हैं। बापू के राम पतित पावन है। इसमें सबके लिए सद्बुद्धि की कामना है। सबके कल्याण, सबकी उन्नति, सबका विकास - इसी को वह सर्वोदय मानते थे।

पुरुष स्वर: गांधीजी के हृदय में समस्त मानवजाति के प्रति एक-सा प्रेम था। सबकी सेवा करना, सबको उन्नति का रास्ता दिखाना और सबके दिल में भलाई करना या बढ़ाना, यही था उनका जीवन कार्य।

नारी स्वर: गांधीजी के मन में गरीब, अनाथ, असहाय, दबे हुए लोगों के प्रति अपार दया थी। उन्हीं की सेवा करने में उनको संतोष और आनंद मिलता था।

पुरुष स्वर: वह सबको समानता से जीना सिखाना चाहते थे। गरीब-अमीर का भेद मिटाना चाहते थे। इसलिए गरीबों का दुख समझने के लिए और स्वयं महसूस करने के लिए उन्होंने गरीबों की जैसी सादगी से रहना पसंद किया।

नारी स्वर: दुनिया में केवल सभी पराधीन देशों में दबी हुई जातियाँ थीं। उन सबके लिए गांधीजी के मन में सहानुभूति थी। वह उन्हें स्वावलंबन और स्वाभिमान की रक्षा का रास्ता बताते थे। सामाजिक क्षेत्र में हो या आर्थिक क्षेत्र में हो या राजनीतिक क्षेत्र में हो, गांधीजी दबे हुए लोगों का ही पक्ष लेते थे।

पुरुष स्वर: गांधीजी ने गरीबों और अमीरों के बीच चल रहे संघर्ष को मिटाने की कोशिश की। वह चाहते थे कि देश की उन्नति का आरंभ गरीबों से होना चाहिए। गरीबों को पेट भर रोटी मिले, दूध, घी मिले, पूरा कपड़ा मिले, रहने के लिए साफ-सुथरे मकान मिले, उनके बच्चों को सच्ची शिक्षा मिले और किसी को बेकार न रहना पड़े।

नारी स्वर: इसी को गांधीजी सर्वोदय कहते थे।

पुरुष स्वर: सर्वोदय त्याग है।

नारी स्वर: सर्वोदय ट्रस्टीशिप है।

पुरुष स्वर: सर्वोदय नारी को समान अधिकार देता है।

नारी स्वर: सर्वोदय सबको समान बनाता है।

पुरुष स्वर: सर्वोदय से वर्गसत्ता आरंभ होती है।

नारी स्वर: सर्वोदय से आर्थिक समानता होगी।

पुरुष स्वर: सर्वोदय से श्रम का सम्मान होगा।
गांधी जी ने कहा था (धुन . . . .)

(गांधीजी की वाणी)

पुरुष स्वर: गांधीजी ने बचपन से ही सत्य के रास्ते पर चलने का प्रयत्न किया था। वह मानते थे कि सत्य ही ईश्वर है। भगवान अनन्त है। उनमें से एक नाम है सत्य।

नारी स्वर: गांधीजी सत्य के लिए जिए, सत्य का ही उन्होंने आग्रह रखा। सत्य के

द्वारा ही उन्होंने लोगों की सेवा की।

पुरुष स्वर: सत्य का पालन करते हुए ही उन्हें अनुभव हुआ कि दूसरों को दबाने से, दूसरों की हिंसा करने से या किसी को मारने से हम सत्य को नहीं पा सकते। और यही कारण था कि उनके जीवन का सिद्धान्त गरीबों की सेवा करना था।

नारी स्वर: गांधीजी ने अपने सत्य की खोज के माध्यम से ही सर्वोदय का सिद्धान्त खोजा था। सर्वोदय नेता, गांधीजी के अनुयायी और लोकनायक श्री जयप्रकाश नारायण ने सर्वोदय के संबंध में गांधी जी के सत्य को ही उसका मूल आधार बताया था।

*(जयप्रकाश नारायण की वाणी)**

पुरुष स्वर: गांधीजी ने एक ऐसे समाज की कल्पना की थी जिसमें सहिष्णुता हो, समानता हो, भेदभाव न हो। वह मनुष्य-मनुष्य के बीच असमानताओं को नहीं मानते थे।

नारी स्वर: गांधीजी के लिये धर्म का अर्थ सत्य और अहिंसा अथवा एकमात्र सत्य है, क्योंकि अहिंसा सत्य के अंतर्गत है। अहिंसा सत्य की खोज का अनिवार्य साधन है।

पुरुष स्वर: सार्वजनिक जीवन में शुद्धता कायम रहे और वह टूट न पाए इसलिए गांधीजी ने सत्य के आग्रह को राजनीतिक क्षेत्र में दाखिल किया। मनुष्य-मनुष्य के बीच कायम रहे, इसलिये व्यक्तिगत तथा सामाजिक, धार्मिक और राजकीय क्लेशों में उन्होंने अहिंसा का व्याकरण चलाया।

नारी स्वर: धार्मिक सहिष्णुता की स्थापना गांधीजी के सर्वोदय का एक अंग था। लेकिन धार्मिक होने की परिभाषा क्या है। आचार्य जे.बी. कृपलानी ने सर्वोदय के संदर्भ में इसे स्पष्ट किया है।

*(जे. बी. कृपलानी की वाणी)**

पुरुष स्वर: गांधीजी मानते थे कि सब धर्मों के पीछे ईश्वर की प्रेरणा है। सब धर्म मनुष्य को ईश्वर की ओर बुलाते हैं। इसलिए हमारे मन में सब धर्मों का आदर एक-सा रहना चाहिये।

नारी स्वर: मनुष्य अपने-अपने धर्मों का पालन करते हुए सब धर्मों के प्रति अपने मन में आदर भाव रखें। असली बात है धार्मिकता की।

पुरुष स्वर: गांधीवादी विचारक काका कालेलकर ने सर्वोदय की भावना को स्पष्ट करते हुए कहा था–

---

* प्रस्तुतकर्ता आवश्यकतानुसार प्रस्तुति के समय डालें।

(*काका कालेलकर की वाणी*)*

नारी स्वर: गांधीजी में जबर्दस्त आत्मविश्वास था। जब बोलते थे, अपने विचार बिल्कुल स्पष्ट शब्दों में और निश्चय के साथ कहते थे। उनकी नम्रता, उनकी सेवा के द्वारा व्यक्त होती है।

पुरुष स्वर: गांधीजी में न अभिमान था और न आत्मविश्वास का अभाव। उनका यह व्यवहार सबके लिए था।

(*गांधीजी की वाणी*)*

नारी स्वर: गांधीजी ने गरीबी के खिलाफ क्रांति की थी। वह सबको सुखी देखना चाहते थे। उनके इसी सर्वोदयी विचार को आगे बढ़ाना आचार्य विनोबा भावे ने।

(*विनोबा भावे की वाणी*)*

नारी स्वर: गांधीजी महिलाओं के विकास और उन्नति के लिए भी चिंतित थे।

---

* प्रस्तुतकर्ता:आवश्यकतानुसार प्रस्तुति के समय डालें।

27
काव्याञ्जलि

27.1 गांधीवादी परिकल्पना

मैं गांधीवादी हूँ।
गांधीवादी नहीं तो
और क्या हूँ ?
सत्य को सीने में
ऐसा छिपाया
कितनी भी तकलीफ हो
पर क्या मजाल
खोल दूँ यह राज कि
दोस्त हूँ या दुश्मन।
अहिंसा ?
अरे वाह
अपने हाथ से
मारना भी पाप माना
सब काम कराया
दूसरे लोगों से सदा।
माँस मदिरा,
छुआ तक नहीं हाथ से
सदा कांटे से खाया
और कोमल सलोने
हाथ से मधु
हलक में उंडलवाया सदा।
सब जानता हूँ
गांधीवाद क्या है !
गांधी के साथ-साथ
काम भी किया है
गांधी फिल्म में
गांधी की अर्थी के
दृश्य में देखो
सबसे पहले
प्रणाम किया है।
क्या कहा?
समय की पाबन्दी
और गांधी की घड़ी?
अरे, यह सब देखने की
फुरसत कहाँ है?
पद यात्रा
कितनी करनी पड़ी
हर दल-बदल के साथ। और
सत्याग्रह?
सत्ता के लिए
सदा ही किया।
राम-राम
कैसा जमाना आज का।
कितना धिक्कारता आया
विरोधियों को !
नया परवेश है
नये परिधान हैं
और नई परिभाषाएं हैं।
आज गांधी होते
कितनी बलिहारी लेते।
गांधी को आज
हमने सजाया है
संवारा है
इतना कुछ किया

बस, गांधी को कभी
देखा नहीं
तो क्या हुआ?
गांधी की आंधी
उड़ाई है, फिर
गांधीवादी नहीं तो
और क्या हूँ?

27.2 क्या था, क्या हो गया है

मानव कराह रहा है
पीड़ा से तड़पड़ा रहा है
उधर
बौद्धिक तर्क में फंसे हैं
बुद्ध विलास में लसे हैं
इधर
कितने मुर्दा मानव हैं
कितनी जिन्दा लाशें हैं
गिन रहे हैं
निर्बल को नोच रहे हैं
लाशों को खसोट रहे हैं
स्वयं रंग बदल रहे हैं
दोष गिरगिट को दे रहे हैं।
लाश जो काठी पर कसी थी
चरमरा कर
थके कन्धों से गिरी थी
एक गन्दे नाले में
और डूब गई।
मानों कह रही हो
मैं डूब रही हूँ
बुद्धि के अहंकार में
हाल यही होगा
तेरा इस संसार में
अगर भूलेगा कभी
कि आया है तू
लाश गिनने नहीं
काम है तेरा
जिन्दगी की कसक के
दुनिया की तलखी के
विष को चूस लेना
जिससे तेरे मरने पर
तेरे प्रियतम का प्रतिबिंब
जिन्दा रह सके
और कह सके
दुनिया का दुलारा था
प्रियतम का प्यारा था
क्या हुआ जो
खुद लाश बन गया
मुर्दा मानव को
जीवन देकर
लाश जिन्दा कर गया

27.3 विभाजन की संगीत लहरी !

किसलिए
किसके लिए
संगीत लहरी
बिखरी हुई यह जिन्दगी
परछाईं-सी
प्रीत की पर रीति गहरी
न याद आती
कब चला था
चलने का ख्याल क्या था
गंतव्य क्या था
मार्ग में भी जो गया
भूला भटका

थका मादा
सो गया
थपथपी से
फिसलते प्यार की
नींद में फिर बड़बड़ना
ज्ञान का यह
वेदान्त का वह
भक्ति का भी
ध्यान आना
भूले बिसरे स्वप्न-सा
प्रसंग ऐसा
कुछ पाना
कुछ-कुछ खो जाना
जब चला था
पग उठे थे
हर स्वास पर
नव यौवन के उभरते
यौवन की
लज्जारुणमा से
अब शिथिल फिर
संतप्त सा जो
विक्षिप्त भी तो
जैसे पड़ा हो
टूटी हुई आशा पताका
से गिरा हो
फिर किसलिए
किसके लिए
संगीत लहरी !

27.4 अनाहत

शीलवृति साधु स्वभाव
सदा सबका भला चाहते हैं
अपने को मिटाकर
सर्वेत्र सुखिनः की धुन गाते हैं
विदा समय
तुमने भी
सरल स्वभाव से
कहा था 'हे राम'
सबको सन्मति दे भगवान
क्यों (किसलिए)
इतना उपकार किया था
तब जाना न होगा
कुछ ऐसे अभाग्य होते हैं
संपर्क में आने पर
सबको दुख देते हैं
पीड़ा को आँचल से ढककर
तपती धूप में
स्वयं तप कर
जो उपकार किया
वह व्यर्थ गया
तुमने जाना न होगा
तड़पते कराहते सब
कृतज्ञ नहीं होते हैं
जरा चोट खाने पर
अक्सर डस जाते हैं
विषधर को दूध पिलाया जब
यह जाना न होगा
उपकार किया है तुमने
यह माना न होगा
शालीनता है संत की यह

बिच्छू जो डंक मारे
उसे भी हाथ पर रख
बचाना है डूबने से
क्या जाना न होगा ?
उपकार किया है तुमने
यह माना न होगा

27.5 त्रासदी

क्या कहूँ
क्या न कहूँ
कैसी त्रासदी है यह
अहिंसा की, सत्य की
राम राज्य के स्वप्निल गीत की
ऐसी अनहोनी होली
आज बस स्मृति रोली
न जाना था कभी जो
जाना है आज जब
बीता कल ही न भूत है
वर्तमान का भूत है अब
सिर पर सवार
असत्य की यह कालिमा
हिंसा की भी लालिमा
मिल छा रही
दुस्वप्न की परछाईं सी दीवार
बढ़ते बवन्डर का
है रंग गाढ़ा
स्वेत परिधान झिलमिल
लाचार गांधी अपलक
पग जोह रहा मैं
इन खण्डरों पर
मैं रहूँ
या न रहूँ
इस त्रासदी में
क्या कहूँ
क्या न कहूँ

संदर्भित ग्रन्थ सूची

राष्ट्रपिता के सम्बन्ध में हिन्दी तथा हिन्दीतर भाषाओं में व्यापक साहित्य सृजन हुआ है। जीवनी, काव्य, बाल-साहित्य और सम्पूर्ण गांधी वाङ्मय प्रकाशित हुए। इस अपार भण्डार को सूचीबद्ध करने का श्रेय है—भारतीय सामाजिक विज्ञान अनुसंधान परिषद् की परियोजना के अन्तर्गत तैयार किए गए संदर्भित ग्रन्थ सूचियों की। हिन्दी में सन्दर्भ-ग्रंथों के प्रति प्रकाशक बहुत रुचि नहीं लेते, अतः इस प्रकार के मानक साहित्य के प्रकाशन का महत्व और अधिक है।

इन सन्दर्भ ग्रंथों में जहाँ बड़े साहित्यकारों की कृतियों का उल्लेख है, वही छोटे तथा कम परिचित लेखकों की पुस्तकों को भी यथोचित स्थान दिया गया है। ग्रंथों की एक विशिष्टता है—टिप्पणियाँ, जिन्होंने पुस्तक की उपयोगिता को बढ़ा दिया है। गांधी साहित्य के प्रेमियों के लिए यह ग्रंथ अमूल्य धरोहर है। —डा. श्याम सिंह शशि

1. अग्रवाल, सुरेन्द्र प्रसाद, *सम्पादक*
   मोहनदास करमचन्द गांधी : ग्रन्थ सूची, गांधी शान्ति प्रतिष्ठान, नई दिल्ली, 1977, 284 पृ.
   यह श्रृंखला का द्वितीय खण्ड है। प्रथम खण्ड अंग्रेजी में था जो 1974 में प्रकाशित किया गया था। इस ग्रन्थ सूची में दिसम्बर, 1972 तक हिन्दी में गांधी जी से सम्बन्धित प्रकाशित 1256 मोनोग्राफ सम्मिलित हैं। अंग्रेजी खण्ड के पश्चात् संस्कृत और उर्दू खण्ड भी प्रकाशित हुए।

2. आबिदा वजाहत और शर्मा, पुष्पा रानी
   मोहनदास करमचन्द गांधी : ग्रन्थ सूची, भारतीय सामाजिक विज्ञान अनुसंधान परिषद्, राष्ट्रीय सामाजिक विज्ञान प्रलेखन केन्द्र, नई दिल्ली, 1998, 99 पृ., साईक्लोस्टाइल्ड,
   1993 से 1996 तक प्रकाशित 270 मोनोग्राफ की सूची है।

3. राष्ट्रीय गांधी संग्रहालय एवं पुस्तकालय, नई दिल्ली
   गांधी साहित्य सूची, राष्ट्रीय गांधी संग्रहालय एवं पुस्तकालय, नई दिल्ली, 1976, विभिन्न पृष्ठ संख्या
   1974 तक 14 भाषाओं में प्रकाशित गांधी साहित्य की अकारादि क्रमानुसार सूची है।